■ 《资本论》专题研究丛书

全国中国特色社会主义政治经济学研究中心（福建师范大学）2022年重点项目研究成果

全国经济综合竞争力研究中心2022年重点项目研究成果

福建省"双一流"建设学科——福建师范大学理论经济学科2022年重大项目研究成果

福建省社会科学研究基地——福建师范大学竞争力研究中心2022年资助研究成果

资本主义基本矛盾及其当代表现

主编：李建平　黄　瑾

执行主编：许彩玲

中国财经出版传媒集团

经济科学出版社

Economic Science Press

图书在版编目（CIP）数据

资本主义基本矛盾及其当代表现/李建平，黄瑾主编；
许彩玲执行主编．－－北京：经济科学出版社，2023.1
（《资本论》专题研究丛书．《资本论》专题研究参
考资料；4）
ISBN 978－7－5218－4496－2

Ⅰ.①资…　Ⅱ.①李…②黄…③许…　Ⅲ.①《资本
论》-马克思著作研究　Ⅳ.①A811.23

中国国家版本馆 CIP 数据核字（2023）第 014270 号

责任编辑：孙丽丽　戴婷婷
责任校对：蒋子明
责任印制：范　艳

资本主义基本矛盾及其当代表现
——《资本论》专题研究参考资料·4
主　　编　李建平　黄　瑾
执行主编　许彩玲
经济科学出版社出版、发行　新华书店经销
社址：北京市海淀区阜成路甲 28 号　邮编：100142
总编部电话：010－88191217　发行部电话：010－88191522
网址：www. esp. com. cn
电子邮箱：esp@ esp. com. cn
天猫网店：经济科学出版社旗舰店
网址：http：//jjkxcbs. tmall. com
北京季蜂印刷有限公司印装
710×1000　16 开　20.75 印张　314000 字
2023 年 9 月第 1 版　2023 年 9 月第 1 次印刷
ISBN 978－7－5218－4496－2　定价：89.00 元
（图书出现印装问题，本社负责调换。电话：010－88191545）
（版权所有　侵权必究　打击盗版　举报热线：010－88191661
QQ：2242791300　营销中心电话：010－88191537
电子邮箱：dbts@ esp. com. cn）

绪　　论

　　资本主义基本矛盾是推动资本主义经济社会向前发展的根本驱动力，资本主义基本矛盾的激化及其引发的周期性经济危机，是马克思恩格斯论证资本主义必然灭亡的根据。随着资本主义的演进，尽管资本主义基本矛盾的表现形式及其存在特点已发生了诸多新变化，但是其根本性质没有发生改变。2008 年肇始于美国的金融危机和 2010 年以来的欧洲主权债务危机等都充分证明了这一点。正如习近平总书记指出的："事实一再告诉我们，马克思、恩格斯关于资本主义社会基本矛盾的分析没有过时，关于资本主义必然灭亡、社会主义必然胜利的历史唯物主义观点也没有过时。这是社会历史发展不可逆转的总趋势，但道路是曲折的。资本主义最终消亡、社会主义最终胜利，必然是一个很长的历史过程。我们要深刻认识资本主义社会的自我调节能力，充分估计到西方发达国家在经济科技军事方面长期占据优势的客观现实，认真做好两种社会制度长期合作和斗争的各方面准备。"① 因而，正确认识资本主义基本矛盾及其历史作用，准确把握资本主义基本矛盾的新发展、新表现形式，既是我们坚持和发展马克思主义基本原理的必然要求，也是我们坚定中国特色社会主义道路自信的客观需要。

一、"资本主义基本矛盾"理论

　　资本主义基本矛盾分析，不仅是政治经济学研究的一个基本理论问题，也是事关资本主义发展命运的实际历史问题，学术界对这一问题的研究和探

---

① 《十八大以来重要文献选编》（上），中央文献出版社 2014 年版，第 117 页。

讨从未停止。资本主义基本矛盾理论是如何产生和发展起来的，资本主义基本矛盾的主要内容及其表现形式是什么，资本主义基本矛盾对资本主义的发展有何作用，对这些问题的研究既有助于我们加深对马克思主义真理的认知，也有利于我们与时俱进地认识当代资本主义及其发展趋势。

（一）"资本主义基本矛盾"的理论发展史

了解资本主义社会基本矛盾理论的发展史，是深刻理解资本主义基本矛盾理论的前提。辛向阳（2017）认为马克思主义创始人的资本主义社会基本矛盾理论的形成经历了三个阶段：（1）发生期，即从 19 世纪 40 年代中期至 50 年代中期，这一时期的理论特点是对资本主义社会基本矛盾的表现形式进行了深入研究，为社会主义从空想变成科学奠定了重要基础，但尚未明确提出"资本主义社会基本矛盾"的命题；（2）发展期，即从 19 世纪 50 年代中期至 1867 年《资本论》第 1 卷的发表，马克思对资本主义生产的特点、商品生产的内在矛盾、资本主义生产社会趋势等问题的分析，为资本主义社会基本矛盾理论的发展确立了深厚的思想基础；（3）成熟期，即从 19 世纪 70 年代初至《社会主义从空想到科学的发展》的发表，恩格斯从资本主义历史发展的进程中阐述了资本主义社会基本矛盾产生的客观必然性、基本矛盾的主要内容及其具体表现形式。[①]

（二）"资本主义基本矛盾"的主要内容及其表现

在《资本论》第 1 卷中，马克思概括了资本主义生产方式的历史趋势，他写道："生产资料的集中和劳动的社会化，达到了同它们的资本主义外壳不能相容的地步。这个外壳就要炸毁了。资本主义私有制的丧钟就要响了。"[②]恩格斯在《反杜林论》和《社会主义从空想到科学的发展》中更加详细地论述道："生产资料和生产实质上已经变成社会的了。但是，它们仍然服从于这

---

① 辛向阳：《马克思主义创始人"资本主义社会基本矛盾"理论发展史初探》，载于《马克思主义研究》2017 年第 1 期，第 79～85 页。

② 《马克思恩格斯文集》第 5 卷，人民出版社 2009 年版，第 874 页。

样一种占有形式，这种占有形式是以个体的私人生产为前提，因而在这种形式下每个人都占有自己的产品并把这个产品拿到市场上去出卖。生产方式虽然已经消灭了这一占有形式的前提，但是仍然服从于这一占有形式。这个使新的生产方式具有资本主义性质的矛盾，已经包含着现代的一切冲突的萌芽。新的生产方式正是在一切有决定意义的生产部门和一切在经济上起决定作用的国家里占统治地位，并从而把个体生产排挤到无足轻重的残余地位，社会化生产和资本主义占有的不相容性，也必然越加鲜明地表现出来。"① 在恩格斯所说的"社会化生产和资本主义占有的不相容性"的基础上，后继者作出了更加明确的叙述，把"资本主义的基本矛盾"界定为"社会化生产和资本主义占有之间的矛盾"。数十年后，在苏联和我国出版的政治经济学教科书中，基本上都采用这样的表述：资本主义基本矛盾是生产社会化与资本主义私人占有之间的矛盾，这个矛盾表现为三个方面：第一，生产无限扩大的趋势与劳动者有支付能力的需求相对缩小之间的矛盾；第二，个别企业生产的有组织性与整个社会生产的无政府状态之间的矛盾；第三，由上述两个矛盾而导致的无产阶级与资产阶级之间的阶级对立。②

但有学者对这一表述提出质疑。张昆仑（2012）认为，上述关于资本主义基本矛盾的表述并没有深刻地揭示出资本主义社会的内在矛盾，不能充分阐释资本主义社会生产力不断发展进步的历史和现实，没有准确论证生产的社会化要求社会占有产权的必然性，不能揭示资本主义社会经常爆发经济危机的深刻致因，没有揭示出在资本主义社会无产阶级和资产阶级对立对抗的根本原因。为此，需要重新表述资本主义的基本矛盾，资本主义的基本矛盾应该表述为——资本家无限追逐剩余价值的动机和行动与现实生活中剩余价值总是有限的之间的矛盾。理由如下：（1）正是由于资本家具有无限追逐剩余价值的动机，但现实中剩余价值又总是有限的，才使得他们不断改进生产技术，由此也就在客观上推动了资本主义社会生产力的不断发展

---

① 《马克思恩格斯文集》第9卷，人民出版社2009年版，第287页。

② 林金忠：《"资本主义基本矛盾说"的学说史考察与当代转换》，载于《学习与探索》2011年第1期，第141～145页。

进步；（2）正是由于资本家具有无限追逐剩余价值的动机且实施一切能够实施的"逐利"行为，但现实生活中剩余价值又总是有限的，才使得整个市场的竞争异常激烈，在价值规律的作用下，必然导致爆发经济危机；（3）正是因为上述原因，才使得资本家贪婪地榨取雇佣劳动者的血汗，占有他们创造的剩余价值，进而造成两大阶级的尖锐对立与矛盾；（4）资本家阶级作为一个整体，为了他们的共同利益、长远利益，他们不得不经常调整生产关系，尤其是调整分配关系；（5）资本家无限追逐剩余价值的动机和行动与现实生活中剩余价值总是有限的之间的矛盾还会引起资本家阶级内部的激烈竞争与冲突，从而出现资本的集中和垄断，加剧资本主义宗主国和附属国以及资本主义国家之间的矛盾。[①]

（三）资本主义基本矛盾是推动资本主义发展的根本动力

资本主义基本矛盾既是导致资本主义经济危机周期性爆发的根源，也是推动资本主义向前发展的根本动力。以雇佣劳动为特征的生产资料资本主义私有制决定了资产阶级能够通过控制和支配他人劳动来占有社会剩余产品。这一特征使占有和掌握社会生产条件的阶级——资产阶级可以人为地把直接从事物质产品生产的工人阶级的消费控制在维持劳动力再生产水平上，从而使社会形成大量的社会剩余产品。生产资料私有制条件下少部分人对物质生产过程及其结果的控制和占有，使得社会生产不是按照社会全体成员的需要来进行，而是按照少数人控制他人、占有他人财富的利益要求来进行。当矛盾积累到一定程度时就会使危机成为现实。[②] 而危机的爆发，只能暂时缓解而不能彻底根除资本主义基本矛盾，这样，随着资本主义经济的恢复和高涨，资本主义基本矛盾又重新激化，必然导致再一次经济危机的爆发。经济危机

[①] 张昆仑：《资本主义基本矛盾新探——基于对马克思两段论述的阐释》，载于《河北经贸大学学报》2012 年第 4 期，第 18～21 页。

[②] 栾文莲：《资本主义社会基本矛盾与经济危机的必然性研究》，载于《中国社会科学院研究生院学报》2018 年第 2 期，第 11～20 页。

的周期性爆发就是这一基本矛盾"恶性循环"的结果。①

但资本主义基本矛盾对资本主义的发展不仅仅只有消极性、破坏性。其实，资本主义的矛盾，正如一切事物的内部矛盾一样，是推动它向前运动、不断发展和变化的主要动力。虽然资本主义在其固有矛盾的推动下，其运动过程充满了盲目竞争、破产、比例失调、危机、阶级冲突等，但在资本主义最后灭亡之前，它正是通过这样的形式发展的。只有效率差的企业的破产，才有新的效率更高的企业的建立；只有不平衡才有平衡；只有危机才有生产设备的大量更新和生产的新高涨；只有工人阶级反抗资本家的斗争，才有阶级关系的某种调整和工人阶级状况的某种改善，等等。一句话，资本主义是在它本身的矛盾斗争中前进的，矛盾是它前进的推动力。②

（四）资本主义基本矛盾的运动与资本主义生产方式的必然灭亡

矛盾是一切事物运动的根本推动力，事物本身的矛盾运动，就是在肯定自我的同时又包含着对自身的否定，从而也就表现为一种不断运动的过程，这使得一切现存的事物都是暂时的、历史的和发展的。邱海平（1993）认为，马克思的《资本论》就是一部资本主义经济的矛盾论，《资本论》的各个理论都是以资本主义基本矛盾为核心来展开的（尽管马克思在《资本论》中并没有使用"资本主义基本矛盾"这一术语），从而揭示了这个基本矛盾在各个方面的表现和结果。马克思关于资本主义基本矛盾的理论深刻地反映了资本主义的实质和实际，指明了资本主义生产方式的历史性和过渡性，是我们认识当代资本主义及其发展趋势的科学指南。③

吕薇洲（2017）也指出，资本主义基本矛盾及其引发的周期性经济危机是马克思恩格斯论证资本主义必然灭亡历史趋势的红线。马克思恩格斯从资

---

①　吕薇洲：《马克思恩格斯论证资本主义发展趋势的逻辑视角及当代启示》，载于《马克思主义理论学科研究》2017 年第 2 期，第 51 ~ 62 页。

②　李琮：《对资本主义基本矛盾问题的再认识》，载于《中国社会科学》1989 年第 1 期，第 47 ~ 58 页。

③　邱海平：《马克思关于资本主义基本矛盾的理论及其意义》，载于《当代经济研究》1993 年第 4 期，第 42 ~ 50 页。

本主义社会的基本矛盾及其具体表现入手，深刻阐释了资本主义基本矛盾的激化必然导致经济危机的爆发，并由此得出：由资本主义社会基本矛盾引发的周期性经济危机暴露了资本主义制度的历史过渡性，表明了资本主义的存在是暂时的，正是资本主义生产方式内在矛盾的产生、发展，决定了资本主义私有制必将为社会主义公有制所代替，资本主义必然走向灭亡，最终被社会主义共产主义所替代。[①]

但对此，有学者提出了不同的看法。林金忠（2011）认为，资本主义生产方式的必然灭亡根源于这种生产方式的内在矛盾，但这种内在矛盾并不能归结为所谓资本主义基本矛盾即"生产社会化与私人占有之间的矛盾"，而是归结为资本主义生产方式本质上与人类生存环境之间的内在对立，这种内在对立根本上决定了这种生产方式的不可持续性。这是因为资本主义生产方式下的牟利是通过市场经济的方式来实现的，无休止的市场扩张和市场竞争必然导致对自然资源的无休止掠夺和对生态环境的极大破坏。因此，如果说资本主义的"丧钟"终究是要"响"的，那么，它将是以人类生存的地球环境的彻底丧失和人类末日的来临这样一种方式"响"起来的。[②]

二、资本主义基本矛盾与当代金融危机

二战以后，各个国家都大力实施了促进经济恢复和发展的政策，加上新技术革命的接连发生，新兴产业不断涌现，技术水平不断提升；另外，资本主义国家逐步建立和完善社会福利制度，在一定程度上缓和了社会矛盾。因而，在二战后的几十年内，发达资本主义国家的生产力出现了空前的发展，以至于有学者认为，"资本主义制度尚具有克服自身矛盾的能力。马克思、列宁揭示的资本主义制度的基本矛盾，在资本主义社会的现代发展中逐渐趋向

---

① 吕薇洲：《马克思恩格斯论证资本主义发展趋势的逻辑视角及当代启示》，载于《马克思主义理论学科研究》2017 年第 2 期，第 51～62 页。

② 林金忠：《"资本主义基本矛盾说"的学说史考察与当代转换》，载于《学习与探索》2011 年第 1 期，第 141～145 页。

缓和"①，"资本主义社会基本矛盾可以在资本主义制度框架内得到缓和"②。但事实上是，资本主义基本矛盾以及阶级对立呈现越来越尖锐和严重的趋势，所引发的经济等危机也越来越严重。据世界银行统计，20 世纪 80 年代至 90 年代末，全球共发生大大小小的金融危机 108 次，其中，在 90 年代，金融危机多达 63 次。③ 2008 年更是爆发了近百年来最为严重的国际金融危机，引发了全球性的经济衰退。金融危机的实质是什么，由何引发，是学者们重点探讨的问题。

（一）二战后资本主义金融危机的特点与实质

二战后，主要资本主义国家吸取了 20 世纪前期无政府状态的世界经济格局下各国互相倾轧、以邻为壑、两败俱伤的教训，试图建立一个有管理的世界资本主义经济秩序，形成了以美国为中心的世界经济秩序——"布雷顿森林体系"。这一秩序为各资本主义国家经济提供了稳定的外部环境，推动了国际贸易与投资的发展，使得传统的在资本主义基本矛盾挤压下难以发展的资本主义经济有了继续扩展的空间。但有管理的世界经济秩序所带来的外部稳定只是在一定时期内提供了资本主义经济扩展的空间，它并没有改变以追求剩余价值为基本目的的资本主义生产方式的内部结构，以及由此产生的基本矛盾及各种具体矛盾。在新的扩展空间使用殆尽的时候，资本主义基本矛盾所引发的各种具体矛盾便以新的形式重新激化起来。④ 由此带来的经济危机更为复杂。与一般私人垄断时期的经济危机表现相比，国家垄断资本主义时期的经济危机还表现为债务危机，难以抑制的通货膨胀、银行与信贷危机、证券市场危机为典型的金融危机，资本过剩和经济停滞，它们互相交织，形成

---

① 熊映悟、孟庆琳、张艺：《对当代资本主义的再认识》，载于《世界经济》1988 年第 12 期，第 10～18、26 页。

② 高玉泉：《论资本主义社会基本矛盾在资本主义制度框架内的发展》，载于《广西社会科学》2003 年第 10 期，第 43～47 页。

③ 栾文莲：《资本主义社会基本矛盾与经济危机的必然性研究》，载于《中国社会科学院研究生院学报》2018 年第 2 期，第 11～20 页。

④ 张俊山：《资本主义基本矛盾的发展与当前资本主义金融危机》，载于《教学与研究》2009 年第 10 期，第 60～66 页。

20世纪70年代遍及资本主义发达国家的滞胀危机。[1]

　　20世纪80年代以来，为摆脱滞胀危机，金融资本把大量的剩余资本向金融领域和海外转移，以获取高额利润。形成新型的虚拟金融资本的主导地位和对社会经济的统治，垄断资本主义向国际金融垄断发展。[2] 国际金融垄断资本在运作过程中，呈现出了以下基本特征：一是经济加速金融化，金融资本成为经济乃至政治的主宰；二是金融虚拟化、泡沫化；三是金融资本流动、金融运作自由化；四是实体经济逐步空心化；五是在所谓"效率优先"的新自由主义政策主导下，美国劳动大众日益贫困化；六是美国经济乃至国家运行的基础债务化。[3] 金融资本的本质就是在不断寻求和创造独立的价值形式。随着金融业和金融衍生工具迅速发展，资本主义经济的赌博、投机性质日益明显和强化。金融投机带来了巨大的金融风险，一旦金融泡沫破灭或资本流动的方向突然变化，出现剧烈的汇率浮动，就会引起破坏性的连锁反应，使整个世界的金融体系陷入危机。[4] 2008年就爆发了以美国住房市场次贷危机为导火索的严重的金融—经济危机。这次金融—经济危机的一个主要特点是集中强烈地爆发。在很短时间内，美国的许多大银行、保险机构纷纷倒闭。不仅如此，此次危机的传递速度还非常快，转眼间所有的发达国家都被危机所波及。从此次金融—经济危机的演进过程，从房屋卖不出去——次级房屋抵押货款产生——次贷危机——金融危机的链条可以发现，使用大量借款而不是自有资金来进行投资，是银行资本的特性。一旦产品滞销，投入的资本无法收回，信用中断，危机就首先集中地表现为银行等金融机构的倒闭，表现为金融危机。但金融危机从来都不是单纯的金融领域的危机，它实际上是实体经济中生产相对过剩或有效需求不足长期积累得不到解决，只能以危机

　　①② 栾文莲：《资本主义社会基本矛盾与经济危机的必然性研究》，载于《中国社会科学院研究生院学报》2018年第2期，第11~20页。

　　③ 何秉孟：《美国金融危机与国家金融垄断资本主义》，载于《中国社会科学》2010年第2期，第28~44页。

　　④ 张雷声：《资本主义基本矛盾与当前国际金融危机》，载于《中国人民大学学报》2009年第5期，第48~53页。

爆发的方式来获得缓解。金融危机只是实体经济问题的表现形式。[①] 在当前美欧资本主义大国陷入长期停滞的背景下，各种资本主义矛盾增生，贸易保护主义抬头，反全球化的思潮和举动兴起，民粹主义泛起，等等，这些是在2008 年资本主义危机严重影响下出现的反映，说明资本主义不仅仅是金融危机、经济危机，同时也是政治的危机、社会的危机。[②]

（二）资本主义基本矛盾的激化是当代金融危机爆发的根源

面对由 2007 年美国次贷危机引发的国际金融危机，国内学术界就其产生的原因做了多方面的探讨。有学者认为，这是创新性危机，由金融衍生工具的创新引起；有学者认为，这是体制性危机，由金融监管的不力造成；有学者认为，这是债权债务连锁性危机，由美国住宅市场泡沫导致；还有学者认为，新自由主义的资本主义取代国家管理的资本主义，实行金融市场的自由化，导致了金融危机。有学者认为，上述关于当前国际金融危机产生原因的讨论仅仅局限于表层现象，从马克思主义经济学的视角分析，这场国际金融危机产生的原因是与资本主义基本矛盾的运动和变化分不开的。[③]

张俊山（2009）认为，此次危机是资本主义发展到一个新阶段上的特殊产物，是 20 世纪后半期世界资本主义在其基本矛盾推动下向前发展的逻辑结果，是 20 世纪 70 年代后资本积累空间开发殆尽的结果。资本主义发展变化的基本逻辑是，社会基本矛盾的作用对资本主义生产形成限制，而资本主义则是利用它自身结构所提供的手段、机制不断创造新的活动形式、扩充新的活动领域，用以暂时突破在原有运动形式和领域内社会基本矛盾给予的限制，其结果是使社会基本矛盾在资本主义运动的新形式、新领域进一步展开。世界资本主义在近几十年通过全球化的经济联系，运用各种

---

① 白暴力、梁泳梅：《当前世界金融－经济危机的原因与后果——资本主义经济基本矛盾的总爆发》，载于《经济学动态》2008 年第 12 期，第 49～55 页。

② 栾文莲：《资本主义社会基本矛盾与经济危机的必然性研究》，载于《中国社会科学院研究生院学报》2018 年第 2 期，第 11～20 页。

③ 张雷声：《资本主义基本矛盾与当前国际金融危机》，载于《中国人民大学学报》2009 年第 5 期，第 48～53 页。

市场经济机制，通过货币、金融手段把全世界置于它的剥削之下，成为资本积累新的形式，为资本主义的发展开辟了新空间，同时新形式的资本积累又使社会基本矛盾以新的限制形式出现。当金融垄断资本将既有的剩余价值源泉开发殆尽，转而将非剩余价值收入作为攫取对象时，危机就成为不可避免的了。①

何秉孟（2010）认为，在资本主义的国际金融资本垄断阶段，生产社会化同生产资料私人占有之间的矛盾在进一步发展，企业内部尤其是金融企业内部的有组织性、计划性同超越国界的全球性的无政府状态间的矛盾空前尖锐，生产无限扩大的趋势同劳动大众相对贫困导致有支付能力的社会购买力不足的矛盾在进一步激化，国际金融垄断资本的寄生性、腐朽性在日益加深。这一切表明，美国爆发的这一场近百年来最严重的金融危机绝非偶然，是美国国际金融垄断资本的寄生性和腐朽性日益加深、国际金融垄断资本主义基本矛盾日益激化的必然结果。

程恩富、侯为民（2018）认为，2008年以来的金融危机是资本主义经济危机在当代的主要表现形式。虽然当代金融危机在生成路径和结果方面体现出新特点，但并没有根本改变资本主义危机生成和演变的基本逻辑。资本主义经济危机的根源仍然是资本主义的基本矛盾，当代金融危机不过是资本主义基本矛盾以及由此产生的四对具体矛盾在21世纪初激化的结果。即寡头利益短期化激化了企业内部人控制与整体长远利益之间的矛盾，经济发展虚拟化激化了资本主义经济结构的内在矛盾，分配差距悬殊化激化了生产无限扩大与有效需求相对缩小之间的矛盾，经济调节唯市场化激化了个别企业有组织性与社会生产无秩序之间的矛盾，从而酿成金融危机。②

栾文莲（2018）认为，垄断资本主义向国际金融垄断发展，对资本主义社会基本矛盾运动以及经济危机产生了重大影响。资本主义社会基本矛盾从

① 张俊山：《资本主义基本矛盾的发展与当前资本主义金融危机》，载于《教学与研究》2009年第10期，第60~66页。

② 程恩富、侯为民：《西方金融危机的根源在于资本主义基本矛盾的激化》，载于《红旗文稿》2018年第7期，第32~34页。

生产领域扩大到流通、交换、消费全部生产过程，从实体经济到虚拟经济领域。资本主义社会的基本矛盾有了更加复杂的多重表现形态。资本主义经济危机也表现为传统物质生产领域"过剩的"商品以及各种新的矛盾与新的危机，当今国际金融危机是帝国主义体系性、整体性危机。[①]

白暴力、梁泳梅（2008）认为，这次危机与以往所有资本主义经济危机一样，根本原因都在于资本主义（资本－雇佣劳动）经济制度下生产相对过剩或有效需求不足矛盾无法得到解决。除了资本主义制度根源外，本次危机的集中强烈爆发还有其他原因：（1）金融产品一定程度上掩盖和推迟了经济矛盾，加深了矛盾的尖锐性。当生产相对过剩或有效需求不足矛盾尖锐化时，试图缓解和掩盖该矛盾的金融工具必然首先出现问题，由此引起金融紧张和危机。无论是哪一类金融产品，都不是解决矛盾，而是将矛盾掩盖、推迟甚至扩大。随着矛盾不断地积累和加深，一旦激化爆发，危机就表现得更为强烈。（2）国家垄断资本主义使经济矛盾被推迟和不断加深。国家垄断资本主义对经济矛盾的调节和缓和，一定程度上推迟了矛盾最终激化的时间，推迟了经济危机的爆发。但是，由于国家垄断资本主义不能从根本上解决经济矛盾，矛盾就会不断积累和加深。危机的爆发越是被推迟、矛盾积累越尖锐，一旦矛盾显化，危机爆发就会表现得越强烈。（3）资本主义全球扩张使资本主义矛盾更普遍。资本主义在全球扩张，使得资本主义生产方式越来越普遍，在给各经济体带来发展的同时，也为其注入了不同程度的生产相对过剩或有效需求不足矛盾。因此，矛盾越来越难转移。随着矛盾的不断积累和加深，危机一旦爆发就表现得更强烈。[②]

三、当代资本主义基本矛盾及其发展趋势

20世纪下半叶以来，经济全球化、新自由主义全球泛滥、"新帝国主义"

①　栾文莲：《资本主义社会基本矛盾与经济危机的必然性研究》，载于《中国社会科学院研究生院学报》2018年第2期，第11~20页。

②　白暴力、梁泳梅：《当前世界金融－经济危机的原因与后果——资本主义经济基本矛盾的总爆发》，载于《经济学动态》2008年第12期，第49~55页。

出笼、数字经济蓬勃发展等推动着资本主义进入一个崭新的历史发展阶段。对于当代资本主义的本质特征、基本矛盾、历史命运的研究是国内外学界关注的理论热点。

（一）当代资本主义基本矛盾的发展变化

（1）经济全球化对当代资本主义基本矛盾的作用和影响。经济全球化在把资本主义生产方式扩展到全球的同时，也不可避免地把其基本矛盾和各种痼疾扩展到全世界，加剧了整个资本主义体系乃至全世界的危机。经济全球化使当代资本主义基本矛盾在政治、经济、社会各个方面的表现出现了错综复杂的新形式和新特征，与过去资本主义基本矛盾主要局限在一国内的表现形式有了很大的区别。具体表现为：跨国公司内部的高度组织性和计划性与世界市场无政府状态之间的矛盾；世界生产能力无限扩大趋势与世界范围有效需求不足之间的矛盾；当代资本主义的周期性波动和全球性经济危机；当代资本主义的大规模结构性失业与贫富分化；资本主义世界体系"中心"与"边缘"矛盾的加剧；"新帝国主义战争"与帝国主义内部危机的加深；资本积累无限扩张趋势与全球生态环境恶化之间的矛盾；[1] 世界工人阶级和劳动人民与国际霸权主义、扩张主义之间的矛盾；等等。可见，当代资本主义在国际范围内的矛盾更加复杂。这些矛盾交织在一起，造成资本主义世界经济此伏彼起的动荡、失衡和危机。[2]

（2）新自由主义的全球扩张对资本主义基本矛盾的作用和影响。20 世纪 80 年代以来，为了加强对世界各国无产阶级和其他劳动人民的剥削，打垮无产阶级的政治和经济力量，实现利润率的上升并摆脱经济"滞胀"危机，代表垄断资产阶级利益的新自由主义在全球范围内迅速扩张，这实质上是资本对劳工的反扑，这种赤裸裸的资本主义逻辑必然使资本主义基本矛盾在全球

---

① 吴茜：《当代资本主义基本矛盾的表现形式与历史命运》，载于《当代世界与社会主义》2004 年第 6 期，第 65～69 页。

② 李琮：《对资本主义基本矛盾问题的再认识》，载于《中国社会科学》1989 年第 1 期，第 47～58 页。

范围内不断激化和加深，带来严重的后果。随着新自由主义的全球扩张使资本主义的本性更加赤裸地显露出来，资本主义内部传统的革命力量——工人阶级正在觉醒。近年来，在美国、西欧、拉丁美洲、韩国，工人运动风起云涌。除此之外，绿党、生态运动、反种族歧视、女权主义、反全球化运动等反资本主义体系的力量也在日益壮大。这些运动的目的是在全球化条件下反对新自由主义和大公司的暴政，它们是全球化进程中资本主义矛盾深刻性的体现。①

（3）新帝国主义发展对当代资本主义基本矛盾的作用和影响。新帝国主义是垄断资本主义在当代经济全球化、金融化条件下的特殊历史发展阶段。在经济全球化的新帝国主义阶段，在形成生产和流通新垄断、金融资本新垄断、美元和知识产权新垄断、国际寡头同盟新垄断等条件下，当代资本主义经济基本矛盾表现为经济的不断社会化和全球化，与生产要素的私人所有、集体所有和国家所有的矛盾，与国民经济和世界经济的无政府状态或无秩序状态的矛盾。新帝国主义排斥国家和国际社会的必要调节，推崇私人垄断资本自我调节，维护私人垄断资本的利益，导致一国和全球的各类矛盾时常激化，经济危机（包括金融危机、财政危机等）、社会危机和生态危机成为"流行病"，社会矛盾激化造成危机频发，各种危机与资本积累交织并行，形成当代资本主义垄断性和掠夺性、腐朽性和寄生性、过渡性和垂危性的新态势。②

（4）数字经济发展对当代资本主义基本矛盾的作用和影响。数字技术的快速发展与广泛应用对资本主义生产方式产生了重要影响。人工智能、机器人及 3D 打印等技术的导入将进一步替代人类劳动，提高劳动生产率；平台资本依靠无酬的数字劳动，可以从产业资本转移剩余价值；数据资源的垄断促成平台资本的垄断，为此产业资本不得不加深对平台资本的依附。上述数字

---

① 吴茜：《当代资本主义基本矛盾的表现形式与历史命运》，载于《当代世界与社会主义》2004年第6期，第65～69页。

② 程恩富：《新时代将加速民富国强进程》，载于《中央社会主义学院学报》2018年第1期，第51～58页。

经济时代资本主义所发生的新变化，一方面促进了生产力发展，另一方面也加剧了劳资关系的对立。并且，数字经济时代的资本积累具有数字化与全球化的特征。这至少带来两个方面显著的影响：其一，以更低的成本甚至是无成本的方式占有数据资源，获得剩余价值，将进一步加剧资本主义基本矛盾；其二，数字经济时代全球化的资本积累与劳动剥削不仅强化了资本对世界经济的控制力，而且也将资本主义基本矛盾进一步拓展至资本主义世界体系之中，固化"中心—外围结构"，扩大了发展的不平衡性。[①] 作为适应数字技术体系的资本积累和社会生产与再生产的新组织形式，平台经济依靠高效的数据采集和传输系统、发达的算力以及功能强大的数据处理算法所支持的数字平台，跨时空跨国界跨部门地集成社会生产、分配、交换与消费活动，大力促进了社会生产力发展。在平台经济中，数字平台的技术特性及资本对平台的垄断，塑造了动态不完全竞争格局，基于数字平台的劳动组织新形式导致不稳定的就业和工资，使资本积累的逻辑渗入劳动力再生产过程，资本对劳动的剥削程度大大加深了。资本主义条件下的平台经济仍然无法克服资本积累规律揭示的内在矛盾。[②]

（二）当代资本主义基本矛盾的深化与资本主义的历史命运

对于当代资本主义基本矛盾及其发展趋势问题，国外相关研究基本上可划分为三种立场、观点和方法：第一种是不能认识或有意回避资本主义的基本矛盾、经济危机及其必然被社会主义所替代的历史趋势，否认二战后资本主义是资本主义生产力与生产关系矛盾运动的结果，否认当代资本主义的腐朽性与垂死性，鼓吹资本主义已进入太平盛世。第二种是承认并揭示资本主义危机加剧，但或者是认为马克思主义的经济危机理论和阶级斗争理论已经过时，认为危机表现形式有所改变；或者是一方面批判当代资本主义的腐朽

---

① 乔晓楠、郗艳萍：《数字经济与资本主义生产方式的重塑——一个政治经济学的视角》，载于《当代经济研究》2019 年第 5 期，第 5 ~ 15 页。

② 谢富胜、吴越、王生升：《平台经济全球化的政治经济学分析》，载于《中国社会科学》2019 年第 12 期，第 62 ~ 81 页。

本质和危机缠身，另一方面则对资本主义充满同情、惋惜，幻想挽救资本主义于灭亡。第三种是批判当代资本主义社会存在着不可克服的矛盾和危机，认为资本主义将被新的世界体系或被更合理、更人道的社会制度所替代。① 对于该问题，我国许多学者则是以马克思主义政治经济学为理论基础进行了分析和解答，为我们正确看待当代资本主义的过渡性或必亡性发展趋势提供了有益参考。

吴茜（2006）认为，资产阶级为了维护资本主义基本制度的生存和发展，缓解资本主义私有制对生产力发展的羁绊和束缚，对资本主义的生产关系和上层建筑的某些环节以及资本主义经济社会的运行和管理机制做了不少的自我调节、改良和改善，减轻了经济波动的幅度和经济危机的破坏性，为生产力的发展提供了新的空间；同时还借鉴社会主义的一些做法，使资本主义社会的阶级矛盾和社会矛盾得到相当程度的缓和。但是，这种调节和改良是在资本主义制度允许的范围内进行的，没有触动资本主义私有制的根基，因而也就不可能从根本上克服资本主义的基本矛盾和由此产生的经济危机与政治矛盾。相反，还会在新的基础上积累和加深资本主义的基本矛盾，使经济危机以更猛烈的形式爆发。资本主义的基本矛盾和危机已成为资本主义制度本身无法愈合的伤口，它们终究会发展到在资本主义框架内无法调节和缓解的地步，导致资本主义的灭亡。②

颜鹏飞、刘会闯（2013）认为，资本主义无法跳出危机的魔网，无法跳出李嘉图定律的阴影，这是由资本主义的基本矛盾决定的。解决危机、缓和矛盾的调整与尝试，可以恢复生产，复苏经济，甚至使生产力取得更大的发展。但由于基本矛盾的决定和制约，这又使矛盾在更深层次和更大范围上发展，资本主义总是以更加严重的病症爆发形式展示其必然灭亡的历史命运。当代资本主义的这些新变化以及稀释和缓解社会矛盾与非和谐的举措，在客

---

① 吴茜：《当代资本主义基本矛盾的表现形式与历史命运》，载于《当代世界与社会主义》2004年第6期，第65~69页。

② 吴茜：《国际垄断资本主义阶段资本主义的基本矛盾及其发展趋势》，载于《马克思主义研究》2006年第6期，第87~93页。

观上却又为资本主义带来了另外一种后果和发展趋势：为资本关系即资本主义生产关系的进一步扩展设置了新的界限、障碍、限制和桎梏，从而进一步促进对资本关系自身规定性及本质的自我背离、自我否定和自我扬弃的进程。资本主义社会的周期性危机尤其这次特大型金融危机和美国占领华尔街运动，就是一个证明。正如英国学者克里斯·哈曼在《僵尸资本主义》中所指出的："这个制度（资本主义）注定要死亡，并被一种更高级的社会秩序所代替。"①这就是资本主义生产方式矛盾运动的辩证法。②

程恩富、鲁保林等（2019）认为，如何判断当代资本主义的过渡性或必亡性发展趋势是一个十分重要的问题。遵循历史唯物主义的分析方法，新帝国主义的过渡性是指：第一，同世界上任何事物一样，新帝国主义制度也是变化着的。它在人类历史上具有暂时性，不具有永恒性。第二，它的变化发展同样遵循从低级向高级的路线，新帝国主义最终必然通过多种形式的革命而转向社会主义。在新帝国主义时代，发达资本主义经历了许多重要的技术和制度变革，这在一定程度上为资本主义的进一步发展提供了基础，并延缓了资本主义的灭亡。新帝国主义和当代资本主义新变化为什么不会改变它必然灭亡的历史发展趋势呢？这是因为，资本主义基本矛盾仍然存在并继续发展，资本主义积累规律仍然存在并继续发展，资本主义经济危机仍然存在并继续发展。③

谢富胜等（2019）认为，平台经济预示了数字技术革命所推动的社会经济组织形式的变革方向，这必然会引起资本主义国家经济矛盾的加深，以及劳动者经济社会地位的恶化，对发达资本主义国家的社会稳定、制度合理性以及全球秩序构成了严峻挑战。基于数字技术体系发展的平台经济社会形式，导致资本积累过程扩展到社会生产和生活的各个方面，资本主义世界市场的

① 时家贤：《从资本主义制度层面探究世界金融危机的根源——介绍克里斯·哈曼新著〈僵尸资本主义〉》，载于《国外理论动态》2010 年第 2 期，第 19～24 页。

② 颜鹏飞、刘会闯：《当代资本主义再认识：当代资本主义基本矛盾的新解读》，载于《理论学刊》2013 年第 9 期，第 33～38 页。

③ 程恩富、鲁保林、俞使超：《论新帝国主义的五大特征和特性——以列宁的帝国主义理论为基础》，载于《马克思主义研究》2019 年第 5 期，第 49～65 页。

规模和深度展现出前所未有的扩张，进而使马克思揭示的资本积累一般规律向全球各个角落渗透。这些巨大变化为人类转向新经济社会形态的变革，进一步奠定了物质基础。[1]

鲁明川（2021）认为，资本主义基本矛盾是逆全球化的深层根源。在以资本逻辑为轴心的资本主义制度下，资本扩张推动生产社会化的不断发展，进而推动着经济、社会、文化等领域全球化的全面展开。但资本主义生产资料的私有制又包含着对资本扩张的内在否定，进而传导至社会、政治等领域，导致逆全球化的周期性回摆。在经济领域，资本主义经济发展不平衡规律与群体利益分配的失衡是逆全球化产生和周期性回摆的关键缘由；在社会领域，阶级矛盾的激化与社会关系的不平等是逆全球化产生和周期性回摆的重要缘由；在政治领域，政治的极端化与"强国优先"理念的泛起是逆全球化产生和周期性回摆的基本缘由。面对当前人类全球化秩序变革与调整的大变局，"人类命运共同体"为人类推进新型全球化提供了中国方案。[2]

四、总结

总体而言，国内学术界关于资本主义社会基本矛盾的研究取得了诸多新进展。在理论层面，除了继续加强对资本主义社会基本矛盾理论在马克思主义理论体系，尤其是在科学社会主义原理中的重要作用的研究，国内学者还系统梳理了资本主义基本矛盾理论的历史发展脉络、探讨了研究当代资本主义基本矛盾的方法、对资本主义基本矛盾的内涵进行了新阐释。在现实问题层面，国内学者一方面从马克思主义经济学的视角，对2008年国际金融危机爆发的原因进行了深入分析，揭示了国际金融危机实质上也是资本主义经济危机，是资本主义基本矛盾不断积累、蔓延和激化的必然结果；另一方面密

---

① 谢富胜、吴越、王生升：《平台经济全球化的政治经济学分析》，载于《中国社会科学》2019年第12期，第62～81页。

② 鲁明川：《资本主义基本矛盾：逆全球化的深层根源》，载于《浙江社会科学》2021年第1期，第4～12页。

切关注当代资本主义的新发展和新变化，思考并回应了经济全球化、新自由主义的全球扩张、新帝国主义发展、数字经济发展、逆全球化对资本主义基本矛盾的作用和影响，得出了许多深刻的具有启发性的结论。既有研究进一步扩宽了资本主义基本矛盾问题的研究视野，密切了资本主义基本矛盾理论与现实的联系，再次彰显了马克思主义基本原理的真理性和强大的生命力，为研究当代资本主义新变化和历史趋势提供了极具价值的思想资源和理论参考。

20 世纪 90 年代以来，以信息化、智能化、全球化、金融化为主要特征的新一轮科技革命和产业变革深入发展，促进了资本主义生产力的巨大进步和生产社会化程度的进一步提高。同时，为了适应和进一步促进生产力的发展、维护资本主义制度、捍卫资本主义统治地位，资产阶级对资本主义生产关系的某些环节以及资本主义经济社会的运行和管理机制做了不少的调节和改善。但由于当代资本主义的新发展、新变化都是在资本主义私有制基础上和资本主义基本制度框架内进行的，不仅未能缓解和消除资本主义基本矛盾及其引发的经济危机，反而使资本主义基本矛盾进一步扩大和深化了。资本主义基本矛盾从资本主义国家扩大到全球范围，从生产领域扩大到流通、交换、消费全部生产过程，从经济领域扩大到社会、政治、生态环境、国际关系等领域，呈现出更加错综复杂的多重表现形态。"这就需要我们加强对当代资本主义的研究，分析把握其出现的各种变化及其本质，深化对资本主义和国际政治经济关系深刻复杂变化的规律性认识"。①

在加强对当代资本主义研究时，应注意以下几点：第一，要持续关注资本主义的发展变化，在历史与现实的比较分析中，准确把握资本主义的阶段性变化与主要特征，依据这些新特征重新审视当代资本主义所处的发展阶段，掌握资本主义的发展动向和发展趋势，进而为我国制定正确的应对策略和发展战略提供理论参考。第二，对当代资本主义的研究，依然离不开马克思主义的分析框架和理论支撑。要在理论与实践的有机结合中，运用马克思主义

---

① 《习近平谈治国理政》第 2 卷，外文出版社 2017 年版，第 66 - 67 页。

的立场、观点与方法分析不断发展变化的资本主义的结构性矛盾与本质，探索控制与依附、积累与扩张、统治与剥削等关系背后的资本积累的一般规律和私有制的经济根源。第三，要在"两个必然"与"两个决不会"的辩证统一中，辨析当代资本主义的发展趋势和历史命运。对于数字资本主义、平台经济、人工智能等新经济形态，除了要揭示其中劳动与资本不断加剧的矛盾对抗关系，还应当在充分认识其积极作用的基础上，深化对数字经济劳动过程、运行机制和监管方式的研究。正如马克思所言："无论哪一个社会形态，在它所能容纳的全部生产力发挥出来以前，是决不会灭亡的；而新的更高的生产关系，在它的物质存在条件在旧社会的胎胞里成熟以前，是决不会出现的"。① 我们应该看到数字经济、平台经济、人工智能等发展的历史进步性，加强引导和审慎监管，使其真正助力实体经济转型升级，推动中国经济健康可持续发展。

---

① 《马克思恩格斯选集》第 2 卷，人民出版社 2012 年版，第 3 页。

目　录

第一编 "资本主义基本矛盾" 理论

马克思主义创始人"资本主义社会基本矛盾"理论发展史初探

辛向阳[*]

党的十八大以来，习近平总书记在谈到坚持和发展中国特色社会主义、发展和繁荣哲学社会科学时，都提到资本主义社会基本矛盾问题。2013 年 1 月 5 日，在新进中央委员会的委员、候补委员学习贯彻党的十八大精神研讨班上的讲话中，他指出："事实一再告诉我们，马克思、恩格斯关于资本主义社会基本矛盾的分析没有过时，关于资本主义必然灭亡、社会主义必然胜利的历史唯物主义观点也没有过时。"[①] 这就告诉我们党的高级干部，我们坚持和发展中国特色社会主义是有深厚科学基础的，资本主义社会基本矛盾注定了西方国家会由于其内在的不可克服的这一矛盾而逐步走向衰落，而我们的制度由于符合人类历史发展规律的要求将强大起来。2016 年 5 月 17 日，在哲学社会科学工作座谈会上的讲话中，习近平总书记再次指出："有人说，马克思主义政治经济学过时了，《资本论》过时了。这个说法是武断的。远的不说，就从国际金融危机看，许多西方国家经济持续低迷、两极分化加剧、社会矛盾加深，说明资本主义固有的生产社会化和生产资料私人占有之间的矛盾依然存在，但表现形式、存在特点有所不同。"[②] 习近平用 2008 年美国金融危机和 2010 年欧债危机以来的事实说明：资本主义社会基本矛盾的表现形式无论怎样变化，其基本矛盾的性质不会变化，是客观存在的。在西方国家，一些比较客观看待资本主义发展的学者也承认这一点，例如法国调节学派代表人物米歇尔·阿格利塔认为，马克思揭示的资本主义生产方式的基本矛盾

* 辛向阳：中国社会科学院马克思主义研究院。

① 《十八大以来重要文献选编》（上），中央文献出版社 2014 年版，第 117 页。

② 习近平：《在哲学社会科学工作座谈会上的讲话》，载于《人民日报》2016 年 5 月 18 日。

在当代没有过时，但是表现形式已经变得极其复杂。

习近平总书记的多次论述说明了关于资本主义社会基本矛盾的理论在马克思主义体系，尤其是在科学社会主义原理中起着十分重要的作用。这里的问题是：这一理论是如何产生的？是经过了什么阶段发展起来的？是在什么时候完善起来的？对这些问题的研究既是马克思主义发展史要解决的基本问题，也是我们加深对马克思主义真理性认知的要求。

一、资本主义社会基本矛盾理论的发生期

这一时期是从 19 世纪 40 年代中期到 50 年代中期。这一时期资本主义社会开始成熟起来，其生产社会化程度有一定发展，资本主义私有化的程度也在加深，两者的矛盾已经呈现在世人面前。马克思主义创始人科学地分析了这一时期资本主义发展的特点，对资本主义社会基本矛盾的表现形式进行了深入研究，但尚未明确提出"资本主义社会基本矛盾"的命题。

（一）对于工人阶级与资产阶级矛盾的论述系统完整，这为社会主义从空想变成科学奠定了重要基础

19 世纪 40 年代，工业无产阶级的生活十分悲惨，工人们的工作时间很长，工资却异乎寻常的低，在很多方面甚至不如封建制度下农民的生活。法国经济学家皮凯蒂在《21 世纪资本论》中说："《萌芽》、《雾都孤儿》和《悲惨世界》等文学作品并不是源于作者们的想象力，而是来源于那些根据法律限制仅大于八岁（1841 年的法国）的工厂童工们或仅大于十岁（1842 年的英国）矿山童工们的真实生活。维莱姆博士（Villerme）的著作《制造业工人的现状》于 1840 年在法国发表（推动了 1841 年一个尝试性的新童工法律的颁布），描述了与恩格斯在 1845 年出版的《英国工人阶级现状》中描写的同样肮脏的现实。"[1] 无论是左拉、狄更斯、雨果，还是维莱姆，他们只是看到

---

① ［法］托马斯·皮凯蒂：《21 世纪资本论》，巴曙松、陈剑等译，中信出版社 2014 年版，第 8 页。

了工人阶级受苦受难的现实，只是哀叹他们的不幸，只有马克思恩格斯把工人阶级看作创造未来的阶级。恩格斯说："从格拉斯哥到伦敦，整个工人阶级对富有者的极大的愤怒，这些富有者有系统地剥削他们，然后又冷酷地让他们受命运的摆布。这种愤怒要不了多久（这个时刻人们几乎是可以算出来）就必然爆发为革命，同这个革命比较起来，法国第一次革命和 1794 年简直就是儿戏。"① 工人阶级悲惨生活的原因不应当仅仅怪罪于制度的不完善等小的弊端，而应当到资本主义制度本身去寻找。这就是马克思恩格斯在 1848 年发表的《共产党宣言》中所指出的："几十年来的工业和商业的历史，只不过是现代生产力反抗现代生产关系、反抗作为资产阶级及其统治的存在条件的所有制关系的历史。"② 这就触及到了资本主义内在矛盾的实质。

（二）阐明了资本主义社会中一个奇特的现象：任何事物都包含着自己的反面

马克思在 1856 年《人民报》创刊纪念会上的演说中指出："在我们这个时代，每一种事物好像都包含有自己的反面。我们看到，机器具有减少人类劳动和使劳动更有成效的神奇力量，然而却引起了饥饿和过度的疲劳。财富的新源泉，由于某种奇怪的、不可思议的魔力而变成贫困的源泉。技术的胜利，似乎是以道德的败坏为代价换来的。随着人类愈益控制自然，个人却似乎愈益成为别人的奴隶或自身的卑劣行为的奴隶。甚至科学的纯洁光辉仿佛也只能在愚昧无知的黑暗背景上闪耀。我们的一切发现和进步，似乎结果是使物质力量成为有智慧的生命，而人的生命则化为愚钝的物质力量。"③ 造成无所不在的悖论性的原因就在于资本主义制度与现代工业的对抗："现代工业和科学为一方与现代贫困和衰颓为另一方的这种对抗，我们时代的生产力与社会关系之间的这种对抗，是显而易见的、不可避免的和无庸争辩的事实。"④ 这些论述尽管还没有使用"资本主义社会基本矛盾"这样的概念，但已经包

① 《马克思恩格斯文集》第 1 卷，人民出版社 2009 年版，第 404 页。
② 《马克思恩格斯文集》第 2 卷，人民出版社 2009 年版，第 37 页。
③④ 《马克思恩格斯选集》第 1 卷，人民出版社 1995 年版，第 775 页。

含着主要的思想了。

二、资本主义社会基本矛盾理论的发展期

这一时期是从 19 世纪 50 年代中期到 1867 年《资本论》第 1 卷发表。进入 19 世纪 50 年代中期，资本主义经济的规模化、工业化特点已十分鲜明地呈现在世人面前。生产的社会化趋势一天比一天显著。一个典型的事实就是从 1851 年起，西方国家开始举办显示其财富规模和技术进步的万国博览会。在 1851 年的伦敦博览会上，参展的厂商有 1.4 万家；1855 年的巴黎博览会上，参展厂商是 2.4 万家，比第一届多了 1 万家；1862 年，伦敦博览会上，参展的厂商是 2.9 万家；1867 年，巴黎博览会上，参展的厂商为 5 万家。厂商规模的扩大说明生产社会化的程度是在不断提高的。而且 1850 年~1870 年，"在这 20 年间，世界煤产量大约增加了 2.5 倍，世界铁产量大约上升了 4 倍。而蒸汽动力却增加了 4.5 倍，从 1850 年的 400 万匹，上升到 1870 年的 1850 万匹马力。"① 与此同时，资本主义私人占有的程度也在提高，资本积累的速度大大加快。资本主义社会基本矛盾的对抗程度在这一时期进一步提高。这一客观的历史进程促使马克思主义创始人关于资本主义社会基本矛盾的理论成熟起来。马克思从 1857 年起致力于政治经济学的研究，在其《政治经济学批判（1857 – 1858 年手稿）》《政治经济学批判（1861 – 1863 年手稿）》《资本论（1863 – 1865 年手稿）》以及《资本论》第 1 卷中都阐明了资本主义生产的特点、商品生产的内在矛盾、资本主义生产社会发展趋势等基本问题，为资本主义社会基本矛盾理论的发展确立了深厚的思想基础。

（一）马克思主义创始人分析了资本主义生产的双重性，为揭示资本主义社会基本矛盾奠定了理论逻辑

在《政治经济学批判（1857 – 1858 年手稿）》中，马克思一再谈到资本

---

① ［英］艾瑞克·霍布斯鲍姆：《资本的年代：1848~1875》，张晓华等译，中信出版社 2014 年版，第 47 页。

的内在矛盾和对立形式问题。他指出："资本本身是处于过程的矛盾，因为它竭力把劳动时间缩减到最低限度，另一方面又使劳动时间成为财富的唯一尺度和源泉。"① 这一矛盾会不断扩展开来，产生种种问题。在《资本论（1863 - 1865 年手稿）》中，马克思认为，资本主义生产是特殊资本主义生产关系的生产和再生产。资本主义生产过程不仅是资本的再生产过程，而且是作为资本主义生产关系的生产过程。资本主义生产不仅是这种生产关系的再生产，而且是这种关系在日益增长的规模上的再生产。其结果是：劳动的社会生产力随着资本主义生产方式的发展而发展，与工人相对立的作为统治工人的财富即资本以更大的规模和程度增长起来，与工人相对立的财富世界作为与工人相异化的并统摄工人的世界以同样的程度扩大起来，工人本身的贫穷、困苦和依附性也按同样的比例发展起来。"工人的贫乏化和上述的丰饶是相互对应、齐头并进的。""可见，资本的增长和无产阶级的增加表现为同一过程的相互联系的、又是分裂为两极的产物。"② 可以说，资产阶级与无产阶级的对立是资本主义生产方式的必然产物，而资产阶级与无产阶级的矛盾是资本主义社会基本矛盾的具体表现之一。不仅如此，马克思还分析了资本主义社会基本矛盾的另外一个表现形式，即企业有组织性与社会生产无政府状态之间的矛盾。在《资本论》第 1 卷中，马克思十分细致地分析了资本主义生产的基本特点：工厂内部的有组织性和整个社会生产的无政府状态。在工场内部的分工规则是预先地、有计划地发挥作用，而社会内部的分工则是在事后作为一种内在的、无声的自然必然性起着作用，偶然性和任意性发挥着自己的杂乱无章的作用。马克思指出："在资本主义生产方式的社会中，社会分工的无政府状态和工场手工业分工的专制是相互制约的。"③ 这一系列对资本主义基本矛盾表现形式和方式的深刻分析为把握基本矛盾的性质和内容奠定了科学的基础。

---

① 《马克思恩格斯文集》第 8 卷，人民出版社 2009 年版，第 197 页。
② 《马克思恩格斯文集》第 8 卷，人民出版社 2009 年版，第 544 页。
③ 《马克思恩格斯文集》第 5 卷，人民出版社 2009 年版，第 413 页。

（二）马克思主义创始人深刻分析了资本主义商品生产的内在矛盾，为揭示资本主义社会基本矛盾提供了思想方法

马克思在政治经济学史上第一次提出了劳动二重性的学说，强调了资本主义条件下，工人在生产商品时所花费的劳动作为具体劳动创造了商品的使用价值，作为抽象劳动创造了商品的价值。马克思在《政治经济学批判（1857－1858 年手稿）》中分析了资本主义商品生产劳动内部的抽象劳动的社会性与具体劳动的私人性之间的对抗性，认为这两者之间的矛盾是资本主义社会一切矛盾的最终根源。正是基于这一分析，马克思在《政治经济学批判（1857－1858 年手稿）》中明确提出了"资本的基本矛盾"的概念。他说："更进一步考察问题，首先就会看到一个限制，这不是一般生产的限制，而是以资本为基础的生产的限制。"又说："这里只要指出资本包含着一种特殊的对生产的限制——这种限制同资本要超越生产的任何界限的一般趋势相矛盾——就足以揭示出生产过剩的基础，揭示出发达的资本的基本矛盾"①。在资本主义商品生产方式中，个人只能为社会和在社会中进行生产，这种生产不是直接的社会生产，而是先把产品转化为货币，才能显示出其社会性。这里包含着潜在的矛盾，单个人的具体劳动很有可能不被社会所承认，蜕变不成货币这一"蝴蝶"。抽象劳动的社会性与具体劳动的私人性矛盾的累积就会爆发经济危机。

（三）马克思主义创始人分析了资本主义生产社会化的基本趋势，为揭示资本主义社会基本矛盾铺平了道路

19 世纪 60 年代起，作为工人阶级的身体和精神的保护手段的工厂立法开始普遍化展开，这种普遍化使小规模的分散的劳动过程向大规模的结合的劳动过程的过渡也普遍化和加速起来，从而使资本的积聚和工厂制度的独占统治也普遍化和加速起来。在马克思看来，这种日益加速的普遍化趋势破坏一

---

① 《马克思恩格斯文集》第 8 卷，人民出版社 2009 年版，第 96 页。

切还部分地掩盖着资本统治的陈旧的过渡的形式，而代之以直接的无掩饰的资本统治。"这样，它也就使反对这种统治的直接斗争普遍化。它迫使单个的工场实行划一性、规则性、秩序和节约，同时，它又通过对工作日的限制和规定所造成对技术的巨大刺激而加重整个资本主义生产的无政府状态和灾难，提高劳动强度并扩大机器与工人的竞争……它在使生产过程的物质条件和社会结合成熟的同时……也使生产过程的资本主义形式的矛盾和对抗成熟起来，因此也同时使新社会的形成要素和旧社会的变革要素成熟起来。"①

马克思认为，资本主义生产本身的基本规律就是在劳动进一步社会化、土地和其他生产资料的使用越来越社会化的同时，资本却走向高度的集中化，一个资本家打倒多个资本家，大资本家打倒小资本家，金融资本家打倒实业资本家。规模不断扩大的劳动过程的协作形式日益发展，科学日益被自觉地应用于技术方面，土地日益被有计划地利用，劳动资料日益转化为只能共同使用的劳动资料，一切生产资料因作为结合的社会劳动的生产资料使用而日益节省，各国人民日益被卷入世界市场网络，这都显示出资本主义生产方式的社会化已经是在全球范围上的社会化。生产社会化的过程也是资本集中的过程，是少数资本家剥夺大多数资本家的过程，庞大的社会财富愈来愈集中在极少数资本巨头手中，单个资本的互相吸引和集中趋势比以往任何时候都更加强烈。生产社会化与资本集中化产生的冲突最终将导致资本主义社会的灭亡。马克思指出："资本的垄断成了与这种垄断一起并在这种垄断之下繁盛起来的生产方式的桎梏。生产资料的集中和劳动的社会化，达到了同它们的资本主义外壳不能相容的地步。这个外壳就要炸毁了。资本主义私有制的丧钟就要响了。剥夺者就要被剥夺了。"②

在这一时期，还要看到工人运动的蓬勃发展。1864 年 9 月，国际工人协会成立。协会的成立表明工人阶级的力量进一步壮大起来，强大到足以重新对统治阶级发动进攻了。马克思在起草的《国际工人协会成立宣言》中指出：

---

① 《马克思恩格斯文集》第 5 卷，人民出版社 2009 年版，第 576～577 页。
② 《马克思恩格斯文集》第 5 卷，人民出版社 2009 年版，第 874 页。

"工人阶级的广大群众到处都在深深地下降，下降的程度至少同那些站在他们头上的阶级沿着社会阶梯上升的程度一样。不论是机器的改进，科学在生产上的应用，交通工具的改良，新的殖民地的开辟，向外移民，扩大市场，自由贸易，或者是所有这一切加在一起，都不能消除劳动群众的贫困；在现代这种邪恶的基础上，劳动生产力的任何新的发展，都不可避免地要加深社会对比和加强社会对抗。这在欧洲一切国家里，现在对于每一个没有偏见的人都已成了十分明显的真理，只有那些一心想使别人沉湎于痴人乐园的人才会否认这一点。"① 这里马克思分析的也是资本主义基本矛盾的具体表现，这是从工人运动的实践中得出的科学结论。

三、资本主义社会基本矛盾理论的成熟期

这一时期是从 19 世纪 70 年代初到《社会主义从空想到科学的发展》发表。历史进入 20 世纪 70 年代，资本主义生产力得到了极大发展。到 1875 年，欧洲拥有铁路的国家已经达到 18 个，拥有 1 万公里以上的国家已经达到 5 个，这为资本主义生产方式的扩张提供了前提条件。这一时期，私人资本发展迅猛。根据皮凯蒂在《21 世纪资本论》中图 4.4 所显示的 1870～2010 年欧洲的私人资本与公共资本状况，1870 年，德国私人资本是公共资本的 6.5 倍，英国是 7 倍，法国则是 7.2 倍左右②。私人财富的数量急剧增加。在这样一种情况下，工人阶级与资产阶级的对抗性矛盾就尖锐化起来，一个典型的表现就是爆发了 1871 年巴黎公社革命。工人阶级反对资本家阶级及其国家的斗争，由于巴黎公社革命进入了一个新阶段。这个阶段的特点就是国际共产主义运动的中心转向德国，第一个民族国家内的无产阶级政党德国社会民主党开始建立，同时一批无产阶级政党诞生出来。与此同时，在这些无产阶级政党内部，存在着形形色色非马克思主义的思潮，影响着无产阶级政党的健康发展。为了指导无产阶级政党沿着正确轨道前进，马克思恩格斯在这一时期不断阐

---

① 《马克思恩格斯选集》第 2 卷，人民出版社 1995 年版，第 603 页。

② 参见［法］托马斯·皮凯蒂：《21 世纪资本论》，巴曙松、陈剑等译，中信出版社 2014 年版，第 115 页。

述关于社会主义的一系列科学理论，其中对资本主义社会基本矛盾的理论进行了系统清晰的论述。

在德国社会民主党实现统一的前后，为了影响德国社会民主党，柏林大学讲师杜林在 1871 年、1873 年和 1875 年连续出版了《国民经济学和社会主义批判史》《国民经济学和社会经济学讲义》《哲学讲义》等著作，宣传小资产阶级的社会主义思想。这些思想刚一出现，德国社会民主党内一些健康力量想请恩格斯在当时的社会民主党机关报《人民国家报》上对这一新的社会主义理论进行评析，目的是防止造成党内派别分裂和混乱局面。恩格斯说，过了一年下决心放下其他工作，着手来啃这个不仅很酸而且很大的酸果。于是，从 1877 年 1 月，德国社会民主党机关报《前进报》连续刊载了恩格斯一系列批判性文章，1878 年集印成书，名为《欧根·杜林先生在科学中所实行的变革》（即《反杜林论》）。

在书中，恩格斯强调由于唯物史观和剩余价值理论的发现，社会主义变成了科学，"现在首先要做的是对这门科学的一切细节和联系作进一步的探讨"①。恩格斯在关于社会主义理论的部分中探讨了资本主义社会基本矛盾问题。

（一）从人类历史发展的进程中阐述了资本主义社会基本矛盾产生的客观必然性

恩格斯指出，在资本主义生产方式出现之前特别是在中世纪，以劳动者私人占有生产资料为主要特征的小生产是普遍存在的。正如美国学者理查德·派普斯在 1999 年出版的《财产论》中所言："国王拥有统治权，人民享有所有权，而皇家权力不涉及私有财产，这是公元 16 世纪在西欧国家已经成为具有公理性质的认识。'财产属于家庭所有，而主权则由君主及其法庭所有'，这是人们共同的观点。"② 资本主义生产方式产生后，资产阶级承担的

---

① 《马克思恩格斯文集》第 9 卷，人民出版社 2009 年版，第 30 页。
② ［美］理查德·派普斯：《财产论》，蒋琳琦译，经济科学出版社 2003 年版，第 134 页。

历史任务就是把分散的小的生产资料加以集中和扩大，把它们变成现代生产力发展的强有力的杠杆。资产阶级从 15 世纪起经过简单协作、工场手工业和大工业这三个历史阶段实现了这一作用。资产阶级很重要的历史使命就是把有限的生产资料从个人的生产资料变为社会化的生产资料。资产阶级用血与火、剑与刀、法与鞭完成了这一历史任务。到 19 世纪初，生产资料开始集中在大的作坊和手工业工场中，开始变为真正社会化的生产资料。生产资料和生产实质上已经社会化了，但它们仍然服从于每个人都占有自己的产品并把这一产品拿到市场上去出售这样一种占有方式。"赋予新的生产方式以资本主义性质的这一矛盾，已经包含着现代的一切冲突的萌芽。新的生产方式越是在一切有决定意义的生产部门和一切在经济上起决定作用的国家里占统治地位……社会化生产和资本主义占有的不相容性，也必然越加鲜明地表现出来。"①

（二）从资本主义历史发展的进程中阐述了资本主义社会基本矛盾的主要内容

社会化大生产和资本主义占有的不相容性使集中在资本家手中的生产资料与除了自己的劳动力以外一无所有的生产者彻底分离了，无产阶级与资产阶级的阶级对立程度在加深，"社会化生产和资本主义占有之间的矛盾表现为无产阶级和资产阶级的对立"。② 不仅如此，资本主义生产方式下的商品生产规律越来越公开、越来越有力地发挥着作用。商品生产有其特殊的、固有的、和它分不开的客观规律，这就是：谁也不知道，它的那种商品在市场上会出现多少，究竟需要多少；谁也不知道，它的个人产品是否真正为人所需要，是否能收回它的成本，到底是否能卖出去。这一规律决定社会生产的无政府状态占了统治地位，并且越来越走向极端。同时，我们看到，资本主义生产方式用来加剧生产无政府状态的主要工具不是别的，就是其对立面：单个企业生产的日益增强的组织性。所以，恩格斯说："社会化生产和资本主义占有

---

① 《马克思恩格斯文集》第 9 卷，人民出版社 2009 年版，第 287 页。
② 《马克思恩格斯文集》第 9 卷，人民出版社 2009 年版，第 288 页。

之间的矛盾表现为个别工厂中生产的组织性和整个社会中生产的无政府状态之间的对立。"① 在《反杜林论》中,恩格斯不仅系统地阐述了资本主义社会基本矛盾的主要内容,而且阐述了这一基本矛盾的两大表现形式,资本主义社会基本矛盾的理论在这里已经成熟起来。

1880 年,应保尔·拉法格的请求,恩格斯根据《反杜林论》中第三章中的相关内容作了一定改编,并且补充了一些内容后,写成了《社会主义从空想到科学的发展》一书。起初发表在《社会主义评论》1880 年第 3~5 期,同年出版了单行本。《社会主义从空想到科学的发展》一书的出版,标志着资本主义社会基本矛盾的理论完全形成。在这本书中,恩格斯除了系统地阐述了《反杜林论》中关于资本主义社会基本矛盾的理论外,还从社会发展的历史中再次作了阐述。他提出了这样几个重要观点:在中世纪商品生产刚刚处于形成的过程中,它本身就包含着社会生产的无政府状态的萌芽;资本主义革命推动生产资料不断社会化,但社会的产品却被个别资本家所占有;这两者的矛盾"就是产生现代社会的一切矛盾的根本矛盾,现代社会就在这一切矛盾中运动,而大工业把它们明显地暴露出来了"②。恩格斯在这里阐述得再明白不过了,资本主义社会的基本矛盾就是:生产的社会化与生产资料的私人占有。恩格斯认为,这一基本矛盾会带来四个具体表现:第一,无产阶级与资产阶级的对立;第二,个别企业的有组织性与整个社会生产无政府状态之间的矛盾;第三,生产方式与交换方式的对抗;第四,资本主义国家的社会性与其阶级性之间的对抗。矛盾解决的途径只有一个:无产阶级革命。"无产阶级将取得公共权力,并且利用这个权力把脱离资产阶级掌握的社会化生产资料变为公共财产。"③ 社会主义代替资本主义是资本主义社会基本矛盾发展的必然结局,是历史发展规律的内在要求。

马克思主义创始人提出的资本主义社会基本理论迄今已经 130 多年了,在今天仍然有巨大的理论与现实意义:第一,资本主义国家发生的各种形式

① 《马克思恩格斯文集》第 9 卷,人民出版社 2009 年版,第 290 页。
② 《马克思恩格斯文集》第 3 卷,人民出版社 2009 年版,第 565 页。
③ 《马克思恩格斯文集》第 3 卷,人民出版社 2009 年版,第 566 页。

的金融危机、债务危机以及治理危机，都是这一基本矛盾客观存在的表现。资本主义社会基本矛盾决定了资本主义国家一场接一场的危机的发生，这是它在自身范围内解决矛盾的唯一出路。一场又一场的危机把资本主义制度带向其存在的极限地带，资本主义的灭亡是不可避免的。我们要从资本主义社会基本矛盾中增强对社会主义的信念。第二，资本主义社会基本矛盾的表现形式、存在特点在当代有了新的不同，我们要研究这些不同之处。从当代资本主义来看，社会基本矛盾的新的表现方式是：金融企业创新的无限性与社会金融产品消费不足的矛盾，金融衍生品带来的问题越来越突出；个别企业生产的节约性与整个社会生产的巨大浪费之间的矛盾，造成人们欲求的无限膨胀；国家治理的利益集团化与人民大众利益的冲突，使整个社会陷入治理的危机之中。我们要善于利用资本主义社会的基本矛盾的新的表现，不断发展我们自己，使中国特色社会主义道路越走越宽广。

（原文发表于《马克思主义研究》2017 年第 1 期）

马克思恩格斯论证资本主义发展趋势的逻辑视角及当代启示

吕薇洲 *

资本主义必然被社会主义和共产主义所替代，无产阶级的历史使命就是变革资本主义旧制度，建立社会主义和共产主义新制度，这是马克思和恩格斯毕生反复论证的一个基本原理，是科学社会主义学说的重要组成部分，也是无产阶级革命的重大理论和实践问题。这一原理科学揭示了资本主义的历史局限性及其被社会主义代替的历史必然性，从根本上粉碎了资产阶级辩护士鼓吹的"资本主义永恒论"，为无产阶级提供了强大的思想武器。马克思恩格斯关于资本主义必然灭亡历史趋势的论证是多视角、多层次的，为今天客观认识并正确对待资本主义提供了科学的指导。

一、逻辑起点：阶级对立与"两个必然"

对于资本主义必然灭亡发展趋势的论证，马克思恩格斯最早是从无产阶级和资产阶级的阶级矛盾和对立着手的。可以说，无产阶级的产生、发展及其与资产阶级之间的矛盾和对立，以及在此基础上无产阶级的历史地位和历史使命问题，始终是马克思恩格斯密切关注的问题，是他们探讨资本主义发展趋势的逻辑起点。

马克思恩格斯之所以将阶级对立和矛盾作为论证资本主义发展趋势的逻辑起点，是由其所处时代背景决定的。

众所周知，始于18世纪60年代的产业革命，到19世纪三四十年代，已经在欧美一些主要资本主义国家相继完成。作为一场深刻的社会变革，产业

---

* 吕薇洲：中国社会科学院马克思主义研究院。

革命在促进资本主义经济高度繁荣和迅猛发展的同时，造就了一个人数众多、日益贫困化且逐步觉悟、日渐成熟的工业无产阶级，从而使整个资本主义社会日益分裂为两大明显对立的阶级——资产阶级和无产阶级。资产阶级利用机器对无产阶级进行残酷剥削，使无产阶级陷入贫困、失业和饥饿的境地。两大阶级之间的对立和斗争，已在英国、法国和德国等欧洲最发达的国家（也是马克思恩格斯早期活动的重要国家）上升到首要地位。

资本主义社会日渐凸显的阶级矛盾和不断激化的阶级斗争，促使马克思恩格斯在继续进行科学理论研究（包括研究各种社会主义学说和资产阶级经济学家的著作，探讨各种现实的社会问题和理论问题）的同时，开始积极投身于当时的革命活动，深入了解工人阶级发展的状况，认真总结工人运动的经验。在理论研究和实践活动的相互推进中，马克思恩格斯愈来愈清晰地认识到阶级利益的存在，认识到无产阶级的历史地位及其在未来社会发展中的重要作用。

19 世纪 40 年代初，马克思恩格斯开始参与一些重大政治和社会问题的讨论，并在论战过程中坚定地站在劳动人民的立场上，积极为一无所有的贫苦群众辩护，努力捍卫"下层阶级"的物质利益和民主权利。但总体说来，当时的马克思恩格斯虽然认识到了无产阶级的历史地位和历史使命，但其观点还没有完全成熟，"还有必要通过彻底的科学探索去详加论证并作进一步发挥"。①

为了更好地剖析资本主义社会，探讨无产阶级如何完成其把全人类从被剥削被压迫的苦难中解放出来的历史使命，马克思恩格斯在 19 世纪 40 年代初完成从唯心主义到唯物主义，从革命民主主义到共产主义的转变后，立即将其研究重点转向了资本主义经济制度领域。同时，为了更好地把自己的理论认识与社会的政治实践结合起来，他们也开始注重经常走到工人中间，与无产阶级组织和团体建立联系，从而更加科学地论证和阐述无产阶级的历史地位和历史使命。

---

① ［德］海因里希·格姆科夫等：《马克思传》，易廷镇、侯焕良译，三联书店 1978 年版，第 51 页。

在《国民经济学批判大纲》这部马克思主义发展史上最早的经济学著作中，恩格斯揭露了资产阶级政治经济学的阶级实质，阐述了以劳动和资本相对立为特征的资本主义私有制，并进而分析了资本主义社会的阶级矛盾。"工人要生活就得工作，而土地占有者可以靠地租过活，资本家可以靠利息过活，万不得已时，也可以靠资本或资本化了的土地占有过活。其结果是：劳动得到的仅仅是最必需的东西，仅仅是一点点生活资料，而大部分产品则为资本和土地占有所得。"① 马克思在《1844年经济学哲学手稿》一文中，把"现实的经济事实作为出发点"，通过对异化劳动的剖析，揭露了资产阶级社会中资本与劳动的不可调和的对立，提出了必须通过工人解放这种政治形式，才能使社会从私有财产的统治下解放出来的思想。在《神圣家族》中，马克思恩格斯运用异化理论，考察了无产阶级和资产阶级、雇佣劳动和私有制之间的矛盾及其发展和解决的途径等问题，说明了两大阶级的社会地位，得出两大阶级具有相反历史作用的结论。在《英国工人阶级状况》一书中，恩格斯系统阐述了英国资本主义工业的发展史，深入说明了工人阶级形成壮大的过程；以大量具体生动的材料，真实地展现了工人阶级在资本主义制度下遭受压迫和剥削的悲惨情景，明确宣告：工人阶级的社会地位必然会推动它为争取自身解放而去推翻资本主义制度。在《共产党宣言》中，马克思恩格斯从分析资产阶级和无产阶级产生、发展及其相互对立和斗争入手，得出了"两个必然"的科学结论。"随着大工业的发展，资产阶级赖以生产和占有产品的基础本身也就从它的脚下被挖掉了。它首先生产的是它自身的掘墓人。资产阶级的灭亡和无产阶级的胜利是同样不可避免的。"②

从上述马克思恩格斯关于无产阶级历史地位和历史使命的论证过程可以看出，他们"始终把自己的学说同无产阶级的解放事业紧紧结合在一起"。③ 在他们看来，"工人阶级的状况是当代一切社会运动的真正基础和出发点，因为它是我们目前存在的社会灾难最尖锐、最露骨的表现。……为了一方面给

---

① 《马克思恩格斯文集》第1卷，人民出版社2009年版，第83页。
② 《马克思恩格斯文集》第2卷，人民出版社2009年版，第43页。
③ 陈先达、靳辉明：《马克思早期思想研究》，北京出版社1983年版，第363页。

社会主义理论，另一方面给那些认为社会主义理论有权存在的见解提供坚实的基础，为了肃清赞成和反对这种理论的一切空想和幻想，了解无产阶级的状况是十分必要的。"①

概括起来，马克思恩格斯关于无产阶级历史地位和历史作用的科学阐述主要包括：（1）无产阶级是产业革命的产物，无产阶级和资产阶级的对立是从物质的、经济的生活条件中产生的，这两个阶级对立的鸿沟，随着大工业的发展，越来越深。"资产阶级从它产生的时候起就背负着自己的对立物：资本家没有雇佣工人就不能存在"。②（2）无产阶级受剥削和压迫的地位根源于资本主义制度，资本家利用机器对工人进行残酷剥削，使无产阶级陷入贫困、失业和饥饿的境地，从而造成了从 18 世纪中叶起，无产阶级与资产阶级之间矛盾的日益加剧，无产阶级与资产阶级之间的根本对立和阶级矛盾是不可调和的。（3）在资本主义社会中，无产阶级处在社会的最底层，除了出卖自己的劳动力之外，一无所有，经济上受剥削，政治上受压迫，它的阶级利益同资本主义发展的历史趋势——资本主义被社会主义所代替是一致的，同时，随着大工业的发展成长起来的无产阶级是最革命最坚决最彻底的阶级，是对社会进行革命改造的强大力量。只有无产阶级才能充当资产阶级的掘墓人，承担起推翻资本主义，创建社会主义的历史使命。正如《资本论》强调的："这个阶级的历史使命是推翻资本主义生产方式和最后消灭阶级。这个阶级就是无产阶级。"③ 恩格斯也指出："现代被压迫阶级即无产阶级如果不同时使整个社会摆脱阶级划分，从而摆脱阶级斗争，就不能争得自身的解放。因此，共产主义现在已经不再意味着凭空设想一种尽可能完善的社会理想，而是意味着深入理解无产阶级所进行的斗争的性质、条件以及由此产生的一般目的。"④

---

① 《马克思恩格斯文集》第 1 卷，人民出版社 2009 年版，第 385 页。
② 《马克思恩格斯文集》第 3 卷，人民出版社 2009 年版，第 525 页。
③ 《马克思恩格斯文集》第 5 卷，人民出版社 2009 年版，第 90 页。
④ 《马克思恩格斯文集》第 4 卷，人民出版社 2009 年版，第 233 页。

二、经济视角：资本积累与"丧钟论"

资本积累理论是马克思恩格斯论证资本主义历史地位和发展趋势又一重要视角。19 世纪 40 年代中期，马克思恩格斯深刻认识到，要进一步分析资本主义产生、发展和灭亡的规律，需要求助于政治经济学，于是他们对资本主义的批判由哲学、历史学、政治学领域转向政治经济学领域，撰写了大量的政治经济学阅读笔记并发表了一系列重要经济学论著。在这些著述中，马克思恩格斯深入透彻地分析资本主义生产方式，详细具体地阐述了"构成现代阶级斗争和民族斗争的物质基础的经济关系"。① 从再生产过程和历史发展的角度，从资本主义经济运动趋势的高度，系统阐发了资本积累理论，深入考察了资本积累的必然性、特点以及历史趋势，并在此基础进一步揭示了资本主义剥削的实质，论证了资本主义必然灭亡的历史命运。

涉足经济学研究不足一年，马克思就发表了《1844 年经济学哲学手稿》一文，通过对异化劳动的探讨，对资本主义社会经济结构的初步剖析，深刻认识到了私有制的本质和基于私有制之上的劳动和资本、资本家与工人之间的根本对立，并在此基础上，论证了人类社会从资本主义向社会主义、共产主义过渡的历史必然性，他深刻地指出："劳动和资本的这种对立一达到极端，就必然是整个关系的顶点、最高阶段和灭亡。"②

1849 年发表的《雇佣劳动与资本》一文，马克思论述了以剥削雇佣工人劳动为基础的资本主义生产方式的实质，揭示了资本积累和无产阶级贫困化的关系。他明确指出："生产资本越增加，分工和采用机器的范围就越扩大。分工和采用机器的范围越扩大，工人之间的竞争就越剧烈，他们的工资就越减少。"③ 由此马克思得出结论：资本的增加和资产对新的技术、新的生产方法的运用，一方面造成大量的失业者，另一方面又使大批较高社会阶层中的人被驱赶到工人阶级队伍中来。"如果说资本增长得迅速，那么工人之间的竞

① 《马克思恩格斯文集》第 1 卷，人民出版社 2009 年版，第 711 页。
② 《马克思恩格斯文集》第 1 卷，人民出版社 2009 年版，第 172 页。
③ 《马克思恩格斯文集》第 1 卷，人民出版社 2009 年版，第 741 页。

争就增长得更迅速无比，就是说，资本增长得越迅速，工人阶级的就业手段即生活资料就相对地缩减得越厉害；尽管如此，资本的迅速增长对雇佣劳动却是最有利的条件。"①

在《资本论》中，马克思以剩余价值为主要线索，从分析资本主义的积累过程及其必然趋势出发，通过系统阐述剩余价值的生产、实现和瓜分，做出了整个资本主义生产方式必然要被消灭的历史性判断。在马克思看来，资本积累对资本主义来说具有双重后果：一方面，通过资本积累，资本的规模得以扩大，对于单个资本而言，可以提高竞争力，获取超额利润，这也是资本主义具有强烈的积累冲动的原因所在。另一方面，资本积累客观上使生产集中和资本集中加快，推动了生产社会化，又为资本主义私有制的消亡奠定了物质基础。因此，资本积累实际上起着加快资本主义灭亡的作用。

马克思恩格斯关于资本积累的实质和规律的理论，主要包括以下内容：(1) 揭示了资本积累的实质，分析了资本积累的必然性和决定资本积累量的因素。正如《资本论》中明确提出的："把剩余价值当做资本使用，或者说，把剩余价值再转化为资本，叫做资本积累。"② 资本积累的实质就是剩余价值资本化，是在资本主义扩大再生产中，资本家利用无偿占有的剩余价值，不断扩大资本的规模和扩大对雇佣劳动的剥削，继续占有更多的剩余价值。资本积累的真正来源是工人所创造的剩余价值。对剩余价值的无止境贪欲，是驱使资本家不断进行资本积累的内在动力，而激烈的竞争则是迫使资本家不断进行资本积累的外在压力。(2) 揭示了资本积累对工人阶级命运的影响，分析了资本积累的规律及其与无产阶级贫困化之间的关系。马克思恩格斯认为，随着资本的不断积累和扩大，购买劳动力的可变资本部分地在资本总量中的比重不断减少，而购买生产资料的不变资本部分在资本总量中的比重不断增加。这种资本有机构成不断提高的趋势，造成了越来越大的排挤工人就业的客观力量，造成了资本财富积累和工人贫困积累之间的对立运动，即在

---

① 《马克思恩格斯文集》第 1 卷，人民出版社 2009 年版，第 742～743 页。
② 《马克思恩格斯文集》第 5 卷，人民出版社 2009 年版，第 668 页。

资本积累过程中，"在一极是财富的积累，同时在另一极，即在把自己的产品作为资本来生产的阶级方面，是贫困、劳动折磨、受奴役、无知、粗野和道德堕落的积累"。① 在马克思恩格斯看来，追求越来越高的剩余价值率是资本主义生产的目的和决定性动机，这一目的和动机决定了无产阶级的贫困化是资本积累的一个必然的结果。（3）在揭示资本积累历史趋势的基础上提出了著名的"丧钟论"。马克思恩格斯深刻指出，建立在资本主义生产方式基础上的资本积累，主要是依靠生产力的发展和剥削雇佣工人的剩余价值来实现的。不断积累资本，是资本主义生产方式的客观要求，也是资产阶级的强烈欲望，马克思指出："资本主义生产的发展，使投入工业企业的资本有不断增长的必要，而竞争使资本主义生产方式的内在规律作为外在的强制规律支配着每一个资本家。竞争迫使他不断扩大自己的资本来维持自己的资本，而他扩大资本只能靠累进的积累。"② 这决定了资本主义生产必然是一个连续的再生产过程和剩余价值不断转化为资本的积累过程。在资本积累过程中，个别资本通过资本的积累、积聚和集中等诸多形式不断增大，从而使社会财富愈来愈集中在少数资本家手中。同时，随着资本积累的发展，资本家必然要不断改进技术，提高劳动生产率，从而使资本有机构成发生质的变化，使可变资本在总资本中的比率越来越小。而资本有机构成的不断提高，要求扩大个别资本的规模，从而进一步加剧了社会财富的集中。

马克思恩格斯的资本积累及其历史趋势理论，深刻揭示了资本主义私有制被社会主义公有制代替的客观必然性。正是据此，他们"做出了资本主义从发生到灭亡的历史性总结，作为论述资本主义的积累的理论和历史的结论"③，"资本的垄断成了与这种垄断一起并在这种垄断之下繁盛起来的生产方式的桎梏。生产资料的集中和劳动的社会化，达到了同它们的资本主义外壳不能相容的地步。这个外壳就要炸毁了。资本主义私有制的丧钟就要响了。

---

① 《马克思恩格斯文集》第 5 卷，人民出版社 2009 年版，第 743～744 页。
② 《马克思恩格斯文集》第 5 卷，人民出版社 2009 年版，第 683 页。
③ ［日］不破哲三：《〈资本论〉与现代》，于俊文等译，山东人民出版社 1992 年版，第 55 页。

剥夺者就要被剥夺了。"①

三、基本主线：资本主义社会基本矛盾与经济危机的周期爆发

资本主义基本矛盾及其引发的周期性经济危机是马克思恩格斯论证资本主义必然灭亡历史趋势的红线。如果说，从阶级矛盾和对立入手，马克思恩格斯论证了资本主义灭亡的阶级条件，从资本积累规律和趋势着眼，马克思恩格斯论证了资本主义灭亡的物质条件，那么，从资本主义社会基本矛盾出发，马克思恩格斯对资本主义向社会主义过渡的历史必然性做了全面的剖析和论证。

在《共产党宣言》《政治经济学批判序言》《资本论》《反杜林论》《社会主义从空想到科学的发展》等一系列经典著作中，马克思恩格斯运用其所创立的唯物史观和剩余价值学说，透彻剖析了资本主义社会的基本矛盾，即生产社会化与生产资料私人占有形式之间的矛盾，进一步连贯而清晰地阐述了社会主义、共产主义必然代替资本主义的历史规律。

在马克思恩格斯看来，生产力性质和生产关系不相适应是资本主义本身不可调和的矛盾。随着资本主义生产方式的不断发展，"新的生产方式越是在一切有决定意义的生产部门和一切在经济上起决定作用的国家里占统治地位，并从而把个体生产排挤到无足轻重的残余地位，社会化生产和资本主义占有的不相容性，也必然越加鲜明地表现出来。"② 资本主义生产力和生产关系之间的这一基本矛盾，在阶级关系上表现为无产阶级和资产阶级的对立，在生产上表现为个别工厂中生产的有组织性和整个社会中生产的无政府状态之间的对立。"资本主义生产方式在它生而具有的矛盾的这两种表现形式中运动着"，经济危机的周期性爆发就是这一基本矛盾"恶性循环"的结果。经济危机的出现表明："一方面，资本主义生产方式暴露出它没有能力继续驾驭这种生产力。另一方面，这种生产力本身以日益增长的威力要求消除这种矛盾，

---

① 《马克思恩格斯文集》第 5 卷，人民出版社 2009 年版，第 874 页。
② 《马克思恩格斯文集》第 9 卷，人民出版社 2009 年版，第 287 页。

要求摆脱它作为资本的那种属性，要求在事实上承认它作为社会生产力的那种性质。"① 因为，当资本主义基本矛盾达到尖锐化程度时，社会生产结构严重失调，经济的冲突达到了顶点，从而引发了经济危机，而危机的爆发，只能暂时缓解而不能彻底根除资本主义基本矛盾，这样，随着资本主义经济的恢复和高涨，资本主义基本矛盾又重新激化，必然导致再一次经济危机的爆发。"对资本家来说，扩大自己的生产规模的单纯的实际可能性也变成了同样的强制性命令。……但是，市场向广度和深度扩张的能力首先是受完全不同的、力量弱得多的规律支配的。市场的扩张赶不上生产的扩张。冲突成为不可避免的了，而且，因为它在把资本主义生产方式本身炸毁以前不能使矛盾得到解决，所以它就成为周期性的了。资本主义生产造成了新的'恶性循环'"。② 对于经济危机的周期性特征及其发展趋势，马克思恩格斯有过许多精辟论述。"自从 1825 年第一次普遍危机爆发以来，整个工商业世界，一切文明民族及其野蛮程度不同的附属地中的生产和交换，差不多每隔十年就要出轨一次。"③ "生产资本越增加，它就越是迫不得已地为市场（这种市场的需求它并不了解）而生产，生产就越是超过消费，供给就越是力图强制需求，结果危机的发生也就越猛烈而且越频繁。"④

资本主义社会的基本矛盾以及由其引发的周期性的资本主义经济危机，深刻地表现了资本主义制度的历史局限性。因此，资本主义私有制必将为社会主义公有制所代替。在这里，马克思恩格斯从资本主义社会的基本矛盾及其具体表现入手，深刻阐释了资本主义基本矛盾的激化必然导致经济危机的爆发，并由此得出：由资本主义社会基本矛盾引发的周期性经济危机暴露了资本主义制度的历史过渡性，表明了资本主义的存在是暂时的，正是资本主义生产方式内在矛盾的产生、发展，决定了资本主义私有制必将为社会主义公有制所代替，资本主义必然走向灭亡，最终被社会主义、共产主义所替代。

---

① 《马克思恩格斯文集》第 9 卷，人民出版社 2009 年版，第 294 页。
② 《马克思恩格斯文集》第 3 卷，人民出版社 2009 年版，第 555～556 页。
③ 《马克思恩格斯文集》第 3 卷，人民出版社 2009 年版，第 556 页。
④ 《马克思恩格斯文集》第 1 卷，人民出版社 2009 年版，第 752 页。

四、生态视角：人与自然的矛盾与两大"和解"

马克思恩格斯不仅从资产阶级和无产阶级两大阶级对立、资本积累的过程与趋势、资本主义基本矛盾运动等诸多层面，深刻揭示并论证了资本主义的历史局限性及其被社会主义代替的历史必然性，而且还从人与自然的关系入手，从资本主义生产方式与自然环境之间的矛盾着眼，也即是说，从资本主义对资源的滥用、对环境的破坏等角度，提出未来的共产主义社会应当更加合理地调节与自然之间的物质交换，实现人与自然的和谐的思想，进一步论证了资本主义向社会主义、共产主义过渡的历史必然性。

马克思恩格斯关于人和自然关系的论述、关于资本主义生产方式对自然环境造成破坏的思想、关于只有共产主义社会中才能达到"人和自然之间，人和人之间的矛盾的真正解决"的观点，主要集中在马克思的《1844 年经济学哲学手稿》和《资本论》以及恩格斯的《自然辩证法》等著述中。

在马克思恩格斯看来，人是自然的产物，自然界是人类赖以生存的基础，"人本身是自然界的产物，是在自己所处的环境中并且和这个环境一起发展起来的。"① 人类史实际上就是一部人类以各种具体劳动为中介与自然发生关系的自然史。

虽然马克思恩格斯所处的时代，人与自然的矛盾还没有特别尖锐地表现出来，但他们还是敏锐地发现了资本主义生产方式对自然环境的破坏。在他们看来，资本主义生产方式造成了历史上前所未有的对自然的占有，伴随着资本主义的进一步发展，资本主义生产方式又导致了人与自然、人与人之间关系的尖锐对立，从而造成严重的环境危机。正如《资本论》中指出的："资本主义生产使它汇集在各大中心的城市人口越来越占优势，这样一来，它一方面聚集着社会的历史动力，另一方面又破坏着人和土地之间的物质变换，也就是使人以衣食形式消费掉的土地的组成部分不能回归土地，从而破坏土地持久肥力的永恒的自然条件。这样，它同时就破坏城市工人的身体健康和

---

① 《马克思恩格斯文集》第 9 卷，人民出版社 2009 年版，第 38～39 页。

农村工人的精神生活。"①

对于资本主义生产方式对自然环境的破坏，早在 19 世纪 40 年代，恩格斯就以其在曼彻斯特居住时的见闻为基础，揭露了当时英国工人阶级居住和生活环境的恶劣状况，并提出了资本主义所面临的两大"和解"问题，"人类与自然的和解以及人类本身的和解"。② 在《自然辩证法》中，他更是深刻揭露了资本主义生产方式对自然界的破坏。在他看来，在资本追求利润最大化的内在冲动下，从剥削劳动财富转到掠夺自然财富是资产阶级的必然选择，资本家为了直接的利润而从事生产和交换，他们考虑的只能是最近的、最直接的后果，只要生产能为自己带来剩余价值，什么工人的持久健康、环境的持续清洁、资源的永久存在等都可以忽略不计。在资本主义生产方式下，单纯的经济效益已经将生态效益和社会效益淹没和抹煞了。正是资本家唯利是图的本性和自私自利的短视行为，才导致了他们对大自然的掠夺性开发和利用，才造成了产业中的生态破坏性，从而最终使资本主义条件下的人和自然的关系不可避免地带上了污染和破坏的特征。

对于如何彻底解决人类与自然的矛盾，实现人类与自然的可持续发展，马克思恩格斯也进行了深入思考并给出了比较明确的答案。在他们看来，人类与自然之间的矛盾是资本主义社会自身无法解决的一个矛盾，即便是资本主义在其有限的范围内发展了生产力，发展自然科学，这一矛盾也是无法解决的。因为资产阶级的本性，决定了其尽管在社会各方面的压力下做出了一定程度的让步，但决不可能彻底解决人和自然的矛盾。要真正协调人和自然的关系、社会发展与自然生态系统的关系，从根本上消除人与自然之间的矛盾，首先必须消灭资本主义私有制，实现生产者联合起来的公有制社会，从而最终在人类"和解"的基础之上实现人类与自然的"和解"。因此，马克思把劳动者联合起来并消灭了私有制的共产主义社会作为解决"人类同自然的和解以及人类本身的和解"的最高理想，他明确提出："共产主义是对私有

① 《马克思恩格斯文集》第 5 卷，人民出版社 2009 年版，第 233 页。
② 《马克思恩格斯文集》第 1 卷，人民出版社 2009 年版，第 63 页。

财产即人的自我异化的积极的扬弃……这种共产主义，作为完成了的自然主义，等于人道主义，而作为完成了的人道主义，等于自然主义，它是人和自然界之间、人和人之间的矛盾的真正解决"。① 也就是说，只有在共产主义社会中，人类才能摆脱社会关系的束缚，特别是资本主义各种关系的束缚，才能成为社会的主人，才能成为自主的、自由的、自觉的、能动性得到充分发挥的人，从而成为自然界的主人，使人类从必然王国进入自由王国。因此，推翻资本主义制度，实现社会主义、共产主义是人类历史发展的大趋势。

五、几点启示与思考

第一，"解决人与社会、人与自然的关系，是人类面临的两大主题"。从这两大主题出发，马克思恩格斯对资本主义必然灭亡的发展趋势进行了多视角、多层面的论证。

对于资本主义制度下人与人、人与社会的关系，马克思恩格斯分别从资本主义社会阶级层面、经济层面、制度层面，层层递进地进行了具体的历史的剖析。对于人与自然的关系，马克思恩格斯从资本主义过度消费带来的全球生态灾难着眼，论证了资本主义的生态危机及其必然被社会主义取代的历史命运。

无论从哪一视角和层面出发，资本主义社会基本矛盾始终是贯穿马克思恩格斯论证资本主义发展趋势全过程的一条红线。

上述表明，马克思恩格斯对资本主义发展趋势的论证，建立在对人类社会基本矛盾、尤其是对资本主义生产方式特殊运动规律的分析之上，他们紧紧抓住的，是资本主义社会的基本矛盾及其具体表现形式。"把资产阶级社会生产力和生产关系之间的矛盾放在它的产生和运动中来加以揭露，这种方法，象红线一样贯穿在马克思的全部研究中。"② 因此，考察、分析和研究当代资本主义发展趋势问题，也应紧紧围绕资本主义基本矛盾，尤其是这一矛盾在

① 《马克思恩格斯文集》第 1 卷，人民出版社 2009 年版，第 185 页。
② 苏联科学院哲学所编写：《〈资本论〉哲学与现时代》吉林人民出版社 1983 年版，第 8 页。

新的历史条件下的新发展而展开。如果说当代资本主义的基本矛盾曾一度被资本主义经济发展的"黄金时期"所掩盖，那么，伴随着资本主义的发展演进，经济危机不仅越来越频繁，而且越来越剧烈，尤其是 2008 年国际金融危机的爆发和蔓延，更使资本主义的社会矛盾和制度弊端一览无遗地暴露出来。

第二，同马克思恩格斯批判的自由资本主义相比，当代资本主义在诸多方面都发生了巨大变化，"资本主义进入到全球金融资本主义时代"，其基本矛盾也进一步扩展到全球。

随着科技水平的不断提高和经济全球化的迅猛发展，金融资本"转变成了国际超级金融垄断资本"[1]，"金融资本借助网络、媒体等新型技术手段实现了金融业资本统治的社会化、大众化，实现了横向的统治。其次，金融资本凭借国家经济、政治实力在世界范围内实现了纵向的统治。"[2] 相应地，资本主义社会基本矛盾已由一国范围扩展到全球层面，由资本主义基本矛盾所派生出来的矛盾更为错综复杂和尖锐突出。

当前资本主义的基本矛盾显著表现为：（1）经济全球化造成了跨国垄断资本家与世界范围内劳工之间的对立。在经济全球化的压力下，各资本主义国家政策取向逐步向资本倾斜，致使雇员的收入下降。工人阶级所遭到的剥削越来越深重。资本主义阶级关系中存在的这种资强劳弱的态势，进一步深化了两大阶级间的对立和矛盾。（2）随着经济全球化进程的不断加快，国际垄断资本作为垄断的新形式，凭借强大的资金和技术实力，在发展中国家攫取高额垄断利润，对发展中国家的人民进行盘剥，使发达国家与发展中国家的矛盾不断激化。这种矛盾和对立，在经济上突出表现为世界范围内南北发展的差距和贫富两极的分化不断加剧，在政治上集中体现在发达国家的霸权主义和强权政治以及发展中国家的反霸权和强权的斗争。（3）发达资本主义国家之间以及内部的对立和矛盾更加凸显出来，在这种矛盾和竞争之中，发达国家内部的不平等也在加剧，"在所有发达资本主义经济体的社会生活中，

---

① 周宏：《金融资本主义及其反思》，载于《求是》2015 年第 11 期。

② 银锋：《资本主义经济发展阶段变迁中金融资本霸权的现代演进——基于马克思主义经济学的视角》，载于《学术交流》2013 年第 6 期。

其最显著的特点就是社会不平等的扩大。"① 经济学界的新锐、法国经济学家托马斯·皮凯蒂（Thomas Piketty）以大量数据论证了金融危机以来西方国家日益扩大的不平等，并阐述了"当前贫富分化程度已经逼近甚至超越了历史高点"这一事实，"2010 年以来，在大多数欧洲国家，尤其是在法国、德国、英国和意大利，最富裕的 10% 人群占有国民财富的约 60%。最令人惊讶的事实无疑是，在所有这些社会里，半数人口几乎一无所有。"② 2013 年，美国全体劳工的报酬——包括医疗和养老保险等——在国民收入中的比重降至 50 年来的最低点，而公司利润在同时期则达到了顶峰。③ 对于资本主义制度弊端可能造成的后果，"金融大鳄"索罗斯在 20 年前就表达过担忧："全球资本主义体系已经造就了一个非常不公平的世界，贫富差距越来越大。这可能导致社会崩溃"④。恩格斯更是在一百多年前就有过精辟阐释：资本主义"造成了分配上的对立——一方面，资本积聚于少数人手中，另一方面，一无所有的群众集中在大城市——，因此它必然要走向灭亡。"⑤

第三，经济危机的范围已经从马克思恩格斯所详尽描述过的与资本主义生产方式相伴而生的生产过剩危机，进一步扩展到经济结构性危机。

20 世纪 70 年代末以来，随着全球化和新自由主义的加速推进，全球流动性金融资产高速增长，虚拟经济规模日益增大，金融业逐渐演变为社会经济的中枢与命脉，资本主义国家的金融危机也频繁发生。1994 年的墨西哥金融危机、1997 年爆发的亚洲金融危机、2001 年在阿根廷等拉美国家出现的金融危机等。"20 世纪末以来连绵不绝的国际金融危机，让我们看到资本主义经济危机已成为发达资本主义国家无政府状态恶性竞争所导致的产能过剩和获得新一轮发展的常态机制，阻碍了人类生产力的发展……这种将人们置于不顾任何社会、生态和政治后果的无止境的资本积累的资本主义制度，终将被一

---

① ［美］尼克·比姆斯：《资本主义的世界性危机和社会主义前景》，载于《国外理论动态》2008 年第 11 期。

② ［法］托马斯·皮凯蒂：《21 世纪资本论》，巴曙松等译，中信出版社 2014 年版，第 2 页。

③ Steven Greenhouse. Our Economic Pickle. New York Times, 2013 - 01 - 13 (9).

④ George Soros. The Challenge of Capitalism. Atlantic Monthly, 1997 (2).

⑤ 《马克思恩格斯文集》第 9 卷，人民出版社 2009 年版，第 155 页。

种全新的、更加公正、合理的全球社会主义新秩序所替代。"① 尤其是近年来，由美国次贷危机引发的国际金融危机，重创了美国主导的全球资本主义。国际金融危机迄今已历时整整 8 年，尽管危机爆发后资本主义国家迅速采取了多种反危机举措，然而，这种以维护垄断资本利益为出发点的调整，并没有从根本上解决资本主义的基本矛盾，也没能改变金融资本与实体经济脱节的现状，反而进一步加剧了社会不平等，引发了社会冲突，充分暴露出资本主义制度的不稳定性、不可持续性、寄生性和腐朽性。近年来，资本主义国家持续低迷的经济形势、此起彼伏的罢工示威运动以及震惊世界的暴力恐怖事件，充分表明当代资本主义陷入了经济、政治、社会和意识形态等全面的系统性危机之中。

第四，随着危机的不断深化，资本主义制度在全球范围、尤其是在西方社会被打上了越来越多的问号。

目前，无论是西方左翼还是西方主流，越来越多的人更加清醒地认识到，此次危机并不是单纯的金融危机，而是以金融危机为其突出表现的周期性的资本主义生产过剩危机，是资本主义体系和制度的危机。

国际金融危机爆发后，资本主义国家为摆脱危机采取了包括加大对垄断资本的援助，削减公共开支和社会福利等措施，并在一定程度上缓解了由危机造成的经济萧条和失业率增高的现象、在短期内避免了国际金融体系的崩溃，但由于这些措施没有改变资本追逐剩余价值的本性，没有触动资本主义剥削制度的根基，因此，经济危机难以从根本上得到克服。正如不破哲三所言："资本主义国家的救治措施治标不治本，资本主义已经无法统治世界。"② 萨米尔·阿明也指出，资本主义是已经陈腐过时的系统，延续资本主义只会导向野蛮状态，再没有其他形式的资本主义是可行的。③

资本主义追求利润最大化的资本积累模式已陷入僵局，需要进行改革和

---

① 吴茜：《当代垄断资本主义：争论、实质及其历史地位》，载于《马克思主义与现实》2013 年第 6 期。

② 赵静：《日共前主席不破哲三谈国际金融危机对当代资本主义和世界社会主义的影响》，载于《当代世界》2009 年第 5 期。

③ ［埃及］萨米尔·阿明：《资本主义体系的内爆》，载于《政治经济学评论》2013 年第 7 期。

转型，资本主义的合法性受到了半个多世纪以来最为严峻的挑战。不少西方学者都深刻认识到，资本主义永恒的神话、历史终结于西方国家实行的自由民主制度的论调在资本主义遭遇的制度困境下不攻自破了，"在冷战结束后的20 年里，战争爆发，全球不安全，现在又陷入了经济危机，这一切使得1989年以后所宣扬的更广泛的和平、资本主义繁荣和历史的终结看起来十分荒谬。"[1] 曾经极力鼓吹资本主义是人类历史"终结者"的日裔美籍学者弗朗西斯·福山，也不得不修正其先前的观点，被迫承认西方自由民主可能并非人类历史进化的终点，并发出了"这场危机凸显了资本主义制度——甚至像美国这样先进的制度——内在的不稳定性"[2] 的感慨。所有这些都再度印证了马克思恩格斯关于资本主义发展趋势理论的科学性。

（原文发表于《马克思主义理论学科研究》2017 年第 2 期）

---

① ［英］谢默斯·米尔恩：《1989 年的真正教训是：什么都没有定论》，http：//www. wyzxwk. com/Article/guoji/2009/11/108787. html，2009 - 11 - 10/2016 - 10 - 10。

② Nancy Birdsall, Francis Fukuyama. The Post - Washington Consensus Development after the Crisis. Foreign Affairs, 2011（2）.

资本主义基本矛盾新探

——基于对马克思两段论述的阐释

张昆仑*

一、对传统政治经济学教科书资本主义基本矛盾表述的评论

我们知道，传统政治经济学教科书对资本主义基本矛盾的表述为——"生产社会化与资本主义私人占有形式之间的矛盾。"① 并认为：这一矛盾支配着资本主义社会发展的全过程，并决定和制约着资本主义社会的其它一切矛盾。

然而，经过深入思考，笔者发现，这一基本矛盾的表述并不科学贴切。现将自己的看法陈述于后，以与学界同仁共商榷。

（一）传统资本主义基本矛盾的表述不能充分说明资本主义生产力不断发展的历史和现实

十分明显，在上述表述中，"生产社会化"说的是资本主义社会生产力的发展状况，"私人占有"表明的则是资本主义生产关系的性质或特征。因而，这一矛盾揭示的乃是资本主义社会生产力与生产关系的矛盾。它说明的要旨是：生产的社会化要求社会占有产权；而在资本主义社会里，生产资料以资本家私人占有为特征，这在根本上不符合社会化生产力的发展要求，是阻碍社会生产力发展的桎梏。

按照以上资本主义基本矛盾所揭示的要义推理，既然资本主义私人占有

形式与社会化大生产格格不入，那么，它所带来的后果就应该是生产力不断趋缓的发展态势或者处于相对落后的发展态势之中（与社会主义经济相比）。

然而，资本主义社会生产力发展的历史事实却是——"资产阶级在它的不到一百年的阶级统治中所创造的生产力，比过去一切世代创造的全部生产力还要多，还要大。"① 进入20世纪以来，两次震撼世界、极大地改变了人类生活的科技革命又都是在以美国为首的资本主义国家内产生的。现今，发达资本主义国家业已率先进入了以信息网络技术为特征的新经济时代。而反观传统体制下的社会主义国家，却在二战后至20世纪90年代初，整体生产力呈现出与发达资本主义国家相比起初差距不断缩小，而后差距不断扩大的趋势。

以上历史和现实表明：以产权私人占有为特征的资本主义生产关系还在很大程度上适应着社会生产力的发展要求，并推动着社会生产力进一步发展。从这一点来看，传统资本主义基本矛盾的表述可以说没有深刻地揭示出资本主义社会的内在矛盾。

（二）传统资本主义基本矛盾的表述没有准确论证出生产的社会化必然要求社会占有产权这一命题

传统资本主义基本矛盾的表述之所以认定社会化大生产必然要求社会占有产权，其主要依据是：生产社会化造成各个经济实体之间彼此联系、相互协作的错综复杂关系，为了维持社会经济的正常运转，客观上就要求社会在宏观上统一制定计划决策、统一组织安排生产，以实现社会经济有计划、按比例地发展。由此，就要求计划经济取代市场经济。而要实现计划经济，就必须消除生产资料私有制，实现社会公有制。

如上之认识，从纯逻辑、纯理论的视角来看，仿佛严谨合理、无懈可击。可是，只要深入地思索一下，就可发现，如上的论证存在着以下纰漏：

其一，计划经济如要取代市场经济，必须具有一个前提优势，就是首先

---

① 《马克思恩格斯选集》第1卷，人民出版社1972年版，第256页。

要确保经济计划本身的科学性和及时性。否则，以错误的、滞后的宏观、中观计划配置资源、组织社会化大生产，其结局只能是适得其反，造成经济社会的巨大损失，严重阻碍社会生产力的发展。

那么，人们能否在高度集中或曰高度集权的层面上，比如，在国家的层面上，以计划经济的方式高效地组织整个社会的经济活动呢？

关于这一点，前苏东社会主义国家和我国传统体制下的计划经济实践都证明，这是无法做到的。因为，计划经济自身存在着一个难以克服的基本矛盾——即计划决策的日益集中与社会化生产、交换、分配和消费日趋复杂之间的矛盾。[①] 在这个矛盾体中，一极是计划决策越来越集中；一极是社会分工越来越精细，交换、分配关系日趋复杂，社会成员的个性化消费需求丰富多彩、千变万化。这两种趋势"纠结"在一起，势必导致计划决策与现实需求的脱节，计划决策必然越来越力不从心，越来越难以保持它应有的科学性和及时性——无数事实证明，计划经济的基本矛盾无法依靠自身的改进加以解决——按照经济社会发展规律，其最终的结局必然被务实的、理性经济体制所取代——就我国来看，高层宏观计划决策屡遭挫折的教训使得传统体制下的重要国家经济管理机构——计划委员会最终摘牌且更名为发展和改革委员会——就是一个铁证。当然，自 20 世纪 90 年代以来，中国新版的政治经济学教科书即删除了"社会主义有计划、按比例发展规律"——也是一个无可辩驳的铁证。

由以上分析可知，计划经济由于其自身难以克服的基本矛盾，使得它在实践上并不像人们在纯逻辑推理中所表述的那样适应社会化大生产的发展要求，由此，社会占有产权的重要性也就打了折扣了。

其二，社会占有产权，其目的显然是为了最大限度地保障社会利益的实现，即保障广大社会成员不断增长的物质文化生活水平的提高。然而，对社会需要进行一下分析，可以看出，广大社会成员不仅有着共同利益的需要、

---

① 经典作家由于历史的局限性，没有概括计划经济的基本矛盾。然而，人类任何经济制度都有它的基本矛盾。概括和提炼计划经济的基本矛盾，对于我们深刻认识人类经济制度变迁，丰富现有的计划经济制度理论，深刻认识社会主义市场经济体制都具有重大意义。

共同消费的需要，还有着各个不同的个人利益的需要、个人消费的需要。即使是那些共同消费的部分，其每个人的具体消费也是有差异的（比如，建立图书馆是社会的共同需要，但每一位读者的阅读对象却是各不相同的，如此等等）。因此，从终极的意义上讲，为社会利益服务，是要具体地体现在为千差万别的个人利益服务之上的。

在商品经济（亦即市场经济）条件下，商品生产经营者都是为市场而生产经营的，无论是产权公有的商品生产经营者还是产权私有的商品生产经营者皆是这样——面向市场的生产经营，其本质就是为他人、为社会生产经营，也就是直接为消费者生产经营。由此，生产经营者——消费者，两端连成一线，中间没有其他层次环节，这在客观上岂不最能体现社会化大生产为社会服务这一本质要求吗！

由于产权私有的商品生产经营者的生产经营活动同样体现社会化大生产为社会需求服务的本质要求，因而，社会化大生产也就并不必然要求产权必须全部归社会所有。典型的，如比尔·盖茨的微软公司。就国内来看，我们也可以举出无数有力的例证——有资料显示，自改革开放以来，我国非公有制经济（包括三资企业）近乎从零开始不断发展壮大，现在经济总量业已占到全国 GDP 总量的 60%，吸纳的就业人数达到全国城镇就业的 70% 以上。① ——非公有经济为什么能快速做大做强？——因为它适应市场——适应市场就是能有效满足社会需要——也就是能够充分体现社会化大生产为社会需求服务的本质要求（当然，这里的社会化大生产并不特指企业的经营规模，而是指全社会商品生产经营的广度和深度）。

其三，生产的社会化并不必然要求社会占有产权还有一个原因，这就是，由生产力发展水平所决定的人们从事劳动的性质——是"谋生劳动"还是"乐生劳动"——在更深层次上决定着生产资料的占有形式——决定着产权究竟应该是高度公有的，还是较低程度公有的，抑或是产权明晰到私人的。显而易见，在以往以及当下社会人们的劳动的性质为"谋生劳动"的制约下，

---

① 张平：《民族振兴的壮丽诗篇 举世瞩目的辉煌成就》，载于《人民日报》2009 年 9 月 16 日。

人们从事劳动的主要目的只能是为了满足个人或家庭利益的需要。这样一种普遍存在的"为私"心态，必然在很大程度上和公有产权经济的运作发生矛盾和碰撞——我们知道，公有经济要想搞得好，决定性的因素在于它的从业人员必须具有无私为公、乐于奉献的高尚品德。然而，在现实中，公有制经济内却每日每时地、大量地产生着贪污受贿、消极怠工"搭便车"等现象。这种现象之所以屡禁不止，从深层次来看，只能由人们当下从事劳动的"谋生"性质所导致的普遍存在的自私观念来解释。同时，这种现象也说明，在今后相当长的一个历史时期内，非公有经济都是具有强大生命力的经济形式。

以上分析告诉我们，不能笼统地说生产的社会化必然要求社会占有产权。准确的说法应该是：在生产力水平高度发达，社会财富充分涌流，人们的劳动性质由"谋生劳动"升华为"乐生劳动"，从而成为人们生活的第一需要，这时生产的社会化才必然要求社会占有产权（不过，以上结论并不排除在人们"谋生劳动"性质条件下特定行业公有经济存在的必要性。因为，人们不仅有着个人利益、个人需要，而且还有着共同利益、共同需要，这些共同利益、共同需要客观上要求公有经济的存在和健康发展）。

（三）传统资本主义基本矛盾的表述也不能揭示资本主义国家经常爆发的经济危机的真正致因

传统政治经济学指出：资本主义基本矛盾是资本主义社会产生一切矛盾的总根源。它不仅表现为各个企业内部生产的有组织性和整个社会生产的无政府状态之间的矛盾，还表现为生产的无限扩大趋势和劳动人民购买力相对缩小之间的矛盾。而这一矛盾必然导致爆发"生产过剩"的经济危机。

笔者认为，如上的推论是欠妥的。须知，在资本主义制度下，普通劳动者有支付能力的需求相对缩小源于资本家的盘剥。可是，仔细想来，普通劳动群众失去的有支付能力的需求（或者说购买力），恰恰是剥削者——资本家阶级增加的有支付能力的需求（或者说购买力）。这样，从全社会来看，社会总需求的规模就没有缩小，这又怎能说"劳动群众有支付能力需求的相对缩小"是经济危机爆发的直接原因呢！

（四）传统资本主义基本矛盾的表述亦不能准确揭示在资本主义社会无产阶级和资产阶级尖锐对立矛盾的根本致因

传统政治经济学认为：资本主义社会的基本矛盾反映在阶级关系上，就表现为阶级矛盾。在资本主义社会，资产阶级贪婪地追逐剩余价值，不断地采用新工艺，扩大生产，必然使得生产日益社会化，但社会生产力的发展所带来的绝大部分成果却被资产阶级所占有，他们拥有巨额财富，而广大劳动群众所占收入的比重则越来越小，这样就必然引起无产阶级和资产阶级的尖锐矛盾。

其实，深刻地思考一下，在资本主义社会，无产阶级和资产阶级对立矛盾的根本致因在于资本主义的基本经济规律——剩余价值规律。正是在剩余价值规律的支配下，资本家才尽一切可能贪婪地榨取劳动者创造的剩余价值，这一切，必然导致资本主义社会两大阶级的对立和对抗。因此，我们不应把生产的社会化和资本主义私人占有之间的矛盾看作是决定资本主义社会阶级矛盾的根本致因、原生致因。

二、对资本主义基本矛盾的新表述

概括以上分析可以看出，传统资本主义基本矛盾的表述不能充分阐释资本主义社会生产力不断发展进步的历史和现实；没有准确论证生产的社会化要求社会占有产权的必然性；也不能揭示资本主义社会经常爆发经济危机的深刻致因；而且，亦没有揭示出在资本主义社会无产阶级和资产阶级对立对抗的根本原因。由此，我们需要重新表述资本主义的基本矛盾。

笔者认为：资本主义的基本矛盾应该表述为——资本家无限追逐剩余价值的动机和行动与现实生活中剩余价值总是有限的之间的矛盾。

可以看出，正是由于资本家具有无限追逐剩余价值的动机，但现实中剩余价值又总是有限的，才使得他们不断改进生产技术，由此也就在客观上推动了资本主义社会生产力的不断发展进步。

还可以看出，正是由于资本家具有无限追逐剩余价值的动机且实施一切能够实施的"逐利"行为，但现实生活中剩余价值又总是有限的，才使得整个市场的竞争异常激烈，在价值规律的作用下，必然导致爆发经济危机。

又可以看出，正是因为上述的原因，才使得资本家贪婪地榨取雇佣劳动者的血汗，占有他们创造的剩余价值，进而造成两大阶级的尖锐对立与矛盾。

同时，还可看出，资本家阶级作为一个整体，为了他们的共同利益、长远利益，他们才不得不经常调整生产关系，尤其是调整分配关系，其目的就是为了使劳资之间的矛盾不至于过于尖锐、突出而影响了他们的长远利益。

再有，我们又看到，正是由于如上矛盾的运动，才引起了资本家阶级内部的激烈竞争与冲突，从而出现资本的集中和垄断，才加剧了资本主义宗主国和附属国以及资本主义国家之间的矛盾。

事实上，如上资本主义基本矛盾的新表述和马克思本人的论断也是相吻合的。马克思说："货币在质的方面，或按其形式来说，是无限的，也就是说，是物质财富的一般代表，因而它能直接转化成任何商品。但是在量的方面，每一个现实的货币额又是有限的，因而只是作用于有限的购买手段。货币的这种量的有限性和质的无限性之间的矛盾迫使货币贮藏者（这里的"货币贮藏者"在《资本论》的语境中显然应该理解为资本家——笔者）把征服每一个新的国家看作是取得了新的国界。"① 马克思在这里从根本上阐明了——正是货币经济、市场经济的存在，才放大了人们的贪欲，才使得资本家和以往社会的剥削者相比，具有无止境追逐价值增殖的冲动。

马克思还说："资本主义生产的真正限制是资本本身，这就是说：资本及其自行增殖，表现为生产的起点和终点，表现为生产的动机和目的；生产只是为资本而生产，而不是反过来生产资料只是生产者社会的生活过程不断扩大的手段。以广大生产者群众的被剥夺和贫穷化为基础的资本价值的保存和增殖，只能在一定的限制以内运动（这显然是说，剩余价值总是有限的——笔者），这些限制不断与资本为它自身的目的而必须使用的并旨在无限制地增加生产，为生产而生产，无条件地发展劳动社会生产力的生产方法（这是在说，

---

① 《资本论》第1卷，人民出版社2004年版，第156～157页。

资本家具有无限追逐剩余价值的动机及其行动——笔者）相矛盾。手段——社会生产力的无条件的发展——不断地和现有资本的增殖这个有限的目的发生冲突（毋庸置疑，这句话的含义和笔者的相应阐述是完全一致的——笔者）。因此，如果说资本主义生产方式是发展物质生产力并且创造同这种生产力相适应的世界市场的历史手段，那么，这种生产方式同时也是它的这个历史任务和同它相适应的社会生产关系之间的经常矛盾。"①

总之，资本家无限追逐剩余价值的动机和其行动与现实生活中剩余价值总是有限的之间的矛盾就是衍生资本主义社会一切矛盾的总根源。因此，它就是资本主义社会的基本矛盾。

三、简短的结语

自十四、十五世纪地中海沿岸某些城市出现资本主义萌芽算起，资本主义已经走过了 700 年的历史。700 年来，人们对资本主义的研究和探讨一刻也没有停止。当然，研究的集大成者当属马克思。不过，马克思以及马克思主义者并没有穷尽这一研究。随着时代的变迁，人们需要与时俱进地解读资本主义，需要适时修正业已时过境迁、业已缺乏现实解释力的传统观点——包括某些重要理论。比如，在 20 世纪初叶，列宁在《帝国主义论》中提出帝国主义是资本主义的最高阶段，是寄生的、腐朽的、垂死的资本主义。现在看来，这种判断在很大程度上并不符合史实。再比如，传统理论认定资本主义是商品经济（市场经济），社会主义是计划经济。然而，我们改革开放的总设计师邓小平创造性地提出："计划多一点还是市场多一点，不是社会主义与资本主义的本质区别。计划经济不等于社会主义，资本主义也有计划；市场经济不等于资本主义，社会主义也有市场。计划和市场都是经济手段。"② 从而引领中国走向了社会主义市场经济发展的康庄大道——小平同志"不唯上、不唯书、只唯实"的理论创新精神为我们树立了杰出榜样。

---

① 《资本论》第 3 卷，人民出版社 2004 年版，第 278～279 页。
② 《邓小平文选》第 3 卷，人民出版社 1993 年版，第 326 页。

　　同理，对于传统资本主义基本矛盾的认识，我们也必须贯彻"实践是检验真理的标准"，给予新的解读。否则，继续恪守传统观点，并以传统观点解构当代资本主义，并按其逻辑的推演建设社会主义，那就必然日益困惑于资本主义的发达生产力，必然导致与其差距越拉越大；必然继续大搞传统僵化的计划经济体制；必然"左"当头，打击、遏制乃至消灭非公有经济……这说明，重新认识和阐释资本主义基本矛盾具有非常重大的理论意义和现实意义。

（原文发表于《河北经贸大学学报》2012 年第 4 期）

"资本主义基本矛盾说"的学说史考察与当代转换

林金忠[*]

一、马克思的有关论述

马克思在《资本论》第 1 卷第 24 章最后一节"资本主义积累的历史趋势"中概括了资本主义生产方式的历史趋势，他写道："一旦劳动者转化为无产者，他们的劳动条件转化为资本，一旦资本主义生产方式站稳脚跟，劳动的进一步社会化，土地和其他生产资料的进一步转化为社会使用的即公共的生产资料，从而对私有者的进一步剥夺，就会采取新的形式。现在要剥夺的已经不再是独立经营的劳动者，而是剥削许多工人的资本家了。这种剥夺是通过资本主义生产本身的内在规律的作用，即通过资本的集中进行的。一个资本家打倒许多资本家……资本的垄断成了与这种垄断一起并在这种垄断之下繁盛起来的生产方式的桎梏。生产资料的集中和劳动的社会化，达到了同它们的资本主义外壳不能相容的地步。这个外壳就要炸毁了。资本主义私有制的丧钟就要响了。剥夺者就要被剥夺了"。从这段引述可见，在马克思看来，资本主义生产方式的最终灭亡是这样一种两极对立的矛盾日益尖锐化的结局，即一方面是生产活动的日益社会化，另一方面是资本的日益集中以及少数人对生产条件的垄断。他并没有把这一矛盾称为"资本主义基本矛盾"，但他认为这一矛盾的日益尖锐化将达到与资本主义生产方式这个"外壳"所无法容纳的地步，于是将导致这个生产方式的必然灭亡。

问题在于：资本日益集中与生产日益社会化之间为什么就一定存在着不

---

[*] 林金忠：厦门大学经济研究所。

可调和的和日益尖锐化的矛盾对立，并且一定会导致资本主义生产方式必然灭亡呢？理解这个问题，就需要回到《资本论》第 1 卷第 7 篇 "资本的积累过程" 的整体叙述逻辑。第 7 篇共计 5 章，其叙述逻辑可谓环环相扣，本文上述引文所在的第 24 章则是基于第 23 章，从纵向历史的视角，由资本主义积累的一般规律逻辑地推导出资本主义积累的历史趋势，进而对资本主义生产方式的必然灭亡预言。① 据此分析，我们可以从第 23 章 "资本主义积累的一般规律" 中找到答案的线索。在这一章中，马克思是按照这样的逻辑链条来推演的：资本的增大（包括资本集中和积聚）以及由此引起的资本日益集中到少数人，在资本家追逐剩余价值的内在动力与外部市场的竞争压力双重驱动之下，导致了资本有机构成的提高；资本有机构成的提高，导致了相对过剩人口及产业后备军的形成；相对过剩人口及产业后备军的常态存在，则导致了无产阶级的贫困化（包括相对的和绝对的贫困化）；无产阶级的贫困化必然引致无产阶级与资产阶级之间的对立加深，前者就会起来革命以暴力推翻后者。第 24 章预言 "资本主义私有制的丧钟就要响了"，正是在这样的逻辑推演下得出的结论。

倘若我们对这种逻辑推演加以仔细推敲，就会注意到这样一点，即关于 "资本主义积累的一般规律" 的逻辑推演可能存在漏洞。从资本有机构成提高推导出相对过剩人口，逻辑上并不具备充分条件；马克思之所以如此推演，主要是由于他未能也无法预见到资本主义产业结构变动的长期历史趋势，即第三产业的发展有可能吸纳了由第一和第二产业挤出的相对过剩劳动力。笔者认为，出现这一逻辑漏洞，客观上也并非马克思之过失，其根源可归结于客观历史条件所限。下面就此展开进一步阐述。

由于任何逻辑演绎终究都无法完全摆脱可观察到的经验事实，这就使得任何伟大思想家都会受到他所处时代的局限。马克思对资本主义生产方式矛盾运动的剖析，主要基于他对 19 世纪上半叶之前的资本主义现实的经验考

---

① 从第 1 卷第 7 篇的整体叙述逻辑来看，该篇的最后一章即第 25 章 "现代殖民理论" 应属于补充说明性质的章节（可以视之为一个附录或一个补充说明性质的章节）。

察，因而他的思想同样也难免要受到他所处特定时代的限制。马克思所处的时代，工业革命在英国历经了一个世纪，尚且处于工业化中期阶段，在西欧大陆诸国要么仍是方兴未艾，要么只是初露端倪；受限于时代，马克思固然可以凭借着他对资本主义生产方式的本质及其演进逻辑的理论把握，用以推测这种生产方式的历史过渡性，但无论如何他也无法系统地把握历史趋势的所有具体特征，比如不可能预见到一个世纪之后的当代资本主义进入后工业化社会后产业结构变动的长期历史趋势。实际情况是，在马克思所研究的历史跨度之内，第三产业仍处于早期发展阶段，仍是十分不发达的。在19世纪上半叶，工人阶级所从事的第三产业，除了传统商业及并不发达的金融业之外，新兴服务业主要还只是家政服务，马克思当时把它叫家庭仆役。马克思已注意到了家庭仆役的大量存在，但从他的叙述中不难看出，实际上他并没有、也不可能把握家庭仆役大量存在这一现象的本质，未能认识到这是反映资本主义产业结构变动的长期历史趋势的一个早期前兆。

应该说，这种认识上的时代局限性，在同时代的其他思想者中也是普遍存在的，后来的历史学家们所提供的证据也证实了这一点。比如，法国年鉴学派历史学家布罗代尔曾关注下面历史事实：在19世纪初，仅仆人就占去伦敦总人口的15%；在1851年前后，英国的仆人总人数已超过了100万人[1]。家庭仆役作为一种较低层次的服务性行当，往往仍披着一层没落旧时代奴仆关系的面纱，因而其经济意义在当时并不被经济学家们和历史学家们所关注，所以他们也就不易从中觉察到第三产业在工业化过程中对于吸纳从第一和第二产业中被排挤出来的剩余劳动力的重要作用，更难以洞察到这种吸纳作用所蕴涵的产业结构长期历史变动趋势。

其实，人的认识受时代所限，此乃合乎情理之事，并不能简单地怪罪思想者。黑格尔当年谈哲学认识时曾说过："哲学作为有关世界的思想，要直到现实结束其形成过程并完成其自身之后才会出现。……密纳发的猫头鹰要等

---

[1]　布罗代尔：《15至18世纪的物质文明、经济和资本主义》第3卷，北京三联书店1993年版，第655、695页。

黄昏到来才会起飞。"① 马克思自己也曾说过："对人类生活形式的思索，从而对它的科学分析，总是采取同实际发展相反的道路。这种思索是从事后开始的，就是说，是从发展过程的完成的结果开始的。"② 这些说法，都是合乎唯物史观的基本命题即社会存在决定社会意识的。如果我们承认资本主义生产方式有着其自身的产生、发展和灭亡的历史过程，就不应该苛求马克思在这一历史过程尚未充分展开之前就能准确预言到长远将来的发展趋势。然而问题在于，在马克思之后，其继承者却把马克思关于资本主义生产方式的历史趋势的论述，以及关于"资本主义私有制的丧钟就要响了"的预言，归结为"资本主义基本矛盾"。

二、恩格斯的阐发及随后的形式化

恩格斯在其晚年著作《反杜林论》中接过马克思的上述思想，同时也依照他自己的理解加以大幅度地发挥和进一步地引申。恩格斯认为，资本主义生产方式的特点是：一方面，生产资料的高度集中和协作生产下的生产社会化，即大批工人在生产劳动过程中事实上共同使用生产资料；而另一方面，这些日益集中的大规模的生产资料却依旧归资本家私人占有。于是，导致了使用生产资料进行劳动的劳动者不能成为自己生产的产品的所有者，也就是说，资本家凭借着对生产资料的私人占有而占有了劳动产品，亦即对劳动者进行经济剥削。恩格斯认为，这两个方面构成了一个矛盾，亦即他所说的"社会化生产和资本主义占有的不相容性"③。从这个方面，他得出的结论是：资本主义必然无法摆脱经济危机和阶级对抗，最终将导致暴力革命和整个生产方式的覆灭。

恩格斯的另一个结论是，从"社会化生产和资本主义占有之间的矛盾"进一步地构建出未来社会的所有制图景。这一幅图景的核心内容，即是将资本家私人占有转变为社会直接占有。在恩格斯看来，实现这种转变的途径是

---

① 黑格尔：《法哲学原理》，商务印书馆1961年版，第13~14页。
② 《资本论》第1卷，人民出版社1975年版，第92页。
③ 恩格斯：《反杜林论》，人民出版社1970年版，第2623页。

通过无产阶级革命，由革命中产生的无产阶级国家政权将资本家占有的生产资料变为国家财产。但他同时又强调说，国家占有仅仅是个手段，而不是目的，因为国家终究是要消亡的。他说，"生产力的国家所有不是冲突的解决，但是它包含着解决冲突的形式上的手段，解决冲突的线索"[1]；"当国家终于真正成为整个社会的代表时，它就使自己成为多余的了"[2]。当国家"使自己成为多余的"时候，国家所占有的财产也就变成了社会直接占有的财产。恩格斯用"直接社会化"、"社会公开地和直接地占有"、"社会直接占有"等用语[3]，强调国家消亡之后社会对生产资料的直接占有。

在恩格斯之后，列宁又作了更进一步的发挥。在《帝国主义论》中，列宁继承了恩格斯关于"社会化生产和资本主义占有之间的矛盾"的思想，他写道："资本主义进入到帝国主义阶段，就使生产紧紧接近最全面的社会化……生产社会化了，但占有仍然是私人的。社会化了的生产资料仍旧是少数人的私有财产。表面上大家公认的自由竞争的一般架子依然存在，但是少数垄断者对其余居民的压迫更加百倍地沉重、显著和令人难以忍受了。"同时，他还阐述了这个矛盾在帝国主义阶段（或垄断资本主义阶段）是如何得以深化和激化的，提出了帝国主义的五大基本特征，并且断言帝国主义是"垂死的资本主义"，是社会主义革命的前夜[4]。

在列宁之后，后继者们又基于恩格斯和列宁再次作了更进一步的形式化的发挥，终于形成了若干"标准化"或"定格"的叙述，这包括：首先，把"社会化生产和资本主义占有之间的矛盾"规定为"资本主义的基本矛盾"，并把这个基本矛盾视为资本主义必然灭亡的最主要的理论依据。其次，从恩格斯论断又作了更进一步的归纳，主要包括：（1）从恩格斯所说的无产阶级国家剥夺资本家私人占有的生产资料，引申出现实中的国家所有制的合理性。如果说恩格斯的"社会所有制"的落脚点是"社会直接占有"，那么后继者们则只是抓住

---

① 恩格斯：《反杜林论》，人民出版社 1970 年版，第 275 页。
② 恩格斯：《反杜林论》，人民出版社 1970 年版，第 277 页。
③ 恩格斯：《反杜林论》，人民出版社 1970 年版，第 276 页。
④ 《列宁选集》第 2 卷，人民出版社 1960 年版，第 748、843、737 页。

了国家占有这个环节，并将国家所有制定性为全民所有制，如此，国家所有制似乎也就获得了存在的合理性了。（2）从恩格斯所说的"社会化生产和资本主义占有之间的矛盾表现为无产阶级和资产阶级的对立"，引申出社会主义国家所有制下全体人民的利益一致。斯大林甚至说社会主义社会已经不存在社会矛盾，当然也就不会发生诸如经济危机之类的现象了。（3）从恩格斯所说的"社会化生产和资本主义占有之间的矛盾表现为个别工厂中的生产的组织性和整个社会的生产的无政府状态之间的对立"，引申出社会主义生产的有计划按比例"规律"，苏联甚至使之体系化、制度化和政治意识形态化，据此建立起高度集中的计划经济体制，并把这种体制视为社会主义正统模式。

数十年后，在苏联和我国出版的政治经济学教科书中，基本上都沿用了业已"定格"的"资本主义基本矛盾说"，其标准的表述是这样的：资本主义基本矛盾是生产社会化与资本主义私人占有之间的矛盾，这个矛盾表现为三个方面：第一，生产无限扩大的趋势与劳动者有支付能力的需求相对缩小之间的矛盾；第二，个别企业生产的有组织性与整个社会生产的无政府状态之间的矛盾；第三，由上述两个矛盾而导致的无产阶级与资产阶级之间的阶级对立。

三、回到马克思的一贯思想和基本方法

上文对"资本主义基本矛盾说"所作的学说史考察表明，且不说马克思关于资本主义积累的一般规律的逻辑推演因时代所限而客观存在着逻辑漏洞，据此而导出所谓"资本主义基本矛盾说"也未必符合马克思的一贯思想和基本方法。倘若我们回到马克思的一贯思想和基本方法，那么，关于"资本主义基本矛盾说"就会有不同的认识。

所谓马克思的一贯思想，所指的就是唯物史观。这是关于人类社会历史发展规律性认识的独特思想，最初在《德意志意识形态》中奠定其基本框架，而后在《政治经济学批判》序言中得到了经典概括，并贯穿于马克思思想发展之前后期，因而可以理解为马克思的一贯思想。唯物史观的独特和伟大，在于它在思想史上第一次揭示了人类历史演变进程的客观规律性，因而也就首次使得历史研究成为一门科学。

　　唯物史观基本原理认为，人类社会发展进程的最终决定力量乃是社会生产力的发展，因此之故，"社会经济形态的发展是一种自然历史过程"①。在马克思那里，这种自然历史过程被归结为一种通过中介的矛盾运动，即通过生产方式这一中介的生产力与生产关系之间的矛盾运动。生产方式乃是一个中介性范畴，它联结了生产力范畴和生产关系范畴，使得生产力与生产关系二者之间彼此互动的矛盾运动有了一个平台。在每一种社会形态中，其生产方式的产生、发展和灭亡过程，都可以通过具体考察这种矛盾运动以揭示其特定的自然历史过程的演进轨迹及其规律性。其实，整部《资本论》都是把资本主义生产方式的矛盾运动视为一个自然历史过程，而马克思把自己所揭示的这个过程的规律称为"自然规律"，亦即不以人的意志为转移的客观规律，说："一个社会即使探索到了本身运动的自然规律……它还是既不能跳过也不能用法令取消自然的发展阶段。"②

　　然而，唯物史观后来被简约化和形式化为关于历史发展的二元对立式的矛盾运动，一切都被归结为"决定与被决定"及"作用与反作用"，使马克思的独特伟大思想退化为高度简单化的"历史决定论"，这是对马克思基本方法的简单化。

　　所谓马克思的基本方法，所指的就是辩证法。众所周知，辩证法强调事物变化发展的内在矛盾分析，但许多人深受二元对立式的矛盾观的影响，似乎忘却了至关重要的一点，即辩证法所说的矛盾乃是借助中介的"螺旋式上升"的运动，而非撇开中介的简单二元对立式的直线运动。倘若我们回到马克思的一贯思想和基本方法，就不难看到马克思本人在研究资本主义生产方式的矛盾运动时，实际上处处都很重视中介在其中所扮演的重要作用。他把资本主义生产方式演变的自然历史过程视为由一种矛盾形式转化为另一种更高级的矛盾形式（即"螺旋式上升"）的发展过程，而这种转化本身就是通过必要的中介运动来实现的。换言之，他并没有把这种矛盾运动视为简单的

────────────

① 《资本论》第 1 卷，人民出版社 1975 年版，第 12 页。
② 《资本论》第 1 卷，人民出版社 1975 年版，第 11 页。

二元式的两极对立。譬如，在论述商品所包含的价值与使用价值之间的矛盾，以及这一矛盾如何推动商品形态和价值形式的发展时，马克思写了一段富有方法论启示意义的话："我们看到，商品的交换过程包含着矛盾的和互相排斥的关系。商品的发展并没有扬弃这些矛盾，而是创造这些矛盾能在其中运动的形式。一般说来，这就是解决实际矛盾的方法。例如，一个物体不断落向另一个物体而又不断离开这个物体，这是一个矛盾。椭圆便是这个矛盾借以实现和解决的运动形式之一。"① 这段话所体现的正是马克思的基本方法——辩证法：事物发展的矛盾运动并非直线运动或简单的两极对立，而是通过中介从一种矛盾形式向另一种矛盾形式的转化发展。商品价值与使用价值的矛盾运动造就了价值形式的发展，货币作为一般等价物转化了商品交换的矛盾运动，把物物交换下的矛盾形式发展为以货币为媒介的新的矛盾形式。这种新的矛盾形式并没消除矛盾，而是在更高层次上展示新的矛盾，实际上，资本主义生产方式也正是在这种借助中介而转化的矛盾运动中得以发展的。

又譬如，也正是运用这种辩证思维方法，马克思在谈到股份制的性质及其对资本主义生产方式的意义时写道："在股份制度内，已经存在着社会生产资料借以表现为个人财产的旧形式的对立面；但是，这种向股份形式的转化本身，还是局限在资本主义界限之内；因此，这种转化并没有克服财富作为社会财富的性质和作为私人财富的性质之间的对立，而是在新的形态上发展了这种对立。"② 这段话更为清楚地表明，依照马克思的辩证思维方法，资本主义生产方式所包含的矛盾也并非是简单的两极对立，而是通过中介使矛盾本身不断得以转化和发展的一个自然历史过程。

倘若我们遵循着马克思的上述一贯思想和基本方法，那么，"社会化生产和资本主义占有之间的矛盾"也并非简单的二元对立，而应该理解为通过某种中介形式而得以不断转化的矛盾运动。这种矛盾运动的中介形式，也就是生产方式的实现形式，主要体现于生产组织形式以及与此内在相关的产权制

---

① 《资本论》第 1 卷，人民出版社 1975 年版，第 122 页。
② 《资本论》第 3 卷，人民出版社 1975 年版，第 497 页。

度形式。特别需要指出的是，给定一种特定的生产方式，其实现形式可以是多样的，体现在生产组织形式和产权制度形式所具有的灵活性、能动性和一定范围内的可选择性。"社会化生产和资本主义占有之间的矛盾"正是通过这些中介形式而使得矛盾运动得以转化，从而不断地获得新的发展形式。据此，简单地从"社会化生产和资本主义占有之间的矛盾"就直接地推导出阶级对立、暴力革命乃至资本主义生产方式覆灭，不仅不符合客观历史进程的实际情况，而且也不符合马克思的一贯思想和基本方法。

四、资本主义基本矛盾分析的当代转换

针对"资本主义基本矛盾说"，上一节所述绝对不是说资本主义生产方式可以在矛盾运动中永远也不会走向消亡。依照唯物史观的基本观点，并不存在任何一种永恒不灭的生产方式和社会形态，因此，资本主义的"丧钟"最终还是要"响"的。对我们有意义的问题在于：资本主义的"丧钟"将会如何或以何种方式"响"起来。

对此，笔者的看法是：在针对"资本主义基本矛盾说"的批判性分析的基础之上，可以通过结合当代资本主义世界的实际情况，将这一论题加以科学转换（我称此为"当代转换"）。依此，同样遵循唯物史观的基本观点，一种生产方式的消亡，其根源在于这种生产方式的内在矛盾。就资本主义生产方式而言，这种内在矛盾并不能归结为所谓"生产社会化与私人占有之间的矛盾"，亦即本文所剖析的所谓"资本主义基本矛盾说"，而是归结为资本主义生产方式本质上与人类生存环境之间的内在对立，这种内在对立根本上决定了这种生产方式的不可持续性。为了阐明此观点，就必须从资本主义生产方式的本质说起。

一般认为，资本主义生产方式的本质是与资本的牟利性质联系在一起的，亦即归结为资本主义生产目的是为了攫取剩余价值。这一点似已成定论。但笔者认为，只是简单地指出资本主义生产的牟利性质，并不足以道尽资本主义生产方式本质规定性的全部内涵。更为重要的还在于资本主义生产方式下牟利的独有方式，即这种牟利乃是通过市场经济的方式来实现的，市场经济

与资本主义生产方式是内在结合的。认识到这一点，对于把握资本主义生产方式的本质，以及它与人类生存环境之间的内在对立，从而引出这种生产方式的不可持续性，乃是至关重要的。

首先，通过市场经济方式来实现牟利，意味着市场扩张成为资本主义生产方式的内在冲动。从地域市场到国内统一市场再到世界市场，市场的扩张乃至全球化伴随着资本主义生产方式的历史发展进程。这个过程意味着生产和消费行为的地域性特征被彻底打破，消费欲望被不加限制地激发出来了。"资产阶级既然榨取全世界的市场，这就使一切国家的生产和消费都成为世界性的了。……过去那种地方的和民族的闭关自守和自给自足状态已经消逝，现在代之而起的已经是各个民族各方面相互往来和各方面相互依赖了。"① 资本主义生产方式下无休止的市场扩张打破了生产和消费行为的地域性特征，消费欲望伴随着市场扩张而被无限制地"创造"出来，因而也就随之打破了人与自然之间的平衡。

其次，通过市场经济方式来实现牟利，意味着市场竞争。而源于竞争，作为工具理性的科技得到了前所未有的发展。一方面，这驱使着社会化生产及科学技术的长足进步，结果是带来了物质生产力的空前的跳跃式发展，造就了越来越丰富多彩的物质文明世界。马、恩当年曾洞察到了这一点，并用颇具诗化的语言加以描述："资产阶级争得自己的阶级统治地位还不到一百年，它所造成的生产力却比过去世世代代总和造成的生产力还要大，还要多。自然力的征服，机器的采用，化学在工农业中的应用，轮船的行驶，铁路的通行，电报的往返，大陆一洲一洲的垦殖，河川的通航，仿佛用法术从地底下呼唤出来的大量人口，——试问在过去哪一个世纪能够料想到竟有这样的生产力潜伏在社会劳动里面呢？"② 然而，另一方面，以牟利为目的的物质生产力的奇迹般发展，必然地导致对自然资源的无休止掠夺和对生态环境的极大破坏。仅仅作为工具理性的科技，一旦与资本主义生产方式的牟利性质相

---

① 《马克思恩格斯全集》第 4 卷，人民出版社 1958 年版，第 469~470 页。
② 《马克思恩格斯全集》第 4 卷，人民出版社 1958 年版，第 471 页。

结合，一旦与牟利中的竞争相结合，就必然意味着在人类创造出惊人的物质财富的同时，人类生存的地球环境（乃至外太空环境）却正在加速恶化，而且在多数情形下这种恶化乃是不可逆转的。

再次，通过市场经济方式来实现牟利，市场竞争也意味着资本主义生产方式具有自我强制推广的内在特性。也就是说，起先只是少数国家采取资本主义生产方式，但这些国家在全球范围内不择手段攫取财富，实际上强制地将其他国家也拉入资本主义生产方式中来，于是，最终必然是全球性的资本主义体系的形成。这种自我强制推广的内在特性，早先是采取了殖民扩张的形式，当代则采取了所谓全球化的形式。无论采取何种形式，总是能使得那些原本处于前资本主义状态的落后民族，或迫于"船坚炮利"，或为了避免"亡国灭种"，被纳入资本主义生产方式。我们更应该注意到的是，资本主义生产方式的这种内在的全球性和世界性，致使单纯的市场竞争被扩展到了极端境地。人与人之间经济竞争被扩展到人类群体之间的政治争斗（往往以"民主"、"自由"的面目出现），一国内部的群体竞争被扩展到了跨越国界的国际争斗，而在以民族国家为主体的全球政治框架之下，国与国之间的竞争必然地意味着民族之间的矛盾、冲突乃至仇恨，因而诸如战争和不顾人类整体利益的算计、霸权主义、强权政治等，就变得不可避免和难以克服了。于是，地球上人类社会自身生存的环境也就随之彻底恶化了，真正形成了一个"一切人反对一切人"的恶劣的人化环境。我们今日所见之世界，就是资本主义生产方式在全世界范围内自我强制推广这一内在特性的产物。

上述分析表明，资本主义生产方式本质上与人类生存环境之间是内在对立的，而这种内在对立也必然地意味着资本主义生产方式历史发展的不可持续性，是这种生产方式的"写在墙上的咒语"。这种生产方式发展的极限，必然意味着人类的末日。因此，如果说资本主义的"丧钟"终究是要"响"的，那么，它将以人类生存的地球环境的彻底丧失和人类末日的来临这样一种方式"响"起来的。所以，人类必须要超越资本主义生产方式。

（原文发表于《学习与探索》2011 年第 1 期）

马克思关于资本主义基本矛盾的
理论及其意义

邱海平[*]

一

　　无论是从逻辑上说，还是从马克思主义创立和发展的实际历史过程来看，唯物辩证法和历史唯物主义，作为一种崭新的世界观和社会历史观，是全部马克思主义理论的基础和思想前提。他科学地揭示物质生产力与社会生产关系的对立统一关系，从而揭示了全部人类社会历史发展的规律性，这是马克思在人类科学史上的一个巨大贡献。马克思在《政治经济学批判·序言》中明确地指出，历史唯物主义是"我们得到的、并且一经得到就用于指挥我们研究工作的总的结果"[①]，历史唯物主义认为，不是物质生产力和社会生产关系的任何一个方面决定了一个社会的性质和发展，而是物质生产力与社会生产关系的矛盾推动着人类社会历史的发展和进步，推动着人类社会历史从一种形态或阶段过渡到另一种形态或阶段。生产力与生产关系的矛盾是人类社会的基本矛盾，它贯穿于整个人类社会的发展过程，是推动社会发展的基本动力。生产力与生产关系的矛盾原是人类社会的基本矛盾，同时又是人类社会的一般矛盾，正确地理解这一矛盾，是我们科学地理解人类社会的基本前提。然而，如果我们停留在这个"一般"的认识水平上，那么，我们对于人类社会历史发展的实际过程和机制仍然是无知的。正因为如此，马克思发现了历史唯物主义之后，随即从哲学转向政治经济学，把全部精力投入到对资

　　* 邱海平：中国人民大学经济系。
　　① 《马克思恩格斯全集》第 13 卷，人民出版社 1998 年版，第 8 页。

本主义社会经济结构的科学解剖工作中去，最终导致了对剩余价值规律的发现。马克思主义政治经济学，科学地揭示了资本主义生产方式和经济运动规律。从逻辑和历史两个方面来看，没有历史唯物主义的创立，也就没有马克思对剩余价值规律的发现，而没有马克思主义经济学的问世，那么，历史唯物主义就只能是一种未被科学证实和证明的"假说"。由此可见，从一定意义上说，历史唯物主义和剩余价值理论之间存在着"一般"与"特殊"的辩证关系。这就是说，生产力与社会生产关系的矛盾，作为通常整个人类社会历史的一般的和基本的矛盾，它在每一种特殊的社会形态中，都会有不同的存在方式和表现形式，政治经济学的任务，就在于揭示这些不同的存在方式和表现形式。以资本主义社会经济形态作为直接考察对象的马克思主义经济学，其任务就在于揭示生产力与生产关系的矛盾在资本主义社会中所采取的特殊形式，以及它的运动，这就是资本主义经济运动规律。矛盾是一切事物运动的根本推动力，所以，那种认为资本主义经济运动规律仅仅就是指资本主义生产关系运动规律，并由此认为马克思的《资本论》的研究对象仅仅是资本主义在生产关系的观点，并不符合马克思主义本身的基本理论逻辑，也是不符合《资本论》的实际内容的（下面的叙述就是对这一点的进一步论证）。如果说历史唯物主义所揭示的是生产力与生产关系的矛盾的一般性质，那么，《资本论》所揭示的正是这个一般矛盾所采取的资本主义的特殊形式。由于生产力与生产关系的矛盾存在于人类社会的任何阶段，任何时期，并且它是推动人类社会发展的根本动力，当然，它就是全部人类社会的基本矛盾，同样，由这个矛盾在每一个社会形态中所采取的特殊历史形式，也就构成了这个社会所特有的基本矛盾。从这个意义上说，马克思的《资本论》就是一部资本主义经济的矛盾论，《资本论》的各个理论都是以资本主义基本矛盾为核心来展开的（尽管马克思在《资本论》中并没有使用"资本主义基本矛盾"这一术语），从而揭示了这个基本矛盾在各个方面的表现和结果。只有从这样的高度来理解，我们才能抓住《资本论》的科学精髓和根本思想。马克思在《资本论》第一卷第二版跋中明确表示，他所使用的方法是辩证法，并且是与黑格尔的唯心辩证法正相反的唯物辩证法。而对立统一的矛盾分析法则是唯物辩证法的核心，也正是由于事物本身的矛盾运动，方使得一切现存的事物都是暂时的，历史的和发展的，它在肯定自我的同时又包含着对自身的否定，从而也就表现为一种不断运动的过程。马克思的《资本论》所要揭示的正是由于其自身的内在矛盾所造成的、资本主义生产方式的历史暂时性和过渡性及其在经济过程和经济现象上的各种表现。

二

资本主义生产方式一开始就具有两个方面的特征：第一，它生产的产品是商品，商品是整个资本主义经济有机体的细胞，价值规律是资本主义一切经济规律得以展开和发生作用的基础。由于价值规律的自发作用，资产阶级在不到一百年的时间内所创造出来的生产力，比人类社会产生以来的全部生产力的总和还要多，还要大。作为一种"绝对的商品生产形态"，资本主义经济不同于一切旧的社会经济的特征之一，就是它以生产的社会化及其不断发展为基础。第二，资本主义生产以雇佣劳动制度为基础，剩余价值的生产是它的直接目的和决定动机。雇佣劳动制度本身以生产资料与直接生产者的分离为前提，从而，也就是以生产资料的资本家占有为前提。上述两个基本特征，使生产力与生产关系的矛盾，在资本主义生产方式中表现为生产的社会化与生产资料的资本主义私人占有形式之间的矛盾。在这里，不能把"生产资料的私人占有"仅仅作为生产资料的所有制来理解，而应该作为整个资本主义生产关系的核心内容和本质特征来理解。由于生产关系是体现在社会再生产过程各个环节（生产、交换、分配、消费）的经济关系体系，因此，生产的社会化与生产资料的资本主义私人占有（即资本主义生产关系）的矛盾，也就必须表现或贯穿于资本主义社会再生产过程的各个环节。《资本论》的一、二、三卷所揭示的恰好是这一基本矛盾在资本的直接生产过程、流通过程和总过程的表现，在具体阐述这些表现之前，我们必须对资本主义生产关系的特殊规定性作一初步说明。

众所周知，在人类历史上，生产资料私有制具有各种不同的发展阶段和具体形式，奴隶制、封建制以及资本主义制度都是私有制的不同历史形式，私有制是它们在经济上的共同特征和本质，因此，从一定意义上说，仅仅依靠"私有制"这样一个规定性，还并不能把资本主义私有制与其它私有制区别开来，也就是说，从与奴隶制、封建制相比较而言的角度看，生产资料私有制并不是资本主义的典型特征。那么，使资本主义与奴隶制、封建制相区别的典型特征到底是什么呢？马克思的《资本论》表明，这个典型特征就是资本主义雇佣劳动制度，雇佣劳动制度与其它的私有制的典型区别在于，它是与商品生产和商品交换有机化联系在一起的，劳动力成为商品，是货币转化为资本的前提条件，由于资本与劳动之间的交换采取了商品交换的形式，价值规律的作用也体现在资本与劳动的交换关系上，这就使得资本家占有工人和剩余劳动具有了全新的历史形式，即剩余价值的形式。马克思曾经明确地指出，"使资本主义生产方式区别于旧的生产方式的，并不在于剩余劳动的存在本身，而只是从直接生产者身上，劳动者身上，榨取这种剩余劳动的形式。"① 很显然，"剩余价值"这种"形式"与商品经济是分不开的，但是，正如不能将价值与剩余价值混为一谈一样，也不能将商品经济与资本主义本身混为一谈。因为，在商品经济与资本主义生产方式之间存在一种辩证关系：一方面，资本主义生产历史地采取了商品生产的形式，并使之普遍化和绝对化，另一方面，"商品"本身仅仅是"资本"的一种形式而已，商品本身并没有规范资本的特定含义，从而，资本主义具有与商品经济完全独立的特殊规定性，资本主义经济不是一般的商品经济，尤其不是以小生产为基础的简单商品经济，而是以雇佣劳动为基础的特种商品经济，简单商品生产不过是它的历史前提和历史起点而已。由此可见，把资本主义经济与商品经济相混同是错误的，脱离开商品经济来孤立地谈论资本主义经济，同样是错误的。

雇佣劳动制度不仅包含着资本与劳动之间的商品交换关系和形式，而且它以生产资料和资本在资本家手中的积聚为前提，因此，它本身就是有生产资料私有制的含义。可见，"雇佣劳动制度"这一范畴，不仅表明了资本主义经济的私有制性质，而且表明了资本主义经济的特定的商品性质不仅产品是

---

① 《资本论》第 1 卷，人民出版社 1975 年版，第 224 页。

商品，而且劳动力也是商品。正因为如此，马克思的《资本论》并不是仅仅围绕"资本主义私有制"来展开论述的，而是围绕以雇佣劳动制度为基础的再生产过程，也就是剩余价值的生产，流通和总过程来展开全部理论的。是雇佣劳动制度，而不是仅仅生产资料私有制构成了剩余价值生产的特定的现实基础，明确这一点，对于认识资本主义的发展，尤其是现代资本主义，具有十分重要的意义。那种把现代资本主义市场经济的本质仅仅归结为以生产资料私有制为基础的市场经济的观点是片面的，它并没有抓住现代资本主义经济的实质。

由于商品生产是资本主义雇佣劳动制度的一般基础，因此，马克思在《资本论》中首先分析的就是"商品与货币"，揭示商品生产的内在矛盾及其发展的一般规律，阐明科学的劳动价值理论。劳动价值论是全部马克思主义政治经济学的理论基石，而劳动二重性学说又是理解它的枢纽。在马克思的价值理论中，有两个基于劳动二重性理论的崭新的理论内容，这就是关于价值形式和商品拜物教的理论。马克思对价值形式历史发展序列的分析，揭示了商品内在的使用价值和价值的矛盾怎样通过外部矛盾，即两个商品的关系表现出来，随着价值形式的每一个新的发展，使用价值和价值的矛盾也得到发展，并且得到不同的表现形式。商品形式的发展是同价值形式的发展一致的，而商品内在矛盾的外在表现的发展同价值形式的发展也是一致的。事实上，正是商品内在的矛盾推动着价值形式由简单形态一直发展到货币形式，因而，货币是商品生产和商品交换发展到一定阶段的必然产物。货币的出现，使商品内在的使用价值与价值的矛盾不是消除了，而是以商品与货币的外在对立这种更为发展的形式存在着，商品与货币的关系实际上就是使用价值与价值的关系。如果说马克思的价值形式理论，侧重于揭示商品的使用价值和价值的内在矛盾的历史发展，那么，马克思的商品拜物教理论则是更进一步从生产商品的劳动本身的内在矛盾即私人劳动与社会劳动的矛盾出发，揭示了商品的使用价值与价值的矛盾之所以产生的根源，揭示了商品关系的实质，马克思透过商品与商品的物质交换关系，揭示出其中所包含的人与人的社会关系。实际上，正是由于商品具有拜物教性质，正是由于人与人的社会关系被商品交换关系所掩盖，所以才需要有科学的政治经济学，否则，本质与现象直接合而为一，还要科学干什么呢？

从商品交换中发展出货币，并进而发展出资本，这都表现为一个自然历史过程，这个发展过程本身已经表明商品的内在矛盾是资本主义基本矛盾的萌芽、组成部分和基础。作为一切私有的商品经济基本矛盾的私人劳动和社会劳动之间的矛盾，同作为资本主义基本矛盾的生产社会化与生产资料的资本主义和私人占有之间的矛盾具有一种内在的联系，这两种不同含义的基本矛盾，都以生产资料的私有制为基础，从这个意义上说，它们在性质上是完全相同的，因而也是完全相容的。正因为如此，马克思在《资本论》中把对于资本主义基本矛盾的分析同对于商品经济内在矛盾的分析有机地结合在一起。

三

有了上述说明之后，我们就可以具体地看看马克思对于资本主义基本矛盾及其在资本主义再生产过程中的各种表现的理论分析。

在社会再生产总过程，乃至全部社会经济生活中，物质资料的直接生产过程是决定一切的环节，这是马克思主义经济学最重要的命题之一，也是它区别于一切庸俗的资产阶级经济学的根本标志之一。所以，马克思首先在《资本论》第一卷中分析资本的直接生产过程。马克思的分析表明资本主义生产过程是一种二重的结构，它是劳动过程与价值增殖过程的统一，是使用价值生产过程与剩余价值生产过程的统一。在这里，商品、使用价值的生产是手段，而剩余价值的占有则是目的（对剩余价值的占有同对剩余劳动的占有，在历史上和逻辑上都是两件很不相同的事情）。正是在直接生产过程中，蕴含着资本主义社会一切矛盾的根源，也正是直接生产过程本身所包含的矛盾，推动着资本主义生产方式的发展。这个矛盾表现在：一方面，从物质生产过程，或者说从生产力的性质和状况来看，资本主义生产以小生产的被排挤和被消灭为前提，即以生产资料的集中和扩大为前提，因而，生产资料的运用以及产品的生产过程都是社会的行为，产品本身也是社会的产品，而不是个人的产品；但是另一方面，从劳动资料的占有以及生产品的占有性质来看，实际的劳动者的占有权表现为对生产资料和产品的占有的不可能，而非劳动者即资本家的占有权则表现为对生产资料及产品的私人占有。在这里，隐含在商品生产中劳动的私人性和社会性之间的矛盾不仅没有被消除，而是以扬弃了的形式得到维续和发展，劳动的社会性（由社会分工所产生）进一步发展为生产的社会化（以生产资料的集中和共同使用为特征），然而，生产资料及产品的占有形式不变，仍然保持私人占有的形式，尽管占有的性质正发生革命性的变化（由小生产者对自己劳动产品的私人占有转变为资本家对雇佣工人劳动产品的占有）。这样，社会化生产和资本主义占有形式之间存在着不相容性即矛盾。这就是资本主义生产方式的基本矛盾，应该承认，在以雇佣劳动为基础的资本主义各个历史阶段，这个基本矛盾是始终存在的，因为它是资本主义雇佣劳动制度的一个内在规定性和必然产物。这个基本矛盾的发展程度，也就是社会化生产与资本主义占有形式之间相互冲突的程度，严格地说，它并不是一个理论问题，而是一个实际历史问题，因此，对它的估计和预测并不属于马克思主义经济学的题中应有之义。但是，有些人根据马克思早年对资本主义经济危机与革命形势比较为激进的估计（这一点，恩格斯晚年作了公开的自我批评），进而反过来否定马克思对资本主义基本矛盾的基本判断和分析，这同样是错误的，因为这两者之间并不存在必然的逻辑联系。

马克思的《资本论》对资本主义基本矛盾在资本主义社会再生产过程各个环节的表现进行了全面的分析。资本主义基本矛盾在资本直接生产过程中的第一个表现就是，社会化的劳动资料、劳动过程以及劳动产品都与劳动者相异化，而非劳动者即资本家，则是劳动资料、劳动以及劳动产品的直接占有者。剩余价值是工人社会劳动的创造物，但它却被资本家无偿占有，工人只能得到价值产品的一部分，即相当于劳动力商品价值的那一部分。在李嘉图的基础上，马克思更加明确地指出，在工作日的长度和劳动强度不变的情况下，劳动力的价值和剩余价值总是按相反的方向变化，劳动生产率的提高会降低劳动力的价值，从而引起剩余价值的提高。因此，工人阶级与资本家阶级在经济上是完全对立的，这种对抗性的阶级关系，不仅具有极为重要的政治意义，而且也具有极为重要的纯经济意义，事实上，马克思把它作为导致经济危机的一个直接因素来理解。不仅如此，这样一种实质性的经济关系对于整个资本主义生产方式的发展，变化都是至关重要的。

为了能够准确地考察社会生产力与资本主义生产关系的对立统一关系，马克思创造地提出了资本有机构成的范畴。"资本有机构成"这个概念完全以资本被划分为不变资本和可变资本为前提，因此，它是马克思经济学特有的范畴，是马克思的创造。由于资本有机构成由资本的技术构成所决定，并反映了技术构成的变化，因此，它实际上成为社会劳动生产率水平（在大多数情况下，劳动生产率与劳动生产力是可以互相代替的近义词）的资本主义表现。在马克思的《资本论》中，这是一个十分重要的概念和分析工具，对它的运用，贯管《资本论》全书。实际上，资本有机构成不仅是资本主义社会劳动生产力的指示器，而且也是资本与劳动的相互关系的测量器。《资本论》分析了由于劳动生产率的提高而引起的资本有机构成提高所造成的各种经济后果，而这些后果正是资本主义基本矛盾的具体表现。

基本矛盾有机构成的提出以资本积累为前提，反之，资本有机构成的提高促进了资本积累的发展。劳动生产力的不断发展，资本有机构成的不断提高，在资本积累过程中引起的第一个后果，就是相对过剩人口的产生。资本主义生产方式在就业方面的特点是劳动力就业的规模与数量不是取决于社会生产力的绝对水平和发展需要，而是取决于资本总量中的可变资本的大小，在劳动者与生产资料之间横挡着资本增殖的需要，为了追求尽可能多的剩余价值，为了在激烈的竞争中取胜，资本家总是不断地提高资本的有机构成，尽可能地用先进的机器来代替人力，从而必然造成资本对活劳动的需求量相对地或绝对地减少，工人的失业，就象魔影一样伴随着整个资本主义发展的全部历史过程。相对过剩人口的存在，既是资本主义生产方式产生的必然结果，又是资本主义生产发展的一个内在条件。正因为如此，很多资产阶级经济学家用"自愿性失业"或"结构性失业"等理论来使之合法化。对资本主义失业问题，应该从两个方面来认识，一方面，社会生产力的不断发展本身确实有一种用机器代替人手的客观趋势，这也是人类自由解放的最重要条件，但是另一方面，社会生产力的发展造成大量的劳动力失业，这却是资本主义生产方式特有的产物，因为在资本主义条件下，劳动力失业完全是资本主义基本矛盾所造成的，劳动力就业数量与规模完全屈从于资本增殖的需要，而不决定于客观社会生产发展水平和需要。在资本主义本身的框架内，一方面，劳动力的部分失业保证了资本主义的正常发展，另一方面，资本主义的这种发展完全是以工人阶级的牺牲作代价，从而以社会劳动的闲置和浪费作代价。

伴随着资本积累和资本有机构成的不断提高，资本的总量激烈地增大，同时，财富的占有也出现越来越严重的不平衡，不变资本相对于可变资本的增大，资本家阶级与工人阶级在财富占有上出现了越来越严重的两极分化。工人阶级的贫困不仅表现在部分失业、个别时期物质生活的恶化、生活的无保障、财富占有量相对下降等各方面，更重要的是表现在，作为一个阶级，工人始终处于与生产资料相分离、相对立的状况，在生产资料的占有上，工人阶级不是相对地贫困，而是绝对地贫困。从现代资本主义国家的实际状况来看，工人阶级的物质生活条件无疑有了历史性的改变，但是，工人阶级在生产资料占有上的贫困依然是一个事实，因而，马克思关于无产阶级贫困的理论并没有过时。实际上，无产阶级这个概念本身与经济学意义上的贫困完全是同义词，因为一旦工人阶级占有了生产资料，那么，"无产阶级"这个概念本身也就失去了任何意义。总之，只要资本主义雇佣劳动制度不变，那么，由资本主义基本矛盾所造成的工人阶级的贫困也就必然存在，战后发达资本主义国家出现的"股权普遍化"也并不能改变这一问题的实质，"人民资本主义"只是一个神话。

四

《资本论》第二卷研究资本主义基本矛盾在流通过程的表现及其结果。从单个产业资本的运动来看，它是生产与流通的有机统一，但无论是生产还是流通，都不是资本的目的本身，而是资本价值增殖的一种手段。对于任何一个资本家而言，生产过程和流通时间越短越好，但从剩余价值本身的形成和实现的角度来说，生产与流通又是资本必经的两个阶段，完全不通过生产和流通，资本增殖的目的也就无从实现。由此可见，在这里，存在着资本的目的与手段之间的矛盾。资本之所以表现为一种不断的运动，完全是由这个矛盾所造成的，这个矛盾只有通过不停的循环和周转而得到解决。要实现资本形态的迅速转换与变化，这就要求单个资本家企业进行最有效的组织管理和资源配置，而生产资料的资本家私人占有制恰好保证了这一点的实现，这就是说，从单个企业内部的生产来说，它是有组织的、有计划的，并且这种组织性和计划性会随着资本主义企业规模的发展（例如股份公司）而得到发展，在范围上得到扩大。

由于资本主义企业互相联系，互为市场，因此，任何单个资本运动的实现不仅有赖于企业内部的有效组织和管理，而且直接以社会环境为前提和条件。流通过程把所有单个企业的生产相互联结起来，但实际上这种联系并不单纯是流通本身所造成的，而是根源于整个社会资本的再生产过程。马克思的社会资本再生产理论，从生产与流通相统一的角度，论证了每一个单个企业正常运行，也就是整个社会资本正常运行所必须具备的环境和条件，这种环境和条件实质上产生于社会化大生产，而不仅仅与资本主义经济相联系。资本主义经济运行的特征并不在于它也必须具备马克思的再生产图示所表达的那些条件，而是它所采取的特殊形式。这种形式上的特殊性表现在社会资本的运动是使用价值运动与价值运动相统一的过程，并且价值运动成为使用价值运动的媒介，而使用价值运动则是价值运动的物质内容。正因为如此，马克思在社会资本再生产理论中一再强调并分析了货币流通在整个再生产运动中的作用。所以，无论是单纯用物物交换的观点，还是单纯用货币流通的观点来理解真正的社会资本运动，都是片面的、错误的。

马克思的社会资本再生产理论所要回答的，并不是"必然如此"，而是"应该如此"。马克思社会资本再生产理论所揭示的那些比例关系（不单纯是价值量的关系，而是使用价值与价值相统一的比例关系），是社会资本运动正常进行所必须具备的条件。但是，马克思指出，"过程本身的复杂性，呈现出同样多的造成过程失常的原因。"① "商品生产是资本主义生产的一般形式这个事实，已经包含着资本主义生产中货币不仅起流通手段的作用，而且也起货币资本的作用，同时又会产生这种生产方式所特有的、使交换从而也使再生产或者是简单再生产，或者是扩大再生产得以正常进行的某些条件，而这些条件转变为同样多的造成过程失常的条件，转变为同样多的危机的可能性因为在这种生产的同发形式中，平衡本身就是偶然现象。"② 这就是说：资本主义经济决不是始终处于失衡状态，也不是自动地始终处于静态平衡状态，而是处于一种平衡与非平衡的交替状态，不平衡是造成平衡的条件，平衡是通过不平衡来实现的。马克思的分析，十分客观地反映和揭示了资本主义宏观经济发展的波动特性。正是在这种波动中，在平衡与不平衡的交替中，存在着资源以及社会劳动的大量浪费，这种浪费的典型表现就是生产过剩，即经济危机。马克思指出，"在资本主义社会内部，这种生产过剩却是无政府状态的一个要素。"③ 从整个资本主义经济史来看，生产过剩是产业革命以来资本主义经济的总趋势，至于这种过剩是否以危机的形式来表现，则是过剩的程度问题。实践表明，国家垄断资本主义条件下，国家的干预的确可以扰动资本主义经济波动的幅度，但是却不可能从根本上彻底消灭由生产的无政府状态所造成的生产过剩以及社会生产力的浪费。那种认为资本主义有计划就否认资本主义经济的无政府状态的观点是不符合实际的，现代资本主义经济远没有实现人类对整个社会生产的自觉控制和调节。另外值得指出的是，把经济危机的产生看作是资本主义已经成熟的标志是正确的，但如果把它看作资本主义开始衰落的征兆，则是值得研究的。对比一百多年后的资本主义，我们将会看到，经济危机实际上是资本主义一定阶段经济发展的一种内在机制，由经济危机而带来的社会生产力的浪费，是资本主义在促进社会生产力发展过程中的一种"必要的支出"或"代价"。从总体上相对而言，19 世纪的资本主义仍然是不成熟的，20 世纪的资本主义才是真正成熟的。

---

① 《资本论》第 2 卷，人民出版社 1975 年版，第 559 页。
② 《资本论》第 2 卷，人民出版社 1975 年版，第 558 页。
③ 《马克思恩格斯全集》第 24 卷，人民出版社 1972 年版，第 527 页。

五

《资本论》第三卷分析了资本主义基本矛盾在生产总过程中的表现，这种分析集中在关于利润率趋向下降规律的论述中。马克思的分析表明：由于追求利润的内在冲动以及竞争的外在压力，每个资本家都力图可能地提高劳动生产力，结果造成了社会范围内的资本有机构成的普遍提高，在其它条件相同的前提下，必然引起平均利润率的下降，由于有许多起反作用因素的存在，因而，利润率的下降表现为一种经常的趋势，而不是不间断地下降。如前所述，资本积累与资本有机构成的提高往往是相伴而生的。为了追求更多的利润而进行资本积累，但积累的结果造成了利润率的下降，为了抵销一部分利润率下降所带来的结果，资本家只得提高积累量，从而使资本总量激剧地增大，结果使得利润率下降的同时利润总量却增加了。积累的增大，不幸地使利润率进一步下降，于是，资本家只得更多地积累。正是这样一种机制推动着资本主义的经济发展，而这种机制的产生完全以资本主义基本矛盾为基础。平均利润率趋向下降的规律本身包含有各样的矛盾，归根到底，它们都是资本主义基本矛盾在这个规律发生作用过程中的外在表现。

首先，从总体上来看，利润率的趋向下降和积累的加速，实际上都是社会生产力的发展这同一过程的两种不同的表现。即使是像李嘉图那样把资本主义生产看作绝对生产方式的经济学家，在平均利润率的趋向下降这样一个事实面前，也感到资本主义生产方式为自己造成了一种限制，但是李嘉图不是把这种限制归咎于生产，而是归咎于自然（在地租学说中就是这样）。利润率趋向下降规律实质上表达了这样一种信息：资本主义方式并不是财富生产的绝对的生产方式，而是一种历史的，具有过渡性质的生产方式。这种历史的、过渡的性质，来源于资本主义生产方式的内在结构和矛盾：一方面，剩余价值的生产条件只受社会生产力的限制，另一方面，剩余价值的实现条件则受不同部门的比例和社会消费力的限制。这两个方面不仅在时间上和空间上是分开的，而且在概念上也是分开的。生产资料的资本家占有制，一方面使整个社会的再生产和流通呈现出无政府状态，从而使剩余价值的实现经常发生困难和阻碍，另一方面，它形成了对抗性的分配关系，在社会生产能力无限扩大的同时，工人阶级的消费能力却被限制在相当狭小的界限以内，这同样使剩余价值的实现发生困难。可见，剩余价值的生产方式本身包含着矛盾。资本主义解决这一矛盾的必然途径，就是通过提高社会劳动生产力来不断地扩大市场，即剩余价值实现的经济空间。然而，劳动生产力的提高，市场的扩大，只是使已经存在的矛盾更加尖锐，进一步发展，不可能从根本上消除这个矛盾。

其次，资本主义基本矛盾在平均利润率趋向下降的规律中，还表现为生产扩大和价值增殖之间的矛盾。社会劳动生产力的发展，在资本方面，第一，表现为资本存量的增加；第二，表现为资本有机构成的提高；在资本所使用的劳动力方面，第一，表现为再生产劳动力的时间缩短了，从而剩余价值量增加了；第二，表现为推动一定量资本所使用的劳动力数量即工人人数减少了。这两种运动不仅同时并进，而且互为条件，是表现同一个规律的两种现象，但它们对利润率起着相反的影响。一方面，资本总量的增加，资本有机构成的提高促使平均利润率下降；另一方面，由必要劳动时间缩短而造成的剥削程度的提高又有助于阻碍平均利润率的下降。由于剥削程度的提高有不可逾越的限制，因而，平均利润率的下降是总的趋势。利润率的下降促使资本家更多地进行积累，增加资本总量，以达到增加利润总量的目的。在现有资本量一定的条件下，利润增长率就取决于利润率，在利润率一定的情况下，资本增加的绝对量则取决于现有资本量。只有生产力的提高通过利润率的提高，相对剩余价值的提高，它才能直接增加资本的价值量，但劳动生产力的提高又必然引起现有资本的贬值。总之，由于内在矛盾的存在和作用，在资本积累过程中，同一原因会造成相对立的不同结果，从而产生一些矛盾的现象，例如，资本增加刺激工人人口增加的同时又使人口变成相对过剩人口，利润率下降的同时，现有资本的贬值又阻碍利润率的下降，并刺激资本价值的加速积累，生产力发展，同时资本有机构成提高，可变资本相对于不变资本越来越减少，等等。所有这些不同的影响，时而主要是在空间上并行地发挥作用，时而主要是在时间上相继地发生作用，它们之间的矛盾对抗性周期性地在危机中表现出来，危机永远只是现有矛盾的暂时的强制解决。可见，资本主义生产方式所要达到的目的——资本的价值增殖，同实现这个目的的手段——社会生产力的无条件的发展之间是相互矛盾的，经济危机的周期性爆发，正是这种矛盾所造成的结果。

最后，资本主义基本矛盾在平均利润率的下降过程中还引起人口过剩时的资本过剩。随着平均利润率的下降，单个资本家为了生产地使用劳动所必需的资本最低限额增加了，这就会形成资本过剩。所谓资本过剩，实质上总是指那种利润率的下降不会由利润量的增加得到补偿的资本过剩，或者是指那种自己不能独立行动而以信用形式交给大产业部门的指挥人去支配的资本过剩。资本的这种过剩是由引起相对过剩人口的同一些情况产生的，因而是相对过剩人口的补充现象。由于资本通常以商品的形式出现，所以资本过剩往往包含有商品生产过剩，资本过剩的压力，形成了新资本与旧资本之间的竞争和斗争，无论损失落在哪一部分资本家身上，资本的一部分要闲置下来却是确定无疑的。资本的闲置伴随资本的贬值，再加上价格的普遍下降，必然使再生产正常进行所需要的平衡被破坏，从而引起再生产过程实际的停滞和混乱，即再生产的缩小。价格下降和竞争斗争使每个资本家尽可能采用新的机器和劳动方法，资本有机构成必然提高，这就会引起人口的过剩，可见，资本的生产过剩同相对人口过剩是不矛盾的。资本过剩和人口过剩都是相对的，它并不表示生产资料和生活资料绝对地生产得太多了，但是对于资本主义生产方式来说，它又是绝对的，它表示的正是资本主义的、对抗性的形式上的财富，周期性地生产得太多了。

正是通过对平均利润率趋向下降规律内部各种矛盾的展开分析，马克思揭示了资本主义基本矛盾在资本主义生产总过程中的表现和引起的结果，在这里，马克思对资本主义经济危机的产生原因和具体的形成机制，作了少有的集中阐述和说明。

综上所述，马克思的《资本论》对资本主义基本矛盾在经济过程的各种表现作了最详尽的分析，马克思不仅通过这种分析指明了资本主义生产方式的历史性和过渡性，而且马克思把资本主义基本矛盾看作推动资本主义发展的根本动力。《资本论》的上述理论内容在恩格斯后来写作的《反杜林论》这部著作中得到进一步全面的、概括的表达。我们认为，马克思关于资本主义基本矛盾的理论深刻地反映了资本主义的实质和实际，它仍然是我们认识当代资本主义及其发展趋势的科学指南。

（原文发表于《〈资本论〉与当代经济》1993 年第 4 期）

资本主义基本矛盾理论及其现实意义

一、资本主义基本矛盾的有关争论

马克思时代对资本主义基本矛盾的研究是建立在自由资本主义向垄断资本主义过渡时期这一特定历史条件下的，因而马克思之后的经典作家对资本主义基本矛盾的研究还有更进一步的发展。目前，学术界对资本主义基本矛盾的研究分歧很大，其中尤其是对资本主义的基本矛盾是缓和还是激化的问题，主要有三种不同的观点。（1）尖锐说。此种观点认为，当前不但原本已缓和了的矛盾又重新变得尖锐起来，而且还产生了新的矛盾。西方国家财富的集中化趋势在加剧，这就不可避免会加剧资本主义国家的阶级矛盾。发达国家与发展中国家的冲突日趋激烈，形成了当今世界矛盾的焦点，即"南北矛盾"，这是资本主义的基本矛盾，是一个外生的激化因素。（2）存在说。认为，当代资本主义的发展，虽然在一定程度上暂时缓解了生产资料私人占有对生产力发展的制约，但是这个基本矛盾依然存在。如果从更广阔的历史视野来看，它非但依然存在，而且呈现出进一步扩大的趋势。具体表现是：资本更加集中，少数大银行几乎控制着全社会的货币资本，少数垄断寡头牢牢控制着经济命脉；贫富差距也越来越大，因此导致经济危机的制度因素并没有消失。（3）缓和说。认为，当代资本主义基本矛盾有了相当的缓和。表现为：经济领域，新科技革命的兴起，使个别生产的组织性与整个社会生产的无政府状态之间的对立有所缓和。资本主义国家产业结构的调配和社会福利政策的施行，使工人的生产生活状况发生了显著变化，在一定程度上缓和了

---

* 奉茂春：福建省委党校科社·法学教研部。

无产阶级与资产阶级的矛盾。从这三种观点的论据来看，都在某种程度上反映了马克思主义经典作家对于资本主义基本矛盾理论在现实中的合理解释。其实，资本主义基本矛盾发展的尖锐程度是资本主义基本矛盾表现形式变化所致。要对这些问题进行深入的分析，还得从马克思经典作家对这一问题的基本原理中寻找答案。

二、经典作家对资本主义基本矛盾问题的观点

马克思认为，社会基本矛盾实质上就是"生产关系的一定的历史形式，和另一方面生产力，生产能力及其要素的发展，这二者之间的矛盾和对立扩大和加深时，就表明这样的危机时刻已经到来。这时，在生产的物质发展和它的社会形式之间就发生冲突"。[①] 在资本主义社会，其表现为生产的社会性与生产资料的资本主义私人占有之间的矛盾。这是因为在大机器生产阶段，生产社会化的程度不断提高，每个企业的生产都依赖于全社会，然而，使生产得以进行的生产资料和产品却归少数资本家所有，他们把牟取暴利视作生产的唯一目的，而不顾及社会公众的利益，以至于"生产资料的集中和劳动的社会化，达到了同它们的资本主义外壳不能相容的地步。这个外壳就要炸毁了。资本主义私有制的丧钟就要敲响了。"[②] 这里，马克思已经明确指出了资本主义基本矛盾的内容，即"生产资料的集中和劳动的社会化"与"资本主义私有制"的"外壳"之间的矛盾。而且，整个《资本论》可以说就是对资本主义基本矛盾及其发展演化规律的论证和揭露。

恩格斯在《反杜林论》和《社会主义从空想到科学的发展》中也比较详细和直接地论述了资本主义基本矛盾的内容。他说：在资本主义生产方式下，"生产资料和生产实质上已经变成社会的了。但是，它们仍然服从于这样一种占有形式，这种占有形式是以个体的私人生产为前提，因而在这种形式下每个人都占有自己的产品并把这个产品拿到市场上去出卖。生产方式虽然已经

[①] 《马克思恩格斯全集》第 25 卷，人民出版社 1974 年版，第 999 页。
[②] 《马克思恩格斯全集》第 23 卷，人民出版社 1972 年版，第 831 页。

消灭了这一占有形式的前提，但是仍然服从于这一占有形式。这个使新的生产方式具有资本主义性质的矛盾，已经包含着现代的一切冲突的萌芽。新的生产方式正是在一切有决定意义的生产部门和一切在经济上起决定作用的国家里占统治地位，并从而把个体生产排挤到无足轻重的残余地位，社会的生产和资本主义占有的不相容性，也必然越加鲜明地表现出来。"① 显然，恩格斯的论述是与马克思《资本论》中的思想相一致的。恩格斯还特别指出资本主义基本矛盾在三个方面的表现：一是无产阶级和资产阶级的对立；二是单个企业生产的有组织性和整个社会生产的无政府状态的对立；三是生产能力的无限扩大与市场容量有限之间的矛盾。从经典作家对资本主义基本矛盾的分析就可以知道，资本主义基本矛盾的对抗性质是不会变化的，也是资本主义本身不可解决的，这一根本性质决定了它将导致资本主义这一"外壳"的灭亡。但是，在资本主义的发展过程中，由基本矛盾所决定的表现形式将会有所变化，而这种表现形式的变化又具有重大现实意义。

三、经理革命之后资本主义基本矛盾的现实意义

马克思与恩格斯所指出的资本主义基本矛盾的对抗性质在他们所处的时代之后的资本主义发展历史进程中虽然没有发生根本性的改变，但是在资本主义进入垄断时代以后，特别是所谓"经理革命"之后，资本主义基本矛盾的表现有了新的形式，内容也有了新的特点，因而需要从以下三方面来认识这种新的变化带来的现实意义。

（一）经理人阶层的出现虽然没有改变资本主义基本矛盾的性质，但是却大大改变了资本主义基本矛盾的表现形式

当代资本主义企业资本结构有二个发展趋势，一是资本社会化的趋势，这是产生经理革命的条件之一；二是资本集中的趋势，这是资本主义基本矛盾的本质所决定的，也是经理人阶层分化为企业家与一般经理人的根源所在。

---

① 《马克思恩格斯全集》第 3 卷，人民出版社 1995 年版，第 621 页。

由于资本主义企业资本结构的两种发展趋势所造成的经理人与资本家的矛盾显得越来越重要，这种矛盾在某种程度上缓解了资本家与工人阶级的矛盾的直接对抗性，同时也使得个别企业的有组织性与整个社会的无政府状态的矛盾有了大大的缓解。由一大批训练有素的、掌握大量信息的职业经理人控制的企业这只"有形的手"已经具备有效地预测并能适应市场这只"无形的手"的能力。

但是，跳出资本主义企业而从资本主义社会的整体上看，职业经理人并没有改变资本主义基本矛盾的性质，也没有解决资本主义基本矛盾的对抗性。用新制度经济学的代理理论也可以得出同样的结论，因为经理人与资本家目标的不一致以及二者的信息不对称的问题就没有办法彻底解决。

（二）经理人阶层的出现需要对资本概念重新审视。需要辩证地看待人力资本、组织资本、社会资本、虚拟资本等概念

分析学派的马克思主义的代表人物罗默和赖特的阶级分析的一般框架把社会不平等分配的主要财产划分为劳动力、生产资料、组织、技能，[①] 在某种程度上说明现代资本主义企业已经远远不是简单由物质资本构成的企业了。这里，把组织财产和人的技能从生产资料和劳动力中明确地分离出来是有一定的合理性的。在当代资本主义，组织财产一般被经理和资本家控制，在一个具体公司中，经理控制组织财产，但受拥有资本财产的资本家所限制，资本企业家则不仅在具体公司中，而且在社会整体层面同时控制包括组织资本、技能、人力资本、社会资本和虚拟资本在内的广义资本。

正是由于现代资本主义企业所包括的资本内涵和范围的变化导致了企业控制权的变化。这种变化的趋势就是职业经理人越来越在微观上实际控制着企业。与这种变化相适应的社会的阶级结构也会相应地变化，社会改造的主要任务也就相应地从个人自由的获取向实质平等的目标过渡。

但是人力资本、社会资本、组织资本、虚拟资本等资本形式并没有否定

---

① 余文烈：《分析学派的马克思主义》，重庆出版社1996年版，第163页。

资本的本质，资本的本性仍然是获取剩余价值。所以只要存在资本就存在阶级的划分。

人力资本概念打破了资本与劳动绝对对立的观点，但是却混淆了劳动力与资本的基本概念，对经济增长的解释也没有超越马克思资本构成理论对资本主义经济增长的解释。人力资本的提出者舒尔茨根据三个事实提出人力资本的存在的根据：（1）根据传统理论，资本—收入比率将随经济的增长提高，但是统计资料却表明这个比率不断下降。舒尔茨认为，这是因为没有把人力资本因素考虑在内。人力资本的增长不仅比物质资本，而且比收入都快。（2）根据传统理论，国民收入的增长与资源耗费的增长将同步，但统计资料显示的结果却表明，国民收入远远大于投入的土地、物质资本和劳动力等资源总量。舒尔茨认为，投入与产出间的增长速度之差，一部分是由于规模收益，另一部分是由于人力资本带来的技术进步的结果。（3）战后工人工资有大幅度增长，它反映的内容是传统理论所无法解释的。舒尔茨认为这个增长是来自人力资本的投资。

从舒尔茨的三个事实根据来看，并没有为人力资本理论提出有力的证据。首先，马克思的资本构成理论认为，利润率下降的趋势是资本有机构成提高导致的，而资本有机构成的提高是资本积累的必然结果。其次，国民收入远远大于资源总量用马克思的剩余价值理论完全可以解释。马克思并没有把劳动力局限于从事简单劳动的一般工人，而是充分考虑到了从事复杂劳动的技术工人和其他复杂形式的劳动对产出的重大影响。正是由于舒尔茨把复杂劳动者从劳动力的范围中分离出去，才导致了他对现代工业生产的剩余价值的不可理解。

（三）对经理人的阶级性质需要区别对待。从职业划分的角度，经理人构成一个阶层。但是经理人不是一个阶级。经理人的上层属于有产阶级，与资本家一样是剥削阶级。而经理人的中下层是一个劳动阶级，他们与工人阶级本质上都是属于受剥削阶级

将马克思主义的阶级理论简化为阶级冲突论，认为马克思主义的阶级分层论是一种旨在革命和破坏的理论，缺乏学理上的意义，这是一种片面的观点。实际上马克思主义阶级理论并不是仅仅局限于阶级斗争和阶级冲突，从社会学的理论分野来看，马克思主义阶级理论的基础并不是冲突或斗争，其理论基点是社会成员与社会资源的关系性质。马克思对阶级理论的论述在《资本论》第三卷最后一章只是刚开了个头，手稿就中断了。但是马克思为我们提出了一个阶级的划分标准问题。马克思是不赞成以职业来划分阶级的。

今天当我们重新以马克思主义的阶级理论来认识当代资本主义的阶级问题的时候，当然不能认为这种中间、过渡的阶级结构是无关紧要的了。现代资本主义的阶级结构已经发生了巨大的变化，就经理人阶层的出现而言，如果从力量上而言，经理人阶层已经足以抗衡资本家阶级。在当今欧美的大公司的内部人控制企业就是指的是职业经理人的控制。

关于阶级和阶层的研究，分析学派的马克思主义的代表人物罗默和赖特的阶级分析的一般框架有助于理解经理人阶层的出现对资本主义基本矛盾的影响。阶级历来是社会学对人群进行分层的一种核心概念，也是马克思主义研究资本主义社会的一个主要分析手段。阶级这一概念与财产、权力等社会资源有着密切的联系，是联系资本主义社会中各种关系的关键性纽带，因而要了解资本主义的生产方式和社会结构，阶级分析是一个非常有效的视角。但是由于发达资本主义国家产业结构的调整和所谓后工业时代的来临，传统产业大面积萎缩或转移至欠发达国家，因而产业工人队伍也在不断缩小，而一大批经过严格培训，有较高素质的管理者阶层逐渐成为社会经济的中坚力量。同时，信息产业和经济全球化的迅猛发展为一些掌握高科技的技术精英和管理精英成为新贵创造了条件。由于近年来资本主义社会多元化的趋势不断增强，社会结构也日趋复杂，与分层相联系的指标越来越多，种族、性别、受教育程度、文化及宗教背景等等都成为区别身份和划分等级的重要标准。总之，传统劳资关系在今天的资本主义社会已经发生了巨大的变化，不可能简单地用调整"白领工人"和"蓝领工人"的比例来解释了，即便是为了准确地描述这一变化也需要引入新的概念。

总之，现代资本主义条件下基本矛盾的运动是在复杂的历史条件下运行的，当代资本主义较过去已经发生了巨大的变化，这种发展变化是资本主义的自我扬弃。资本主义在其自身矛盾的推动下，不断进行着自我扬弃，是一个自我否定的过程。由于资本主义自身的扬弃，就使它开始向新的、更高级的社会生产方式过渡。在资本主义制度内部，随着生产越来越社会化，资本的形式也越来越社会化，从最初的独资企业到合伙企业，到股份制企业，到垄断资本，到国家垄断资本，最后发展到跨国公司和国际垄断资本。所有这些变化，虽然没有改变整个资本主义制度的基本性质，但确实在一定意义上有了某些表现形式的变化，实践中产生了许多问题，必须从理论上有新的概念和新的视角对资本主义基本矛盾在现代资本主义条件下的发展方向和现实特色进行分析，才能发现经典作家对资本主义基本矛盾的分析的现代意义。

（原文发表于《中共福建省委党校学报》2005 年第 11 期）

论研究当代资本主义基本矛盾的方法

任玉秋*

一、从个别开始

研究矛盾当然要用一分为二的矛盾分析法，这是不言而喻的。但是，从哪里开始着手呢？要从个别开始。从个别到一般，这既是历史的辩证法，也是认识论的辩证法。

列宁多次肯定马克思从最简单的个别生产关系——商品开始对资本主义矛盾进行研究的科学方法。并且指出："一般辩证法的阐述（以及研究）方法也应当如此（因为资产阶级社会的辩证法在马克思看来只是辩证法的局部情况）。"① 当然，这里引用列宁的这个观点，并不是表明我们认为今天研究资本主义基本矛盾问题还应当从商品开始，重复马克思早已完成的任务是不必要的。只不过是想表明，在一般意义上，研究资本主义基本矛盾，如同研究任何理论问题一样，从"个别"开始是理所当然的起点。

问题是，怎样来确定这个"个别"呢？有三个因素是应当考虑到的：

第一，我们是在经济全球化趋势不可逆转，经济全球化程度已经达到很高水平的情况下研究资本主义基本矛盾的，资本主义早已跨越了国界。不仅对外贸易在各国经济中所占的比重已经达到很高的程度，而且生产也变成了一种多国合作的事业。波音飞机是美国的品牌，但它的450万个零部件是由70多个国家、1100家大企业、15000家中小企业生产，最后才在美国西雅图组装的。欧洲"空中客车"飞机，机翼在英国生产，机尾在西班牙生产，驾

---

* 任玉秋：浙江省委党校科社部。

① 《列宁选集》第2卷，人民出版社1995年版，第558、647~648页。

驶舱在法国生产，荷兰和比利时生产机翼的一部分和仪表所有部件运到法国的图卢兹总装，然后试飞到德国的汉堡安装座位并进行机内装饰。^① 据联合国1999年世界投资报告，1998年，全球跨国公司共有6万余家，在全球的分支机构约有50万家，证券投资达3.5万亿美元，总资产达13万亿美元，全球年销售额达11万亿美元，生产总额占世界的1/4，出口占世界的1/3。^② 英国《焦点》杂志2000年8月提供了另一些资料：世界上有7500万人就职于外资公司；美国境外至少有2500万人在为美国公司工作，其中有1200万人是发展中国家的，500家公司控制着33%的全球国民生产总值，75%的全球贸易；十多家大公司不久将控制全球整个食品生产行业；全球货币市场每天的成交额为1万亿美元。据统计，跨国公司1998年直接对外投资6440亿美元，1999年超过了7000亿美元。^③ 跨国公司的实力极为强大。1991年，4万家跨国公司的预算就超过了全世界商品和服务的总出口额（4.8万亿美元）；他们直接或间接地控制了世界税收的1/3强，其中最大的200家公司垄断了世界经济活动的1/4。近33%的世界贸易在相同公司的不同子公司之间进行，而不是在不同公司之间进行。通用汽车公司的预算（1320亿美元）超过了印度尼西亚的国民生产总值；福特汽车公司（1003亿美元）超过了土耳其的国民生产总值；丰田公司多于葡萄牙；联合利华公司多于巴基斯坦；雀巢公司多于埃及，等等。^④

在这种情况下，显然不能只从一个国家内部来看资本主义，哪怕是最典型的资本主义国家——美国。

第二个因素是当代资本主义的差别很大。当今世界，绝大多数国家都是实行资本主义制度的。但是，各国的资本主义生产方式和社会形态的差异很大，有的已经相当成熟，社会主义因素已经隐约可见；有的则还带有相当多的前资本主义因素，不仅有封建残余（如亚洲一些地区），甚至有奴隶社会、

---

① 肖枫：《两个主义一百年》，当代世界出版社2001年版，第294页。
② 李琮等：《当代资本主义发展重要问题研究》下卷，中央文献出版社2000年版，第1914页。
③ 李景治：《当代资本主义的演变与矛盾》，中国人民大学出版社2001年版，第38页。
④ 《全球化与世界》，中央编译出版社版，第6～7页。

原始社会的不少痕迹（如非洲一些地区）。资本主义生产方式首先是从发达资本主义国家酝酿产生并在 19 世纪末、20 世纪初扩展到现今绝大多数发达资本主义国家的。资本主义生产方式在这些国家发展得最成熟，因而也就最典型。只有首先以典型的资本主义作为研究对象，才有可能得出科学的研究成果。

第三个因素是发达资本主义国家是当今世界资本主义发展的主导力量。我们研究资本主义基本矛盾，目的是要通过分析矛盾对立面的斗争，预测矛盾何去何从。资本主义生产方式成熟了的发达资本主义国家，具有世界资本主义的主要力量，是它们主导着虽然数量众多、但实力不强的不发达资本主义国家的走向。如果把发达资本主义国家和不发达资本主义国家作为一对矛盾来认识，那么可以说，一般而言，前者是矛盾的主要方面，资本主义的走向是由它们确定的。如果什么时候前者不再起这样的作用，那么，资本主义的末日就来到了。

综上所述，我们认为，所谓研究资本主义从个别到一般的方法中的"个别"，是带有一定抽象意义的发达资本主义国家。也就是以发达资本主义国家的共性作为我们研究的起点。

二、一定要从世界范围看资本主义基本矛盾

从发达资本主义国家开始，研究必须扩展到整个世界资本主义体系。

资本主义远不是只有那十几、二十几个发达国家，多数以资本主义生产方式为主体或主导的国家是贫困的。在资本主义世界中，贫富差距极大。有的人赞颂资本主义的好处，言必称美日欧而不愿涉及亚非拉，这很难说是科学的态度。无可否认，不发达资本主义国家是当代资本主义世界不可或缺的一部分，它们是由垄断资本主义生产方式催生出来的，是发达资本主义国家的孪生兄弟，与发达资本主义国家如影随形。研究当今世界的资本主义基本矛盾，绝不能不分析不发达资本主义国家基本矛盾的性质、地位、作用。

第一，是发达资本主义创造了它所需要的不发达资本主义，因此，发达资本主义的许多规律性问题，只有从对不发达资本主义的研究中才能显现出来。所谓发达资本主义国家，实际上就是进入了垄断阶段的资本主义国家。

与列宁那时有所不同，进入垄断阶段的资本主义国家，并不一定是典型的帝国主义国家，其中有一些后发国家在历史上也没有过殖民地。但是，由于国际垄断资本产生条件的需要和它们的作用结果，发达资本主义国家与不发达资本主义国家是不可分的。列宁当年在对帝国主义的研究中提出："既然谈到资本帝国主义时代的殖民政策，那就必须指出，金融资本和同它相适应的国际政策，即归根结底是为了大国在经济上和政治上瓜分世界而斗争的国际政策，造成了许多过渡的国家依附形式。这个时代的典型的国家形式不仅有两大类国家，即殖民地占有国和殖民地，而且有各种形式的附属国，它们在政治上是独立的，实际上却被金融和外交方面的依附关系的罗网缠绕着。"① 从方法论上说，这个观点对于我们今天研究资本主义基本矛盾仍然有指导意义。资本主义发展的历史表明，先进的资本主义国家就是从侵略、占领、剥削和掠夺殖民地、半殖民地以及附属国而发展起来的。没有殖民地、半殖民地、附属国成为资本输出的场所、商品销售的市场、生产原料的供应地，就没有垄断资本主义。第二次世界大战结束以后，殖民地、半殖民地国家虽然都取得了政治独立，但发达资本主义国家仍然采取各种方式，力图使这些新独立的发展中国家依附于自己。尤其是在经济全球化条件下，西方发达资本主义国家的大垄断集团的实力大大增强，如前所述，实际上往往控制了许多发展中国家的经济命脉。发达资本主义国家的垄断集团之所以要这样做，就是因为它们仍然离不开不发达国家作为其资本输出的场所、商品销售的市场、生产原料的供应地。正如当年列宁所指出的没有殖民地、半殖民地就没有帝国主义一样，如今，没有不发达资本主义也就没有发达资本主义。要搞清楚发达资本主义的一系列规律，决不能撇开不发达资本主义的存在，不能割裂发达资本主义与不发达资本主义的关系。

第二，不发达资本主义也是资本主义，它们国内同样存在着资本主义基本矛盾运动。第二次世界大战结束以后，新独立的国家中有很大一部分一开始是力图走非资本主义道路的。但是，除了中国、越南、朝鲜等几个国家由

---

① 《列宁选集》第2卷，人民出版社1995年版，第558、647~648页。

于特殊的历史条件，特别是由于有经过长期斗争考验的共产党的领导，走上了社会主义道路，其它 50 多个国家，虽然打出了各种"社会主义"牌号，但最终还是走向资本主义道路。其它还有一部分新独立国家，从开始就明确宣称走资本主义道路。这两部分国家加起来大约占全部资本主义国家总数的五分之四。它们的基本经济制度是以生产资料私有制为基础的，它们国内占统治地位的意识形态是剥削阶级思想，政治上层建筑的主流或基本趋向是资产阶级统治。当然，在它们国内，可能还存在着许多前资本主义的经济、政治、思想文化因素，但由于受在全世界占统治地位的资本主义生产关系、资产阶级政治力量以及资产阶级意识形态的影响，它们的生产方式和社会形态在基本性质上是属于资本主义的，马克思主义所揭示的资本主义的发展规律，对这些国家也是适用的。不研究它们，又怎么谈的上把握世界资本主义的基本矛盾？

从世界范围看资本主义的意义不仅在于量的方面，而且在于质的方面。也就是说，只有从世界范围对资本主义的各种矛盾进行分析，才能把握其性质、发展程度和预测进一步发展的态势。比如，近年来，发达资本主义国家虽然也经历了某些经济危机，但在相当程度上，它们采取了转嫁危机的办法，让不发达资本主义国家承担了很大的代价。亚洲金融危机就是一个典型的表现。如果仅就上个世纪 90 年代中期看，发达资本主义国家真是一派欣欣向荣的景象，可这恰恰是国际垄断资产阶级牺牲不发达资本主义国家的利益换取的。而这种做法，从长远来看，也必然危及发达资本主义国家本身。经过几年之后，亚洲金融危机这个新一轮世界资本主义经济危机的先兆，终于有了后续，这就是新世纪之初给世界经济带来重大影响的美国经济衰退。可见，在经济全球化已经达到相当高程度的情况下，不仅不能只从个别国家分析资本主义基本矛盾，而且也不能只从一部分资本主义国家分析资本主义基本矛盾。

三、从资本主义的对立面与资本主义关系看资本主义

研究当代资本主义，就不能不研究它的对立面对它的影响。从基本的生产方式和社会形态看，与当代资本主义构成现实矛盾关系的主要对立面，是社会主义生产方式和上层建筑。在现实生活中，社会主义对资本主义的变化

发展造成了重大的影响，这至少有两个基本的方面：

第一，由于社会主义高于资本主义的优越性（尤其是社会主义发展高潮时期的突出表现）对工人阶级和劳动人民有很强的吸引力，促使资产阶级采取各种措施来防止资本主义向社会主义转变。社会主义在世界上产生以后，发达资本主义国家的垄断资产阶级的统治手段就发生了很大的变化。一是更多地采用资产阶级民主手段，较少对工人阶级实施镇压（法西斯德国是相对例外的情况）；二是比较普遍地运用以对外超额垄断利润为基础的高税收、高工资、高福利政策，尽可能减缓两极分化进程；三是在国与国之间建立并逐步强化协调机制，防止帝国主义之间的矛盾激化为新的世界大战。这些统治手段的变化尽管没有改变资产阶级统治的实质，但是，毕竟是在资本主义范围内的新的历史进步，也是在向着社会主义的进步。凡是社会主义发生了新的变化和进步，就会对资本主义形成新的压力，垄断资产阶级就会采取新的措施来调整资本主义的社会矛盾。因此，研究资本主义基本矛盾不能不从社会主义反观资本主义。

第二，社会主义发展生产力的某些手段、方法在资本主义生产过程和社会管理中被采用。这是由两方面因素造成的。一方面，资本主义大生产在客观上造就着社会主义的因素。其中最具有重要意义的就是由于生产的社会化程度越来越高，发达资本主义国家普遍采取了国家对社会生产进行计划调控的方法。众所周知的凯恩斯主义实际上是这种客观趋势的反映。另一方面，在一些具体的管理方式中，垄断资产阶级，也主动吸取某些社会主义经济管理的一些做法。我国鞍山钢铁公司创造的"两参一改三结合"的管理方法为日本资本主义企业学习运用即是一典型。

反之，资本主义对社会主义也是有重要影响的。社会主义不仅以资本主义为基础，而且在自己的发展中又吸纳了资本主义的某些因素。最典型的莫过于引入市场经济体制和机制。商品经济（市场经济不过是商品经济发展到高程度的表现）不等于资本主义也并非资本主义所独有，但它毕竟在资本主义条件下发展到最高程度，形成最典型的形式。现实社会主义采用了这种体制和机制，说明了在资本主义基础上建立的社会主义社会在生产力的发展和社会的进步方面与资本主义有相通之处。从矛盾相互作用的角度说，这正是资本主义向社会主义转化的某种纽带、桥梁和具体途径。

除了社会主义这个资本主义基本的对立面外，还有其它与资本主义相对立的社会关系值得重视。资本主义的对立面首先就是存在于它自身内部的，社会主义也是由资本主义内部酝酿成熟而应运而生的。在资本主义的当今发展阶段，在社会主义已经存在于世界之时，资本主义内部的对立面主要又是什么呢？是抵制国际垄断资本主义的力量。不发达资本主义一方面具有资本主义的共性，另一方面，又与发达资本主义存在矛盾。这种矛盾是推动资本主义向社会主义转变的重要动力。当年列宁和毛泽东对帝国主义时代的民族解放运动有利于社会主义的论断的本质意义正在于揭示这一点。上个世纪后半叶以来，不发达国家在取得政治独立后选择过各种不同的发展道路，不论哪种道路，都与发达资本主义构成资本主义世界内部的矛盾，因而对发达资本主义的发展起着重要的影响。邓小平所概括的"南北关系"就是这种相互作用的集中表现。从不结盟运动开始，以后出现的南方委员会、石油输出国组织、77 国集团等组织，以及联合国、国际经合组织、世界贸易组织的变化，都促使发达资本主义国家改变原来的对外关系手段，同时也引起了其内部经济社会的变化。

对照资本主义的对立面，是从更加广泛的意义上研究资本主义基本矛盾的一般，可以更加清楚地认识资本主义的历史地位。

四、注意与社会基本矛盾相关的其它社会矛盾和社会自然因素

所谓社会基本矛盾，当然是指对于推动人类社会起着基本作用的矛盾。而与基本矛盾同时存在于社会生活中的还有其它一系列矛盾，这些矛盾并不一定随着生产方式的改变而立即改变，有些可能需要数百年甚至上千年才会发生比较明显的变化，但它们无疑也是与基本矛盾相互作用的。在研究资本主义基本矛盾的同时，不能不考虑到这些矛盾与基本矛盾的相互作用和相互关系。

最重要的一个矛盾是民族问题。在不同的民族国家，由于民族（甚至种

族）关系的差异，社会基本矛盾的发展和演变会有很大的差异。这可以从美国和欧洲一些国家的比较中看出端倪。美国由于本身就是一个多民族的移民国家，因而近年来大多数人仍然对于新的外来移民抱着宽容的态度（当然，它的就业机会较多也是十分重要的原因），虽然种族歧视十分严重，但民族矛盾对社会经济生活的影响并不大。欧洲一些国家的情况则与之有很大不同。德国在法西斯统治下曾经有过种族灭绝的丑恶历史，而当时德国垄断资产阶级之所以要采取对所谓"劣等民族"的残暴统治甚至是灭绝政策，一个根本的原因就是要转移矛盾，用民族矛盾来掩盖阶级矛盾。20 世纪最后的 20 年来，欧洲一些发达资本主义国家新进入了大量的移民。这些国家原以单一民族为主，由于大量的外来移民与本土民族的劳动者争就业岗位，使劳资矛盾范围的问题与民族（种族）问题掺杂在一起，垄断资产阶级中的一部分势力借机将民族（种族）问题扩大化，以掩盖问题的阶级矛盾本质。西欧各主要国家极右政党的排外政策就是典型表现。很显然，在这些国家，要正确处理阶级矛盾，在很大程度上首先需要处理好民族矛盾。

与之相关的另一个问题是文化传统问题。列宁曾经认为，革命的爆发需要产生"上层"不能继续统治、"下层"不能继续忍受的条件。这是完全正确的。但是，在不同的文化基础上，"上层"统治的稳定和"下层"即人民群众对资产阶级统治的忍耐力都是有很大差异的。有学者认为，美国之所以没有走上社会主义道路，有两个重要的原因：一是自由主义的文化传统。美国是一个自建国以来就以自由主义为主要意识形态的国家，个人的自由往往被人们看成是至高无上的原则。美国《政策评论》2001 年 1 月号的一篇文章中引用历史学家大卫迪里恩的观点："'社会民主主义、共产主义和其他依赖于威慑性国家权力的、相对而言有专制主义倾向的运动'，是与美国文化中的自由主义传统相背离的，因此，社会主义运动从未成功地在美国生根发芽。"二是移民带来的旧传统。据统计，19 世纪中期，美国人口中的 3/5 是外来移民，工人中只有 1/5 出生于美国本土。1930 年前后，外来移民几乎占美国总人口的 1/3。为了实现其短期诉求和长期保障，广大移民更倾向于求助自身所属的民族群体，而不是政治运动。美国工人大多属于"各种兄弟会社团"的成员而非工会会员。各民族和不同信仰移民的兄弟会社团为其成员提供社会服务、医疗保险、失业保险、人寿保险等等多种服务。1910 年前后，兄弟会性质的人寿保险公司已经拥有 850 万会员。移民们从欧洲带来的不少旧传统尤其是天主教信仰是敌视社会主义的。密尔沃基市的大主教曾经宣称："一个人不能够既是一个天主教徒，又是一个社会主义者。"这种传统严重地束缚着美国许多工人群众的思想，阻碍了他们积极投身社会主义运动，在客观上延缓了垄断资产阶级的政治统治。

自然地理条件也是应当注意的。诚然，在社会历史发展问题上，马克思主义从来都反对自然条件决定论，但不同国家的自然地理条件毕竟是人类社会立足的基础。有的自然地理条件更有利于社会的进步，有的则作用小一些，这也是不争的事实。正如马克思在研究绝对剩余价值和相对剩余价值时曾经说过的："资本主义生产方式以人对自然的支配为前提。过于富饶的自然使人离不开自然的手，就象小孩子离不开引带一样。它不能使人自身的发展成为一种自然必然性。资本的祖国不是草木繁茂的热带，而是温带。不是土壤的绝对肥力，而是它的差异性和它的自然产品的多样性，形成社会分工的自然基础，并且通过人所处的自然环境的变化，促使他们自己的需要、能力、劳动资料和劳动方式趋于多样化。"① 现实资本主义的状况仍然是如此。仅就发达资本主义国家而言，象加拿大、澳大利亚这样的国家，由于国土面积广袤，人口密度很小，就业机会较多，社会矛盾也就相对缓和。北欧几个国家，之所以能搞相对成功的高福利政策，国土面积大，资源比较丰富，人口密度较小是不可或缺的必要条件。

总之，只有从"个别到一般"，才能全面地分析资本主义基本矛盾内部和外部的主要关系，进而才有可能真正弄清"两个必然"与"两个决不会"内在统一的科学含义。

（原文发表于《科学社会主义》2002 年第 4 期）

---

① 《马克思恩格斯选集》第 2 卷，人民出版社 1995 年版，第 219 页。

第二编　资本主义基本矛盾
与当前金融危机

资本主义基本矛盾的发展与当前资本主义金融危机

张俊山[*]

自 2007 年 7 月开始出现的美国"次贷危机",经过一年多的发展已经酿成严重的金融危机,它不仅严重威胁到美国金融体系的安全,而且已经对实体经济产生了严重影响,使美国乃至世界资本主义经济又一次走上衰退的道路。从当前各种主流的观点来看,这次危机的直接原因是美国宏观经济政策失误、世界金融体系存在着重大缺陷以及监管不足等。但是,如果把它放在资本主义长期的发展历史来看,可以发现此次金融危机不只是所谓的金融监管与金融技术问题,而是资本主义基本矛盾作用下周期性危机爆发的一个突破口。这次危机的特殊性也反映出,它不同于传统的每隔十年左右爆发一次的常规性周期性危机,不能简单地设想危机之后资本主义又重新回到原有的方式。此次危机是资本主义发展到一个新阶段上的特殊产物,是 20 世纪后半期世界资本主义在其基本矛盾推动下向前发展的逻辑结果。因此,这次危机对世界经济发展的未来影响是十分深远的,这一判断启示我们,在经济全球化的大环境中,我国应当对过去十几年的经济发展和运行方式进行重大调整,以适应新阶段上的外部环境。

一、资本主义基本矛盾与资本主义发展的历史逻辑

当前正在发生和蔓延的美国金融危机是资本主义基本矛盾运动在资本主义高度发展的新形势下的特有运动方式和必然结果。这里我们首先简单回顾资本主义生产方式的基本结构与特征,然后分析 20 世纪后期资本主义经济发

---

* 张俊山:南开大学。

展的重大历史事件及其影响，通过这些分析说明资本主义长期发展中矛盾的积累与当前经济危机之间的关系。

（一）资本主义生产方式的基本结构及其内在矛盾

资本主义生产方式是人类社会生产发展的一定阶段，它有两个基本特征：第一，商品经济普遍化并成为社会物质生产乃至整个经济生活的一般形式；第二，以雇佣劳动为基础的生产资料的资本主义私有制。这两个基本特征产生了资本主义经济的基本矛盾以及经济运行中的各种具体矛盾。

商品经济是资本主义生产方式下社会物质生产乃至社会经济生活的一般形式。这一特征使得资本主义生产方式下社会物质产品取得了与其使用价值的自然形式不同的价值形式。价值形态的物质产品，尽管使用价值各异，但都是作为价值存在的，这就使它们具有统一的、共同的性质，从而增强了不同的使用价值之间的可互换性和财富的流动性。价值的货币形式成为社会财富的一般体现，成为人们在经济活动中直接追求的东西。因此，商品经济成为一种直接为取得货币的经济活动。从商品经济本身的规律来讲，价值是劳动产品在商品经济生产关系下所取得的社会形式，货币不过是价值形式演变的最终结果。因此价值只能由劳动所形成，货币也不过是人类一般劳动的代表。从人类整体来说，价值、货币的源泉只能是人类的劳动。

价值形式虽然赋予社会财富的可互换性和流动性，但这并不是无条件的，它们必须是建立在合理的社会分工及劳动在各种生产上按比例分配的基础之上。政治经济学认为，价值不是物，而是体现在物上的生产关系。这里所指的生产关系也包括社会生产者建立在合理物质需要基础上的劳动分工比例关系，"合理"与"比例"产生于人类社会对物质产品的各种需要。应该指出，人类社会对物质产品的各种需要总是会带有强烈的社会生产关系的烙印，因此，所谓"合理"与"比例"也体现特定生产关系所派生的特有需要。在资本主义生产关系下，社会需要中包含着许多事实上不合理的内容。

价值形式所赋予社会财富的可互换性和流动性只有在货币形式上才能成为现实，因此，劳动产品作为商品生产出来，虽然取得了价值的性质，但并未直接取得被社会所承认的货币形式。因此，它们还必须经过那"惊险的跳跃"。

以雇佣劳动为特征的生产资料资本主义私有制使占有社会生产条件的资产阶级能够通过控制和支配他人劳动来占有社会剩余产品。资本主义经济的这一特征，使得占有和掌握社会生产条件的阶级——资产阶级可以人为地把直接从事物质产品生产的工人阶级的消费控制在维持劳动力再生产水平，从而使社会形成大量的社会剩余产品。同时，资本主义生产方式下商品经济的普遍化使得剩余产品采取了剩余价值的形式。马克思说，"生产剩余价值即直接从工人身上榨取无酬劳动并把它固定在商品上的资本家，是剩余价值的第一个占有者，但决不是剩余价值的最后所有者。以后他还必须同在整个社会生产中执行其他职能的资本家，同土地所有者等等，共同瓜分剩余价值。"①剩余价值的占有与分配形成了十分复杂多样的经济范畴与运动形式、运动机构。

资本主义经济的这些特征使它与生俱来背负着生产的社会化与生产资料的私人占有之间的矛盾这一资本主义社会的基本矛盾，这一矛盾的运动又产生出以各种具体形式存在和运动着的具体经济矛盾。资本主义雇佣劳动只有建立在社会化生产力基础上才能巩固和发展，社会化的生产力形成了生产之间的广泛联系，这一性质要求社会从生产的整体关联性出发，理性地处理生产中人与自然之间、生产与消费之间，以及人与人之间的利益关系。随着社会生产力的发展，需要妥善处理的关系内容也在日益丰富。然而，生产资料私有制条件下部分人对物质生产过程及其结果的控制，使得社会生产不是按照社会全体成员的利益安排，而是按照少数人控制他人、占有他人财富的利益要求来安排的。生产的商品形式使价值与货币成为追求财富的直接目标，占有剩余价值成为生产经营活动的基本内容。价值、剩余价值作为独立的范畴，它们的存在与运动使生产活动可以超越其物质形式的限制，获得了一种巨大的弹性。也正是生产的商品形式，价值作为生产的直接目的，也使人们

---

① 《资本论》第 1 卷，人民出版社 2004 年版，第 651 页。

看不清甚至看不到价值生产背后的物质联系，使价值拜物教成为根深蒂固的普遍观念。生产服从于少数人追求剩余价值的目的，使资本主义生产内在地具有危机的倾向。当矛盾积累到一定程度时就会使危机成为现实，这时，尽管社会已经掌握着巨大的生产力，但是却不能用来为社会成员生产所需的物质生活资料。劳动者与生产条件分离，物质生活遇到极大的困难。

资本主义生产领域的剩余价值生产赋予了生产条件以及财富的一般形式——货币以资本的属性，这样，即使不在生产领域也可以通过价值形式实现对生产条件所有权的控制，来占有生产领域工人创造的剩余价值。货币的资本属性不仅产生了借贷资本，而且进一步发展成虚拟资本、土地价格乃至众多的价值增值工具。它们的运动远离生产领域，但是它们却不能从根本上摆脱实际物质财富的运动，从而产生了在金融领域触发危机的可能性与现实性。

以上所分析的资本主义经济的基本结构与特征，仍然是当前波及全球经济危机的深层原因。二战后，资本主义进入了和平发展的阶段，这个阶段，在资本主义基本矛盾作用的推动下，资本主义生产关系在矛盾中发展演变，出现了许多新的现象和特征，这些新现象与特征赋予了当前金融、经济危机的具体原因与形成逻辑。

（二）二战后资本主义基本矛盾推动资本主义发展的逻辑过程

资本主义生产方式并不是像西方学者想象的是一种按照常规运行、永恒不变的生产方式，而是一种不断发展、变化、成长的生产方式，资本主义社会基本矛盾的运动是它发展变化的基本推动力。资本主义发展变化的基本逻辑是，社会基本矛盾的作用对资本主义生产形成限制，而资本主义则是利用它自身结构所提供的手段、机制不断创造新的活动形式、扩充新的活动领域，用以暂时突破在原有运动形式和领域内社会基本矛盾给予的限制，其结果是使社会基本矛盾在资本主义运动的新形式、新领域进一步展开。

19 世纪与 20 世纪之交，垄断资本主义在各主要资本主义国家形成。垄断加剧了社会基本矛盾，导致各国竞相通过资本输出缓解国内市场矛盾。资本输出一方面扩展了资本的增值空间，使它们可以利用海外资源获取高额利润，另一方面，也扩大了销售市场以带动商品输出。因此瓜分世界、争夺势力范围成为 20 世纪前期资本主义发展的重要特征。这一阶段，虽然垄断已经形成并成为社会经济中的突出现象，但是笃信自由市场的新古典经济学仍固守自由竞争资本主义的理念，推崇国家不干预经济的政策，使得社会经济矛盾最终以 20 世纪 30 年代大危机的爆发为结果。

二战后在凯恩斯主义的指导下，主要资本主义国家吸取了 20 世纪前期无政府状态的世界经济格局下各国互相倾轧、以邻为壑、两败俱伤的教训，试图建立一个有管理的世界资本主义经济秩序。由于战后初期美国在各方面的实力雄厚，使它成为资本主义世界的霸主，形成了以美国为中心的世界经济秩序——"布雷顿森林体系"。这一秩序为各资本主义国家经济提供了稳定的外部环境，推动了国际贸易与投资的发展，使得传统的在资本主义基本矛盾挤压下难以发展的资本主义经济有了继续扩展的空间。因此，出现了战后最初 20 年资本主义发展历史上的黄金时代。在这期间，不仅世界市场在扩大，而且各国经济在生产领域的联系日益增强，出现了经济国际化的趋势，成为后来经济全球化的开端。

有管理的世界经济秩序所带来的外部稳定只是在一定时期内提供了资本主义经济扩展的空间，但是它并没有改变以追求剩余价值为基本目的的资本主义生产方式的内部结构，以及由此产生的基本矛盾及各种具体矛盾。在新的扩展空间使用殆尽的时候，资本主义基本矛盾所引发的各种具体矛盾便以新的形式重新激化起来。

到 20 世纪 70 年代，此前 20 余年资本主义发展的黄金时代结束，进入了一个矛盾凸起的新阶段。在前 20 多年中有管理的世界秩序下形成的资本主义经济成为新阶段的逻辑和历史起点。

20 世纪 70 年代以后资本主义发展的特点突出表现在，资本的增值和积累更多地在货币金融领域寻求突破，使得世界货币、金融领域的矛盾日益突出，资本主义基本矛盾也更多地在这一领域展开。这一特点源自世界货币的性质发生了重大变化。

　　资本主义生产方式作为一种带有强烈世界倾向的经济，需要有恰当形式的世界货币作为价值在世界范围的运动载体和一般代表。马克思认为，在世界市场上只有黄金才能充当世界货币。然而，在资本主义发展的历史上，世界经济的形成总是与那些具有强大势力的资本主义国家的经济霸权与扩张联系在一起的，随之，这些国家的货币在世界上也就占据了世界货币的地位，客观上执行着世界货币的职能。这种情况使得主要资本主义国家内部的经济状况、经济政策的结果会通过世界货币的职能扩散到其他国家乃至全世界。更进一步说，他们可以利用货币、金融手段创造有利于己的资本积累方式，并把自身内部的矛盾、危机转嫁给其他国家乃至整个世界。

　　1971年前的布雷顿森林体系就是一个以美元为中心的世界货币体系。在这个体系中，黄金是世界货币的价值基础，美元承诺兑换黄金，各国货币与美元保持基本固定的汇率。黄金作为货币的价值基础，对于主要资本主义国家尤其是美国任意增发货币的行为形成约束力量。1971年至1973年的美元危机导致美元与黄金脱钩，以美元为中心的固定汇率制度解体，世界货币进入了浮动汇率的时代。在这个浮动汇率体系中美元仍处于中心地位，但是，由于世界货币失去了应有的价值基础，使得美元纸币的膨胀失去约束，给以后的世界经济发展带来深远的影响。马克思说，"商品流通领域有一个口，金（或银，总之，货币材料）是作为具有一定价值的商品，从这个口进入流通领域的。这个价值在货币执行价值尺度的职能时，即在决定价格时，是作为前提而存在的。"① 然而，在黄金非货币化以后，作为世界货币的美元进入商品流通这个口时，却不是作为有价值的商品进入的。这样，它在执行价值尺度职能即在决定商品价格时就失去了必要的前提。这就为以后的通货膨胀、虚拟资本的膨胀开了口子，开辟了资本以金融形式获取剩余价值、进行资本积累的新天地。

　　资本是一个运动中的价值，然而这个运动只有通过货币形式才能明确地表现资本的增值，因此，马克思指出，货币资本的循环是资本运动最典型的

---

① 《资本论》第1卷，人民出版社2004年版，第140页。

形式，"从价值生出剩余价值，不仅表现为过程的开始和终结，而且明显地表现在金光闪闪的货币形式上"。① 20 世纪 70 年代世界货币领域发生的变化，也使资本的增值过程、增值方式发生了变动。在货币失去相应的价值基础以及浮动汇率制度下，"价值革命"② 出现的机率大大提高。马克思说，"资本主义生产只有在资本价值增殖时，也就是在它作为独立化的价值进行它的循环过程时，因而只有在价值革命按某种方式得到克服和抵消时，才能够存在和继续存在。"③ 20 世纪 70 年代以后，没有价值基础的货币使产业资本的循环在国内外市场上的不确定性增强。但是，这种不确定性却给金融资本带来了获利的机会，由此引起资本市场繁荣并向全球扩展。

　　资本主义剩余价值生产这一基本性质，使生产的无限扩大与广大劳动人民有支付能力的购买力相对不足之间的矛盾始终困扰着资本主义的发展。只有市场不断地扩大，资本积累才能顺利进行。资本主义剩余价值生产的性质决定了它不会通过国民收入的合理分配来扩大市场，而是采取扩充信贷的方式来刺激市场的扩大，维持资本主义再生产的正常进行。这种方式在扩大市场的同时也为金融垄断资本利用货币、金融手段赚取剩余价值提供了机会。与此同时，布雷顿森林体系的解体使美元的发行失去了黄金的价值约束，适应金融垄断资本的需要，没有价值基础的美元纸币大量发行，为金融垄断资本提供了廉价的资金来源。因此形成了 20 世纪后期资本主义发展过程中经济的金融化、金融的全球化的显著趋势。

　　20 世纪 80 年代以后经济全球化蓬勃兴起，使金融垄断资本进一步将货币、金融手段赚取剩余价值、进行资本积累的活动在世界范围展开。当代金融垄断资本利用不合理的国际金融秩序在世界范围内榨取剩余价值的手段是多种多样的。第一，那些新兴市场经济国家在工业化进程中需要有广阔的市场，而美元的世界货币和国际储备地位，使得美国市场成为新兴市场经济国

---

　　① 《资本论》第 1 卷，人民出版社 2004 年版，第 68 页。

　　② "价值革命"是马克思在《资本论》第 2 卷中使用的一个概念，在那里是指生产商品的社会必要劳动时间发生变化，从而使商品的价格发生变化。在这里，我使用这一概念只是表示商品价格的频繁变动。

　　③ 《资本论》第 1 卷，人民出版社 2004 年版，第 122 页。

家出口产品支撑自身经济的重要去向。这样，美国就可以在国际贸易中，以廉价美元购买别国特别是新兴市场经济国家人民花费实实在在劳动生产出的物质产品，通过巨额贸易逆差无偿占有提供产品的国家人民的剩余劳动。另一方面，它可以通过国际融资的形式向世界出售没有相应实际资产做保证的债券收回美元以维持其国际收支。第二，利用自己在国际经济中的霸权地位，迫使持有大量美元储备国家的货币升值，实现对别国剩余劳动的最终无偿占有。第三，过量发行的美元也通过贸易途径把通货膨胀输出到其他国家，使对它具有贸易顺差的国家增发货币，形成这些国家的货币对内贬值、对外升值的局面，从而给经济增长带来严重的困难。第四，利用投机手段制造国际金融危机，无偿占有别国社会财富。20 世纪 80 年代以来，世界性货币危机、金融危机频频发生，尤其是 1997 年的东南亚金融危机，给这些地区的经济带来严重损失。

所有这些都反映出，世界资本主义在近几十年通过全球化的经济联系，运用各种市场经济机制，通过货币、金融手段把全世界置于它的剥削之下，成为资本积累新的形式，为资本主义的发展开辟了新空间。

二、20 世纪后期资本主义发展的新矛盾诱发当前的危机

然而资本主义发展的历史表明，资本主义基本矛盾对资本积累的制约使它不可能长期无限制地发展下去。20 世纪资本主义的发展史就是一部资本力求通过创新突破既有限制获取新的积累空间，同时新形式的资本积累又使社会基本矛盾以新的限制形式出现的历史。当前，由美国次贷危机引发的世界性金融危机就是近三十年来资本在经济金融化、金融全球化道路上进行积累所走到的一个新的极限。

（一）当前的金融危机是 20 世纪 70 年代后资本积累空间开发殆尽的结果

资本主义生产方式是一种精巧、隐蔽的剥削方式，它以价值的形式占有他人的剩余劳动，这就使得对剩余劳动的占有突破使用价值的界限具有无限性。价值的货币形式掩盖了价值的源泉，使资本可以通过对货币的创新，以

流通的方式占有他人的剩余劳动。肇始于 20 世纪 70 年代的货币变革使世界货币脱离其价值基础仅成为一种纯粹的价值符号，由此开创了经济金融化的时代。在经济金融化的时代，借贷资本成为垄断资本占有剩余价值的主要途径，与此同时，金融垄断资本又在金融市场上不断地对信用工具进行花样翻新，在扩大贷款对象和贷款规模的同时，通过创新信用工具，收回货币资本并转嫁金融风险。信用工具的创新又使资本市场上债券价格不断涨落，为投机性金融资本获利带来新的机会，使资本可以既远离生产活动又能更加迅速、便捷地赚到钱。对此，《资本论》早就指出，"一切资本主义生产方式的国家，都周期地患一种狂想病，企图不用生产过程作中介而赚到钱。"① 但是，近十几年来资本主义生产方式的狂想病却不完全与马克思所说的那种周期性的狂想等同，这一次不同的背景在于，第一，经济的全球化扩大了剩余价值的源泉，不仅本国的工人阶级，而且世界工人阶级特别是工业化正在蓬勃发展的新兴市场经济国家的工人阶级，都在为世界垄断资本提供着剩余价值。而金融垄断资本所要做的只是按照市场的规则，利用商品价格、利率、证券价格等的变动，通过货币金融的方式把剩余价值据为己有。第二，货币性质的变化使得美国无节制地大量发行货币，用以购买发展中国家人民辛苦劳作生产出的物质产品，并凭借美元国际储备货币的地位以出售债券的形式重新占有货币资本。这些变化，使得资本的金融投机行为不再被看做像马克思时代那样由于经济的繁荣、生产的高涨所派生出的现象，而是被看做资本通过创新已经找到了一个可以使自己增值和积累的新领域。因此，金融投机活动不再是"周期性"的狂想，而是作为一项"新兴产业"持久地加以开发。

　　经济的全球化和货币性质的变化形成了金融垄断资本获取剩余价值的新机制。虽然剩余价值的源泉存在于生产领域，但是对于剩余价值的占有却可以有不同的方式。最为基本和原始的形式是马克思所讲的通过生产直接占有工人的剩余劳动，除此以外，它还可以通过其他途径被资本所占有。例如，它可以以低于价值的价格出售商品转移到买者手中，这又通过降低劳动力价

---

① 《资本论》第 1 卷，人民出版社 2004 年版，第 67～68 页。

值形成有利于资本的收入分配。在全球化的世界经济中，国际垄断资本通过对外投资的利润、不等价交换，以及各种虚构的服务收入等方式占有剩余价值，形成发达国家金融垄断资本盈利的来源。在金融市场不断翻新的情况下，金融垄断资本又可以通过发行债券的方式将剩余价值形成的剩余资本加以集中。金融垄断资本又进一步利用集中起来的剩余资本发放贷款，并再发行证券以集中货币资本。

但是，贷款对象的扩大必须以生产领域的相应发展为前提，而生产的扩大又必须以市场的扩大为条件。经济的金融化并未消除社会基本矛盾对资本积累的根本限制，而当代金融资本突破这种限制的方式则是通过扩大贷款来强行地扩大市场。在此，所谓的"金融工程"为扩大贷款对象开发出种种技术手段，例如，美国金融资本创新出"次贷"、"Alt－A"、选择性可调整利率贷款等贷款形式，诱使人们借款消费，以扩大剥削对象。然而从本质上讲，借贷资本收入的最终源泉只能是生产领域形成的剩余价值，发放消费信贷所获取的利息收入事实上也是间接来自于剩余价值。因此，当金融垄断资本将既有的剩余价值源泉开发殆尽，转而将非剩余价值收入作为攫取对象时，危机就成为不可避免的了。

可见，当前的金融危机是资本对于自20世纪70年代以后形成的增值与积累新领域开发殆尽的结果，不能被看做是一次常规的周期性衰退。据此推测，此次危机是资本主义发展历史上一次重要的节点，资本主义的进一步发展必须有资本增值方式的重大调整才能实现。

（二）当前资本主义国家应对危机的措施及其本质

当前的金融危机给主要资本主义国家的经济带来严重的困难，直接威胁到金融体系的生存，并已经对生产领域造成危害，因此，近几个月来主要资本主义国家纷纷出台救助措施，通过巨额政府支出拯救那些陷入金融困境的金融机构。就现有的资本主义运行结构看，这些措施是使资本主义金融体系解脱困境所必须的，不如此它们就直接面临着崩溃的危险。但是，也应当看到这些措施即使奏效，所能够解决的也只是当下金融体系因债务链断裂出现的流动性不足的问题。马克思指出，"货币流通的缓慢则表现这两个过程分离成互相对立的独立阶段，表现形式变换的停滞，从而表现物质变换的停滞。至于这种停滞由什么产生，从流通本身当然看不出来。流通只是表示出这种现象本身。一般人在货币流通迟缓时看到货币在流通领域各点上出没的次数减少，就很容易用流通手段量不足来解释这种现象。"① 目前各国采取的向金融体系注入资金的求助方式，正是基于马克思所提到的这种错误认识。根据前面的分析，危机的根本原因并不在于流通领域流动性缺乏，相反，长期以来美国联邦储备实行低利率的政策为美国金融注入了大量的资金，有力地支持了虚拟资本的膨胀，使金融垄断资本迅速地积累。当前危机的真正原因在于膨胀起来的虚拟资本找不到足够的剩余价值源泉继续支撑现有的金融方式的资本增值。因此，当前的救助措施只能解救金融体系的当务之急，并不能彻底解决当前的危机。

当前主流观点认为，此次金融危机直接原因来自于华尔街的"贪婪"加之金融当局"监管不力"，尽管这种看法仍停留在对直接现象的观察，它也反映出人们对自 20 世纪 90 年代逐步兴盛的新自由主义思潮影响下的"放松管制"、"解除监管"政策的反思。从当前的救助措施来看，它仍是维护金融垄断资本利益的一种措施。本质上看是资本主义政府用劳动人民创造的财政收入来维护金融垄断资本所构造的价值增值体系。而正是这种价值增值和资本积累方式走到了自己的尽头。由此可以设想，在资本主义生产方式容许的范围内，危机过后如果资本不能开辟新的增值领域、找到新的增值形式，那么资本主义就只在一定时期内以一种"有管制的资本主义"的形式存在和发展。因此，靠财政手段的救助只能解决当前的燃眉之急，只有采取必要的调整，建立真正为实际经济运动服务的金融体系才有可能使资本主义摆脱当前的危机。

（原文发表于《教学与研究》2009 年第 10 期）

---

① 《资本论》第 1 卷，人民出版社 2004 年版，第 143 页。

资本主义社会基本矛盾与经济危机的必然性研究

栾文莲*

党的十八大以来，习近平总书记多次提到资本主义社会基本矛盾问题。2013 年 1 月 5 日他指出："事实一再告诉我们，马克思、恩格斯关于资本主义社会基本矛盾的分析没有过时，关于资本主义必然消亡、社会主义必然胜利的历史唯物主义观点也没有过时"。① 2016 年 5 月 17 日，在哲学社会科学工作座谈会上他又指出："有人说，马克思主义政治经济学过时了，《资本论》过时了。这个说法是武断的。远的不说，就从国际金融危机看，许多西方国家经济持续低迷、两极分化加剧、社会矛盾加深，说明资本主义固有的生产社会化和生产资料私人占有之间的矛盾依然存在，但表现形式、存在特点有所不同。"② 习近平用国际金融危机的事实告诉我们，马克思主义经典理论关于资本主义社会基本矛盾的理论今天依然有着生命力，是科学分析和认识资本主义危机的正确的思想方法。

2008 年国际金融危机爆发以来，国内外从不同的方面探讨金融危机的原因。虽然有一些道理，但远远没有马克思主义关于资本主义社会基本矛盾的分析来得深刻。本文按这一唯物主义的观点方法，探讨资本主义固有的生产社会化和生产资料私人占有之间的矛盾，随着资本主义生产力与生产关系的发展，它的矛盾存在什么特点，有什么新的表现形式，以更深刻地认识资本主义社会基本矛盾与国际金融危机的内在必然性。

---

* 栾文莲：中国社会科学院马克思主义研究院。

① 习近平：《关于坚持和发展中国特色社会主义的几个问题》，引自《十八大以来重要文献选编》（上），中央文献出版社 2014 年版，第 117 页。

② 习近平：《在哲学社会科学工作座谈会上的讲话》（2016 年 5 月 17 日），2016 - 05 - 20，http：//politics. people. com. cn/n1/2016/0518/c1024 - 28361421. html。

依据马克思关于资本主义经济危机的可能性与现实性原理，本文认为资本主义社会基本矛盾随着资本主义生产力与生产关系的发展、资本主义生产方式的发展而呈现新的特点和表现形式，不断加重经济危机的可能性与现实性。资本主义社会基本矛盾的发展揭示资本主义社会发展的规律，随着矛盾的不断演变、激化引发资本主义危机，最终走向被新的社会形态所代替之路，这是一个历史发展过程。

一、资本主义社会基本矛盾不断加重经济危机的可能性与现实性

（一）资本主义社会基本矛盾和经济危机是资本主义生产方式的产物

在人类社会发展过程中，生产力与生产关系的矛盾是社会基本矛盾。在资本主义社会中，社会基本矛盾表现为社会化大生产与资本主义私人占有之间的冲突。资本主义社会之所以会发生经济危机，是由其生产社会化和生产资料私人占有这一基本矛盾，以及由此派生的各个企业内部生产的有计划同整个社会生产的无政府状态，社会生产无限扩张的趋势同广大劳动者有支付能力的需求相对不足这两对矛盾决定的。

以雇佣劳动为特征的生产资料资本主义私有制决定了资产阶级能够通过控制和支配他人劳动来占有社会剩余产品。这一特征使占有和掌握社会生产条件的阶级——资产阶级可以人为地把直接从事物质产品生产的工人阶级的消费控制在维持劳动力再生产水平上，从而使社会形成大量的社会剩余产品。生产资料私有制条件下少部分人对物质生产过程及其结果的控制和占有，使得社会生产不是按照社会全体成员的需要来进行，而是按照少数人控制他人、占有他人财富的利益要求来进行。当矛盾积累到一定程度时就会使危机成为现实。

资本主义生产领域的剩余价值生产赋予了生产条件以及财富的一般形式——货币以资本的属性，这样，可以通过价值形式实现对生产所有权的控制，来占有生产领域工人创造的剩余价值。货币的资本属性不仅使生产领域的资本家用以对工人进行剥削，而且，随着资本主义信用制度的发展，产生

了生息资本的新形式——借贷资本，而且进一步发展了虚拟资本、土地价格乃至众多的价值增殖工具，甚至虚拟资本运动远离生产领域，从而产生了在金融领域触发危机的可能性与现实性。

（二）资本主义社会基本矛盾不断加重经济危机的可能性与现实性

在资本主义私有制社会制度下，资本主义社会基本矛盾是怎么随着资本主义生产方式的发展而展开、不断加重经济危机的可能性与现实性，从而使危机产生的"一系列的关系"，或者说一系列因素形成？

（1）生产力革命性突破是社会化大生产、生产相对过剩的基础。生产力的革命性突破促进社会生产的大发展，资本主义生产产生大量的剩余产品，全社会积累了大量的财富。而私有制的社会制度决定了少数资本家占有社会的剩余产品、剩余价值，这使资本主义社会基本矛盾冲突突出起来。工业革命以来，生产力得到巨大发展，社会形成巨大的生产力；但是资本主义社会生产资料的私人占有的性质，又使巨大的社会生产力成果为少数人所有。所谓生产过剩的危机，是相对过剩的危机。

（2）商品交换经济的大发展，经济危机的可能性走向现实性。由于生产社会化，使人类社会经济形态从自然经济向商品经济过渡。社会化大生产的本质在于社会分工。而产品价值以及剩余价值的实现必须通过交换实现惊险的跳跃，这个过程也是产品所有权、私有权实现的过程，是价值实现的过程。但是在简单商品交换条件下，经济危机仅仅有可能性。只有在商品交换经济为主导的社会经济形态下，危机才成为现实。人类社会的早期交换是直接的物物交换，交换客体仅限于剩余产品，交换行为也十分偶然，每一交换主体既是买者又是卖者，不可能引发生产过剩的经济危机。当以一般等价物为中介的间接交换发生时，当货币充当一般等价物后，买卖行为发生分离，产生了危机的可能性。马克思在分析商品内在矛盾与经济危机时认为，使用价值与价值的对立，私人劳动与社会劳动的对立，具体劳动与抽象劳动的对立，这些对立形式包含着危机的可能性，而"这种可能性要发展为现实，必须有整整一系列的关系，从简单商品流通的观点来看，这些关系还根本不存在。"①只有在发达的商品货币经济条件下危机才会产生。随着资本主义生产方式和商品货币经济的发展，经济危机发生所需要的"一系列的关系"形成。

（3）资本主义信用制度的发展增强了危机的可能性与现实性。信用制度使资本社会化有了发展。资本主义信用制度使作为统治者的金融资本可以动员更多的社会资本，把它们集中起来供资本家使用，获取剩余价值。从而资本的社会化与资本的使用、最终获利的矛盾是资本主义社会基本矛盾的又一重要表现。马克思在《资本论》中研究货币职能转化时，指出了产生危机的两个可能性，即货币充当流通手段时，它使商品的销售形成买和卖两个独立的过程，商品买和卖在时间和空间的分离造成危机的可能性。"流通所以能够打破产品交换的时间、空间和个人的限制，正是因为它把这里存在的换出自己的劳动产品和换进别人的劳动产品这二者之间的直接的同一性，分裂成卖和买这二者之间的对立。……当内部不独立（因为互相补充）的过程的外部独立化达到一定程度时，统一就要强制地通过危机显示出来。"② 第二种可能性，即货币执行支付手段时，只是在观念上执行计算货币或价值尺度的职能。"货币作为支付手段的职能包含着一个直接的矛盾。在各种支付互相抵销时，货币就只是在观念上执行计算货币或价值尺度的职能。而在必须进行实际支付时，货币又不是充当流通手段，不是充当物质变换的仅仅转瞬即逝的媒介形式，而是充当社会劳动的单个化身，充当交换价值的独立存在，充当绝对商品。这种矛盾在生产危机和商业危机中称为货币危机的那一时刻暴露得特别明显。"③

（4）资本主义从自由竞争转向垄断进一步增强了危机现实性。随着资本主义垄断的发展，金融资本作为新的更高形态的垄断资本，占据社会经济的统治地位。随着资本主义垄断的发展，经济危机与金融危机以更大的规模以及更深刻的表现形式呈现出来。这是因为垄断加剧了经济危机产生的可能性

---

①② 《资本论》第 1 卷，人民出版社 1975 年版，第 133 页。
③ 《资本论》第 1 卷，人民出版社 1975 年版，第 158 页。

与现实性：生产与销售的分离，商业资本与借贷资本的产生与发展，进一步拉大了商品实现的空间与时间，如资本主义垄断所产生的各种生产、销售的大型公司如托拉斯等更加高度的集中化、垄断化、私人化。这同时也加剧了产品的占有私人化与生产社会化的矛盾。因而大规模的经济、金融危机不可避免。

一方面，资本主义社会化大生产，生产的集中、资本的集中所形成的垄断的发展，创造了前所未有的社会生产力，使生产的社会化更为深入；另一方面，占有制的私人化，又把社会生产的成果、社会财富集中到少数私有者手中，广大劳动大众处于绝对贫困和相对贫困状态。信用制度、金融机制的发展对经济危机推波助澜。在危机的发源地——美国，实施放任自流的经济政策，金融利益集团对放松监管推动金融自由发挥了巨大影响。泛滥的信贷引起股市泡沫和投机的狂热。由股市泡沫泛滥而发生的信贷危机进而产生全社会的经济危机，集中爆发于 1929～1933 年的资本主义世界大危机。

（5）国家垄断资本主义条件下社会基本矛盾及其经济危机具有新变化、新表现。与一般私人垄断资本主义相比，国家垄断资本主义在生产力与生产关系方面又进了一步，社会基本矛盾的矛盾双方进一步提升——生产社会化与私人占有的程度达到国家化层面。吸取 20 世纪 30 年代大危机的教训，资本主义国家对本国的银行业和金融业实行管制，加强政府调控的作用。而资本主义国家作为总资本家从"守夜人"成为直接的生产者领导。对经济进行干预和调节，以保证资本主义再生产的进行和经济增长，维护资本主义制度的生存。国家政权与金融资本的融合，产生国家调节经济的新机制。如：国家集中了全社会的大量资本，形成庞大的国家垄断资本。国家通过中央银行发行货币，国家成为货币资本的所有者。运用财政与货币金融政策、货币信贷关系调节经济。调节收入政策：包括工资和物价政策措施、社会保障措施。总之，国家作为最大的资本所有者，对经济进行干预和调节，形成了与市场机制并存的对经济运行的宏观调控机制。

因此，国家垄断资本主义使生产社会化与产品占有私人化的矛盾达到新的高度，非但没有消除发生资本主义经济危机的根本原因，还进一步深化这个矛盾，进一步加剧经济危机的现实性。并且突破传统的生产相对过剩危机，经济危机有新的多样的表现。

比如，作为反危机措施的调控，不仅消除不了经济危机，而且成为引发经济危机的新的因素，使经济危机有新的表现形式。在生产高度社会化的条件下，国家运用各种手段，直接或间接对整个经济进行管理、调节，但是资本主义的私有制是国家垄断资本主义发挥调节功能的界限，是不可逾越的，这种调节终究要被限制在比较窄的范围内，不可能进行全面、有效的调节。国家通过财政手段大规模地干预经济，为社会提供了数额巨大的资金，资助生产发展所必需的基础设施等建设。但是在私有制制度下，国家干预所产生的效益相当大程度落到了少数的资产阶级手中，落到少数垄断资本和垄断集团手中，壮大了他们剥削和统治的力量。

资本主义国家调节和管理的机制最终对经济周期和危机带来影响，孕育着新的经济危机。由于国家干预阻碍了资本主义社会再生产原有周期过程，使资本主义再生产和经济周期运动的各种自发机制作用不能充分展开，而资本主义经济危机的诸种因素却并未消除，因为，资本主义经济危机产生的原因、实质和周期性没有根本改变，那么，它以累积的形式沉淀下来，使资本主义社会再生产周期难以按固有的规律运行，由此带来的经济危机更为复杂。

与一般私人垄断时期的经济危机表现相比，国家垄断资本主义时期的经济危机还表现为债务危机，难以抑制的通货膨胀、银行与信贷危机、证券市场危机为典型的金融危机，资本过剩和经济停滞，它们互相交织，形成 20 世纪 70 年代遍及资本主义发达国家的滞胀危机。1987 年英国迈克米伦出版社出版的《新帕尔格雷夫经济学词典》在回顾了这个历史过程后写到：日益加速的通货膨胀与不断提高的失业率和不断下降的生产力增长，也即停滞的同时并存，在经济学上便产生了一个新的普遍流传的名词："停滞膨胀"。这一现象遍及了所有主要资本主义国家。

20 世纪 80 年代开始的资本主义金融化的原因之一，就是金融部门和经济落后的国家成为过剩的资本寻求更大增殖、资本主义摆脱滞胀危机的一条出路。由此也开始了从国家垄断资本主义转向国际金融垄断资本主义、虚拟金融资本统治为主导的发展进程。

二、资本主义金融化加剧社会基本矛盾，经济、金融危机持续深化

20 世纪 80 年代以来，为摆脱滞胀危机，金融资本把大量的剩余资本向金融领域和海外转移，以获取高额利润。形成新型的虚拟金融资本的主导地位和对社会经济的统治，垄断资本主义向国际金融垄断发展。资本主义的这一重大发展对资本主义社会基本矛盾运动以及经济危机产生重大影响。

我们在前面谈到马克思所指出的经济危机的两个可能性，如果考虑货币作为支付手段而产生的支付连锁关系的破坏，发生危机的可能性进一步增大。信用、金融工具运行大大强化了产生危机的现实可能性。危机的现实性进一步增强。现在，金融资本通过流通过程，把剩余资本投入金融市场，享受直接收获利润，这就是金融化为主导的资本主义生产方式特征。20 世纪 80 ~ 90 年代，随着资本主义经济金融化方式占主导，使资本主义社会基本矛盾在整个社会进一步展开，资本主义固有问题——经济危机，进一步加剧、深化。

（一）潜伏着社会基本矛盾和经济危机的广泛、深刻的新因素

资本主义生产力与生产关系经历一系列的发展、变化，资本主义社会基本矛盾在更加广泛领域展开，潜伏着资本主义危机更深层和多样的因素。一系列社会经济重大发展对资本主义社会基本矛盾和经济危机产生重大作用，一方面，生产的社会化获得大发展，社会化程度达到全球化。伴随生产社会化的发展，生产和资本的集中也在发展，在更大程度上达到占有私人化。与生产相关的资本、金融的运行进一步社会化、全球化，社会化、全球化的资本与金融资本的集中、垄断的矛盾更加严重；资本主义社会基本矛盾进一步表现为社会消费、劳动力再生产的社会化，金融资本对其控制、占有的进一步集中，剥削掠夺的程度也在加深。

第一，信息技术革命使生产社会化形式出现网络化、信息化、数字化，是金融资本控制世界的新手段。生产社会化范围达到全球化。20 世纪 80 ~ 90 年代产生了信息技术革命这一生产力巨大进步。信息技术革命的生产力进步

作为整个社会的发展动力之源，促进了社会经济的巨大发展。但同时，在资本主义社会制度下，生产力进步的成果具备资本的属性，成为资本用来攫取更大剩余价值的手段。科技进步、技术进步的成果被垄断资本掌握，成为金融资本控制世界的技术手段。第三次产业革命，即 20 世纪 80 年代的信息技术革命，新的信息技术形成金融全球网络，信息传递与处理技术为金融交易提供了广阔的平台。巨额金融资产 24 小时不间断地交易。通过网络金融网，金融垄断资本还对全球金融资产以及其他资源、能源等进行控制。

第二，市场经济发展使资本主义社会基本矛盾的作用范围、领域达到新高度。20 世纪 80 年代，商品经济发展到市场经济，市场成为配置资源的主要手段，对资源配置起决定性作用。通过市场的流通、运动，社会生产过程更加社会化，生产的领域和范围空前扩大，达到深度的社会化，既包括有狭义生产，也包括广义生产，即包括生产、交换、消费、分配社会生产的全过程。既有国内市场，也有国际市场，是世界市场体系。还有各种生产要素市场，包括技术、劳动力、各种生产资料市场等，金融市场是整个市场体系的核心。而与此同时，全球性垄断资本对生产进程的控制、垄断、集中程度也在加深，这使资本主义社会基本矛盾存在着新的矛盾冲突。

资本主义与市场经济结合，高度垄断的金融资本控制全球市场经济运行。特别是虚拟金融资本控制全球金融、资本市场，并以此获取高额利润。在市场经济高度发展条件下形成的金融虚拟经济形态，是资本主义生产关系与金融经济结合的产物，在资本主义私有制的社会条件下，把它变成金融资本谋取巨大利益的机制。全球金融市场成为金融资本绕过生产劳动过程直接获取高额利润的场所。各种新型金融工具成为金融资本谋取巨大利益的工具。发达的金融交易变成剥夺、掠夺国内外劳动者的手段。虚拟资本以金融系统为主要依托进行循环运动，直接以钱生钱。

第三，金融脱离实体经济是基本矛盾的异化表现。与资本主义信用、金融制度因产业资本的需要而产生，并为实体经济服务的职能相反，当今的金融资本集团将其占有的大量的社会资本资源投入于金融市场等金融领域，进行 G－G′ 循环，以获取更大资本利益。在全球化的市场经济条件下，金融垄断资本实现了金融与产业的分离。在今天市场交换经济发达的条件下，现代经济生活中市场成为资源配置的决定性手段，特别是随着各要素市场尤其是金融市场的发展与独立，金融市场在市场体系中居于主导地位，是现代经济运行的核心。在资本主义经济金融化发展中，金融市场的决定性作用凸显。由于资本主义私有制度及其虚拟金融资本的统治，使金融领域成为他们追逐利益最大化的场所。作为流通过程的金融体系主宰了整个社会经济进程。由于资本主义生产的本质是追求金融资本自身利益最大化，流通过程及金融市场的运作成为金融资本最便捷的获得金融资本利益的场所。不通过生产过程，不经过劳动，通过货币资本的投入，就可以获得更大的回报，进行 G－G′的循环。

脱离于生产环节，进行金融自我循环，追逐更大利益。这个循环 G－G′过程，本身就存在着危机的现实性，没有产业支持的虚拟资本积累必然产生危机。

因此，虚拟金融资本高度垄断的市场机制把资本主义社会的基本矛盾推进到一个新的尖锐程度，这就是生产社会化与私人占有的矛盾使发达市场经济畸形化。虚拟经济—泡沫经济使少数垄断资本巨头大赚其钱。巨大金融寡头垄断市场，从事"钱生钱"的大买卖，使 G－G′成了买空卖空的连锁交易，脱离创造价值的实体经济运动，脱离价值决定的根基。

第四，美元与黄金脱钩失去价值基础约束，加剧货币泛滥和美元霸权体系。在资本主义世界经济中，世界市场运行中的货币金融领域的一个重大变化，就是作为世界储备货币的美元与黄金脱钩，货币失去价值基础的约束，主要资本主义国家尤其是美国任意增发货币。同时，导致一种新型国际金融体系的出现，世界各国的央行被迫以手中结余的美元为美国的国际收支赤字融资，也为美国内预算赤字融资，这是美元霸权的体系。美元在执行价值尺度职能即在决定商品价格时失去价值约束，为虚拟资本的膨胀开了口子，开辟了资本以金融形式获取剩余价值、进行资本积累的新天地。适应金融垄断资本的需要，缺乏价值基础的美元纸币大量发行，为金融垄断资本提供了廉价的资金来源。全球金融市场投机在金融市场业务总额中所占的比例大大提升，绝大部分业务纯粹是为投机目的而进行的，直观地反映了金融市场与实体经济之间的脱节。

第五，新自由主义是激化社会基本矛盾和经济、金融危机的重要因素。新自由主义盛行的后果，一是对金融系统缺乏监管，二是促使投机性金融资本全球流动。两者皆是金融危机的诱因。20世纪80年代以来，新自由主义主张迎合金融资本统治的需要，鲜明地代表了金融资本的利益。它反对对金融资本的严格监管，放松金融管制，推动金融自由化。欧美等国实施了一系列金融自由化政策，其结果是金融市场缺乏监管，欺诈成风并且带来了严重的金融泡沫。同时，虚拟经济和金融部门相对于实体经济急剧膨胀，收入分配和财富分配不断向金融资本和金融部门倾斜，经济增长日益依赖于金融泡沫支撑下的财富效应。放任金融信贷自我膨胀，使经济过度金融化和虚拟化，不仅导致经济结构失衡，而且增大金融风险，引致金融危机。

金融垄断资本主义裹挟着新自由主义主张的金融化、私有化、自由化、全球化，在世界泛滥，通过全球性资本自由流动来谋求金融资本利益。要求发展中国家开放资本账户，建立美元为主导的全球央行体制。在全球化的金融资本统治下，生产要素包括资本要素的社会化、全球化，资本对其控制、垄断的权利高度集中。这种资本流动的自由，扰乱发展中国家经济，侵吞发展中国家资产，引发金融危机等问题。

（二）资本的社会化与资本利益最终的所有、使用、收益的私人化的矛盾突出

20世纪70~80年代以来，垄断资本主义发展经历了从一般金融资本垄断向虚拟金融资本垄断为主导的转变。资本主义社会基本矛盾有新发展：一方面，垄断的发展、深化反映了资本主义生产社会化程度加深，特别是资本作为社会生产的要素，越来越显示其重要地位，其社会化程度加深。但另一方面，由于资本主义私有制社会性质，不仅生产资料和生产成果的占有私人化，作为资本主义生产运行要素的各种货币资本，随着其社会化程度的加深，其最终占有、获利，更加集中于极少数金融垄断资本。生产的社会化与生产成

果私人化的矛盾，资本的社会化与资本最终的所有、使用、收益的私人化的矛盾，并存于当今资本主义社会中，后者是资本主义社会基本矛盾更突出的表现。在资本主义金融化新的历史条件下，对社会经济起主导作用。

我们知道，随着资本主义生产的发展，信用制度的发展，资本有机构成提高，资本的社会化与资本私人占有、高度集中的程度同时在发展，但是在实体资本经济垄断为主导的条件下，这个矛盾的表现还是不全面的。随着资本主义生产对货币转化为资本的数量的要求在提高，资本社会化以及虚拟资本社会化与资本最终的所有、使用、收益的私人化的矛盾日益突出。20 世纪后二三十年，资本的社会化程度进一步发展，首先是股权分散化，垄断资本集团的股东数量迅速增加。金融、证券市场的发展使得普通民众也成为股票持有人。在资本社会化发展过程中，与股权分散化伴随的是资本的高度集中。社会上有广大民众以及工人持股现象，但是这并不能表示工人对资本的支配权和所有权，拥有绝对多数股权和决策权的仍然是大资本家。在美国，占人口 10% 的富人持有美国股票市值的 8.93%、全部债券的 90%，而普通员工持股之和仅占全部股票市值的 0.1%。高度社会化的资本日益集中在少数大公司和大金融机构手中，强化了掌握着资本所有权的资本家阶级的权力。

随着资本主义金融化的深入，金融虚拟经济成为金融资本获利的主要领域，虚拟资本社会化是资本社会化与利益的最终占有私人化矛盾的当代表现。不计风险地扩张金融资产是金融资本抑制不住的欲望，不断以越来越大规模的社会的资产谋取自己的利益，是当代金融资本的普遍特点，这是虚拟资本社会化与资本最终所有、使用、收益私人化的矛盾在当代的突出表现。金融资本集团、金融寡头以各种手段，包括打着"金融创新"的旗号，推出名目繁多、令人眼花缭乱的金融衍生品，并通过高杠杆，或相互间、或对广大中小投资者进行诈骗，将全球股市、基金债券市场变成同实体经济不相关的大赌场。这种资产增长的速度远远超过 GDP 增长的速度。由于资本主义社会的产品的私人占有性质，带有巨大风险的大的金融机构成为了私人盈利的工具，社会资产因金融化而异化为各种金融资本集团、金融寡头所掌控的金融资产。由于其大规模社会化，它能够动员、募集规模巨大的社会资源或社会资金；

又由于其私人资本的性质，这些巨大的社会资本成为资本追逐自身利润的载体和工具。结果导致大量社会资源被少数人为了自己的利益而导向到高风险金融领域。金融资产高度集中、膨胀，当它集中到一定程度时，必然导致金融系统风险增大。而当泡沫破裂，承受风险和损失的是广大民众，而握有金融资产权利的少数大资本早已赚取巨大利益。美国次贷危机正是其生动的写照。

这些都反映了国际垄断资本主义在金融化条件下的资本主义社会基本矛盾更为严重，资本主义社会基本矛盾有了新的发展和新的表现。不仅生产资料和生产成果的占有私人化；作为资本主义商品生产运行"第一推动力"的各种货币资本，随着其社会化程度的加深，其最终占有、获利的私人化的垄断程度更为深化，更加集中于极少数金融垄断资本。

（三）资本主义社会基本矛盾对立的双方：资本与劳动，资本对劳动者的剥削掠夺空前加重

恩格斯在《反杜林论》中说："社会化生产和资本主义占有之间的矛盾表现为无产阶级和资产阶级的对立"。[①] 在资本主义金融化发展条件下，金融资本把劳动者的收入以金融化的方式进行社会化的募集，以这种方式把劳动者的收入集中到金融资本集团手中，供他们投入于金融市场获取利益，再次对劳动者进行掠夺。

对劳动者个人收入的金融化是资本社会化与占有私人化矛盾的新形式，是垄断资本对工人阶级进行剥削掠夺的新方式。这一掠夺通过消费过程进行。工人的工资收入是用来维持劳动力自身和其家庭成员即劳动力再生产的。而在金融化的资本主义中，工人及其家庭成员生存的正常条件越来越多地被迫卷入金融体系中。

从整个社会生产与再生产进程看，包括劳动者的住房消费信贷、医疗保健和退休保险等的消费，是劳动者收入用于生活消费的部分，是社会再生产

---

① 《马克思恩格斯选集》第 3 卷，人民出版社 2012 年版，第 659 页。

过程的一部分。劳动力再生产既包括现有劳动力的再生产，也包括补充现有劳动力的新生劳动力的培育。劳动力再生产社会化，还包括劳动者的医疗保健条件和教育培养条件，失业人口生存的保障条件，等等。这些社会职能，在当前资本主义金融化条件下主要由金融机构执行，方式就是劳动者加入各种保险，特别是主要资本主义国家实行的社会保障私有化的改革，由私有金融机构执行这些职能。这样，一方面，广大劳动者的收入由于加入保险而形成资本社会化，另一方面，又满足了金融资本从中获取利润的需要，金融资本家再次对劳动者收入进行掠夺。在资本主义私有制下，劳动力再生产所需的各种消费一经由资本家掌握，就要服从于资本的利益。资本追逐剩余价值的本性，必然要求把各种费用尽可能压低。并且金融资本家把这些募集来的费用的绝大多数用于金融投机，以获取利益。

在资本主义金融化条件下，资本主义社会基本矛盾的新表现深刻表明，金融资本占有劳动者的成果和劳动收入，逐利的链条伸向更深处。通过金融手段不仅对劳动者在生产领域，也对劳动者的生活领域进行剥夺压榨；不仅对当代的劳动者，也对劳动者后代进行剥夺压榨；不仅在生产过程，而且在流通、消费过程进行剥削和掠夺。这是资本主义社会基本矛盾更加深刻的表现。

金融资本家阶级利用劳动者收入金融化，进一步将劳动收入向资本家阶级转移，导致资本与劳动的矛盾进一步加剧。资本主义社会基本矛盾，以及由此加深的金融资本利益的无限增长与人民大众消费有限性的矛盾在现代进一步加深，矛盾更加尖锐，这是产生金融危机、经济危机的最根本的原因。

在全球化条件下，资本主义社会矛盾扩大至全球范围，形成极少数金融垄断资本与最广大劳动大众的对立。金融资本全力控制全球金融市场，控制世界货币美元的发行权，控制全球金融市场的资产价格，控制利率、汇率这些货币（外币）的价格。全球金融市场所发出的各种资产价格信号、利率信号、汇率信号，影响和改变着全球产业分工体系、贸易体系，影响着各国的财政货币政策和无数企业与个人的投资方向。国际金融垄断资本在全球实现新的剥削模式：发达国家对外投资使本国产业空心化，同时保有核心技术，它们首先获得高于本国的超额利润；又大量进口发展中国家的廉价日用消费品等工业品，出口军工产品和高技术；并吸引发展中国家的外汇转移到美国等发达国家资本市场，支持他们的高消费、高赤字。以美元霸权为首的国际金融霸权支持这种不平等、不平衡的金融霸权的剥削模式。世界分为两极，一极是日益腐朽寄生的极少数金融资本集团的统治者，一极是日益贫困的、受金融资本盘剥的广大劳动大众。这是资本主义社会基本矛盾在全球化、市场化、金融化、自由化的国际垄断资本主义发展条件下，矛盾双方对立的典型表现。说明资本主义社会的基本矛盾发生发展的范围从局部生产部门扩大至国际范围以及全球范围。资本的全球扩张使资本主义的阶级矛盾突破民族、国家的界限向全世界发展。由它引起的资本家和工人阶级之间的矛盾和对立也因经济全球化而演变成全球资本家阶级与全球劳动者阶级的对立，成为越来越广泛的全球发展中国家广大的劳动者阶级与极少数金融垄断资本的矛盾对立。由此而引发的资本主义经济、金融危机必然是资本主义世界经济体系性、整体性的全面的危机。

三、结语

（1）资本主义社会基本矛盾及其经济等危机呈现越来越激烈的趋势。由以上的分析可知，在资本主义社会发展的不同阶段，特别是当代以虚拟金融资本垄断为主导统治的资本主义金融化进程中，资本主义社会基本矛盾始终存在，具有多样的表现，资本主义危机呈现越来越尖锐、激烈的发展趋势。有文章认为，资本主义社会基本矛盾可以在资本主义制度框架内得到缓和，[①]这种观点是不对的。从资本主义总的发展趋势来看，资本主义基本矛盾以及阶级对立是呈现越来越尖锐和严重的趋势，所引发的经济等危机也越来越严重。据世界银行统计，20 世纪 80 年代至 90 年代末，全球共发生大大小小的金融危机 108 次，其中，在 90 年代，金融危机多达 63 次。

---

① 高玉泉：《论资本主义社会基本矛盾在资本主义制度框架内的发展》，载于《广西社会科学》2003 年第 10 期，第 43 页。

（2）当今国际金融危机是金融帝国主义经济体系性、总体性危机。以市场经济运行为联结、以货币金融体系为联结的世界经济，任何危机都具有连锁性，是资本主义世界经济体系性、整体性的危机。资本主义社会基本矛盾从生产领域扩大到流通、交换、消费全部生产过程，从实体经济到虚拟经济领域。因而，资本主义社会的基本矛盾有了更加复杂的多重表现形态。资本主义经济危机也表现为传统物质生产领域"过剩的"商品以及各种新的矛盾与新的危机，当今国际金融危机是帝国主义体系性、整体性危机。

资本主义危机不仅在其发生过程中对外部世界造成影响，还把对外转移危机影响作为自身摆脱危机的一个手段。美国在 2009～2012 年间四次启动宽松货币政策，把自身问题向外转移，把自身危机带来的损失让世界人民买单。

（3）2008 年国际金融危机影响依然在持续。当前，资本主义仍然没有走出危机阴影，美国等资本主义大国的经济增长仍然没有回复到危机前的水平，陷入长期停滞。据国际货币基金组织的数据，美国自 2008 年危机后陷入衰退，2008 年和 2009 年的实际 GDP 增长分别是 -0.3% 和 -2.8%。此后 2010～2016 年实际 GDP 增速分别为 2.5%、1.6%、2.2%、1.5%、2.4%、1.9% 和 1.6%。一直未出现经济周期复苏中的强劲增长。其他资本主义国家的经济增长在 1.5% 左右徘徊。

资本主义的矛盾和危机对资本主义存在造成威胁，因而每一次大的危机爆发也迫使资本主义自身进行改革。但是，只要资本主义社会的基本矛盾存在，资本主义制度没有消亡，所谓"新资本主义"，尽管就如水中月和镜中花一样夺人眼目，但解决不了资本主义的痼疾。这从西方国家不断推出以牺牲广大人民的利益为代价继续维护垄断资本统治的应对危机举措的事实、从西方国家不断加剧的贫富差距而激起民众的反抗的事实中得到证明。

（4）在国际金融危机深化背景下资本主义社会矛盾丛生。在当前美欧资本主义大国陷入长期停滞的背景下，各种资本主义矛盾增生，贸易保护主义抬头，反全球化的思潮和举动兴起，民粹主义泛起，等等，这些是在 2008 年资本主义危机严重影响下出现的反映，说明资本主义不仅仅是金融危机、经济危机，同时也是政治的危机，社会的危机。

（5）马克思主义有关经济危机的理论揭示了资本主义的历史趋势。由于资本主义生产社会化与产品占有私人化的基本矛盾存在，一次一次的经济危机是它在资本主义制度框架内矛盾的强制解决。资本主义社会基本矛盾的不断爆发表明，社会化生产的发展日益与这个资本主义所有制的外壳不相容。而随着危机的逐步深化，资本主义制度走向自身的灭亡，这是一个历史过程。资本主义从自由竞争发展到垄断，其垄断范围和内涵从一般私人垄断发展为国家垄断资本主义以及国际金融垄断资本主义。虚拟金融垄断资本的统治更加凸显了资本主义的腐朽性，使其社会基本矛盾更加尖锐、激烈，这表明资本主义更加走向它的反面。垄断是资本主义的历史关节点，是资本全部运动的历史终结点。马克思在《资本论》中早已指出："资本的垄断成了与这种垄断一起并在这种垄断之下繁盛起来的生产方式的桎梏。生产资料的集中和劳动的社会化，达到了同它们的资本主义外壳不能相容的地步。这个外壳就要炸毁了。资本主义私有制的丧钟就要响了。剥夺者就要被剥夺了。"①

马克思、恩格斯1848年在《共产党宣言》中对资本主义的历史命运作出"资本主义必然灭亡，社会主义必然胜利"的科学判断。1859年马克思在《〈政治经济学批判〉序言》中，又提出"两个决不会"的论断："无论哪一个社会形态，在它所能容纳的全部生产力发挥出来以前，是决不会灭亡的；而新的更高的生产关系，在它的物质存在条件在旧社会的胎胞里成熟以前，是决不会出现的。"② 这是我们把握资本主义历史趋势和当前发展阶段的两个基本准则。

它揭示了我们要明确看到资本主义发展必然灭亡的历史趋势，同时，也要把握当今世界处在帝国主义时代的发展时期内，资本主义社会基本矛盾还存在，资本主义经济等危机频繁爆发，资本主义危机引发的世界不稳定不确定因素增多，在资本主义矛盾丛生的当下，要完善对资本主义斗争的战略策略。

（原文发表于《中国社会科学院研究生院学报》2018 年第 2 期）

---

① 《马克思恩格斯选集》第 2 卷，人民出版社 2012 年版，第 299 页。

② 《马克思恩格斯选集》第 2 卷，人民出版社 2012 年版，第 3 页。

西方金融危机的根源在于资本主义
基本矛盾的激化

程恩富　　侯为民 *

2008 年以来的金融危机是资本主义经济危机在当代的主要表现形式。虽然当代金融危机在生成路径和结果方面体现出新特点，但并没有根本改变资本主义危机生成和演变的基本逻辑。资本主义经济危机的根源仍然是资本主义的基本矛盾，即生产的社会化与生产资料的资本主义私人占有之间的矛盾。而这一基本矛盾以及由此产生的四对具体矛盾在 21 世纪初的激化，只是当代资本主义在其生产关系允许范围内的局部调整而已。那种以为金融危机的主因在于"信心不足""操作失误""过于贪婪""监管不力"等观点，显然是片面或错误的。

一、寡头利益短期化激化了企业内部人控制与整体长远利益之间的矛盾

当代资本主义经济领域一个显著特征是股权的分散化。表面看来，股权分散化似乎可以缓和劳资矛盾，即让部分劳动者在名义上成为私人占有者，从而形成所谓的"人民资本主义"制度。但事实上，这不仅无法掩盖私人垄断寡头控制国民经济的实质，而且加剧了企业中代理人局部利益与企业整体风险之间的矛盾，在微观领域激化了资本主义内在矛盾。

一方面，股权分散化推动了资本集中程度的提高，增强了寡头资本的控制力。在西方发达国家，由于大企业特别是金融大企业的股权结构以法人资本所有制为基础，使个人股东的股权比较分散。如高盛集团的第一大股东持

---

　* 程恩富：中国社会科学院中国特色社会主义理论体系研究中心；侯为民：中国社会科学院中国特色社会主义理论体系研究中心。

股比例只有 1.74%。而在个人股权分散化的同时，法人股东的股权却高度集中，导致少数法人股东能轻易地掌握企业控股权。在美国，机构法人股东，包括年金基金、共同基金、人寿保险公司以及运用信托资金和年金的商业银行信托部等，其持有的股份比重不断上升，持有普通股股票比例从 1981 年的 38% 上升至 1990 年的 53.3%。而法人股东的存在，又催生了一个高薪的代理人群体，使之成为垄断资本的工具，并加重了整个劳动大众的负担。

另一方面，在股份公司中私人资本所有者仍然是法人股东的最终所有者和最终委托者。虽然股份公司资本规模日趋庞大，但掌握控制权的寡头占股比例却相对较小，常常以损害全体股东利益为代价，而追逐私人利益或极少数人局部利益。同时，个人股权的高度分散性，不仅将职业经理人塑造成为企业经营管理活动的实际组织者和局部控制者，更导致私人大股东对企业的运行采取"理智的冷漠"态度和"搭便车"策略，从而弱化了对法人股东和经理人等代理人的监督和制约。而金融寡头实施的以股票期权计划为代表的薪酬体系和无风险的高额退职金，以及私人大股东控制的董事会与经理层"合谋"转嫁投机失败损失的连环证券化和国家救助制度，则大大诱发代理人和整个高管层的高风险短期套利行为。如作为金融危机起点的美国次贷危机，便是私人银行与私人房地产开发商"合谋"，向还款能力没有保证的中下阶层提供"次级贷款"，并依赖于风险转嫁制度所致。因此，股权分散化的私有垄断制及其企业管理模式，容易形成高管层为追求个人巨额收入极大化而追求利润极大化，日益采用风险较大的金融工具以及次贷方式，这就导致个别企业对短期利益的追逐和投机冲动与宏观上企业整体风险不断积累并存，使金融危机不可避免。

二、经济发展虚拟化激化了资本主义经济结构的内在矛盾

金融活动的高度社会化，是生产社会化在当代的一个重要特征。而信用的日趋独立化、体系化以及信用工具的不断创新，又是金融活动社会化的基础。在马克思看来，信用的扩张意味着货币在观念形态上的膨胀，与之相应的是虚拟资本在总量上的扩大。当代资本主义金融活动的高度社会化，正是

以虚拟经济的片面发展和非理性繁荣为标志的。

种类繁多的金融衍生品是虚拟经济的主要载体。以美国为例，金融资本家打着金融创新的旗号，通过不断延长的证券化链条，创造了住房抵押贷款支持债券、担保债务权证和信用违约互换等衍生品。由于这些金融衍生品的疯狂生长，2008 年次贷危机爆发以前美国的虚拟经济规模已远远超过实体经济。有数据表明，2007 年全球衍生金融产品市值达 681 万亿美元，是全球 GDP 的 13 倍，全球实体经济的 60 多倍。而美国的金融衍生品市值则高达 340 万亿美元，是美国 GDP 的 25 倍，形成了大量的"有毒资产"。

生产和消费之间的失衡本来是资本主义社会再生产过程中的常态。但虚拟经济的过度发展，掩盖了资本主义的全面生产过剩，使之表现为隐蔽的相对生产过剩。据有关学者估算，1987 年以后的短短 20 年间，国际信贷市场的债务翻了大约 4 倍，从近 110 亿美元猛增到 480 亿美元，远远超出了经济增长率。虚拟经济的发展，还加快了资本主义国家的去工业化趋势，使国际垄断资本尽量绕过产业资本而力图通过金融资本获取高额利润，并加快在全球的产业布局，将生产配置到生产成本较低的国家和地区。这种去工业化加剧了资本主义国家内部经济结构的失衡，并加剧了全球范围内产业资本间的失衡，使得虚拟经济与实体经济之间形成巨大的鸿沟。

经济发展虚拟化激化了实体领域和金融领域间职能资本的矛盾，使金融资本创造的利润越来越脱离实体经济中职能资本创造的剩余价值，从而体现出更强的掠夺性。不过，当实体领域资本以坏账和滞销商品的形式出现，并以资本的急剧贬值告终时，建立在其上且以信用和债务链条构筑起来的虚拟经济王国也就随之崩塌。虚拟经济发展过度超前于实体经济的"脱实向虚"状况，是当代资本主义基本矛盾在经济结构领域的具体表现，是经济运行风险不断积累并导致金融危机的现实缘由之一。

三、分配差距悬殊化激化了生产无限扩大与有效需求相对缩小之间的矛盾

生产资料私人占有的不平等是资本主义社会的制度基础，分配差距悬殊

化则是必然结果。在当代，资本主义私人占有制不仅通过对现实生产过程中劳动者的奴役攫取财富，还利用国家力量压低收入和福利，增加劳动者负担，在国家和全球范围内加剧了收入和财富分配的两极分化。发达资本主义国家通过以下几个途径使分配差距日益悬殊。一是打压工会力量，维持较高的失业率，直接压低工资水平。二是在劳动用工上推行灵活用工和弹性用工制，变相压低劳动者收入。三是推动社会保障体制的私有化改革，以压缩劳动者工资中可以用于消费和储蓄的份额，进而实现对家庭储蓄的控制。根据世界银行的数据，金融危机前的 1991～2007 年，美国收入分配的基尼系数从 37.58% 逐渐上升至 41.64%。而最低收入组（10%）的收入份额从 1.79% 下降至 1.24%，最高收入组（10%）的收入份额则从 26.68% 上升至 30.55%。显然，占人口少数的收入份额占有比例不断上升，而占人口绝大多数劳动者及其家庭成员所拥有的收入占比日趋缩小，相应地会导致全社会的有支付能力需求进一步萎缩。

分配差距悬殊化则强化了对中下层劳动者消费信贷的依赖。然而，大众的消费信贷本质上是寅吃卯粮。由于这些大众消费是劳动力再生产所必需的，因而信贷消费本身就意味着资本对劳动者未来劳动力支出的透支和挤压，从长远看会更加压缩整个社会有支付能力的需求。同时，由于资方这一信用扩张运动，又加快了资本本身的积累，促使资本主义生产经营在全球的扩大进一步加快，因而无形中加大了经济运行的整体风险。

就引发危机的次级贷款来说，劳动者收入的相对下降加剧了住房过剩，住房贷款虽可以在一定程度上缓解生产过剩，但分配差距拉大却会使之陷入更大的泥坑。事实也正是如此，限于降低中低收入阶层资质的需要，2001～2006 年次级贷款占美国住房抵押贷款总量的比例本来就已经由 5.6% 上升至 21%。但迫于金融资本虚拟化的要求，2006 年美国新增的中级贷款和次级贷款更进一步急剧上升，分别占到了当年美国新增住房抵押贷款的 25% 和 21%。显然，住房抵押贷款支持债券、担保债务权证和信用违约互换等金融衍生品的发展，只能转移次级贷款等金融资产的风险，而不能消灭风险。这种"债务经济模式"创造了虚假的需求泡沫，的确暂时缓解和掩盖了生产经营扩大和劳动者消费不足的矛盾。但一旦遇到利息率上升、大量失业或还贷断供等经济事件时，必然会因债务违约产生全面连锁式的支付危机，成为引发金融危机的导火索。

四、经济调节唯市场化激化了个别企业有组织性与社会生产无秩序之间的矛盾

生产经营的高度社会化，需要有与之相应的国家调节，这是现代市场经济正常和持续运转的必要条件，而现代资本主义各国转向经济调节的唯市场化，必然激化个别企业内部生产经营的有组织性和整个社会生产经营无政府无秩序状态之间的固有矛盾。这也是导致资本主义金融危机反复发作的重要原因之一。

在一个计划性和组织性程度较高的社会中，社会生产遵循着按比例发展的内在规律，生产的社会组织与个别企业的生产计划就具有内在的一致性。少量的生产过剩只能是局部和偶然的现象，社会生产和经济运行是良性发展的。不过，资本主义私人占有制度决定了其企业内部的高度计划性和组织性，并不会转化为整个社会生产的按比例性。相反，私人垄断资本更愿意利用自身的强大组织和支配能力，以及社会生产的无秩序性，来达到竞争中击败中小资本的目的。

近十年来西方发达资本主义国家祭起新自由主义的大旗，在经济调节上强调唯市场化，其实质就是要放松国家对经济的调节与金融监管，强化私人垄断资本的统治。这必然导致发达资本主义国家内部去工业化进程加快、利率长期在低位徘徊，也促使其金融创新花样层出不穷，大量资本涌向虚拟经济领域。与此同时，也造成了发达资本主义国家内部的中小企业生存压力增加、劳动者收入增长迟缓、社会有效需求相对萎缩等一系列问题，从而为金融危机爆发埋下了导火索。

当代资本主义的经济调节唯市场化，不仅恶化了发达资本主义国家内部整体上的生产组织性和比例性，而且在国际层面激化了个别企业生产有组织性和社会生产无秩序之间的矛盾。在唯市场化名义下推动的非调控化、私有

化、福利个人化等，加剧了劳资力量间的失衡和全球经济的失衡。在唯市场化名义下推动的资本自由化，则使大量资本向欧美发达国家回流，使发展中国家经济大幅波动，并在这种波动中遭受财富洗劫。换言之，金融危机不仅是发达资本主义国家内部国民经济按比例规律被打破的结果，客观上也成为全球社会生产体系恢复平衡的强制性的实现方式。简言之，私有制垄断集团和金融寡头容易反对国家监管和调控，而资产阶级国家又为私有制经济基础服务，导致市场和国家调节双失灵，从而酿成金融危机。

（原文发表于《红旗文稿》2018 年第 7 期）

美国金融危机与国际金融垄断资本主义

何秉孟[*]

席卷全球的金融危机的策源地、肇始者是当代头号资本主义国家——美国。这是一场自第二次世界大战以来，甚至是 20 世纪 30 年代大萧条以来最为严重的经济灾难！

面对这场经济灾难，学术界、理论界乃至经济、政治各界的许多人都在反思：为什么一贯号称其"经济基本面健全"，并据此对他国的经济体制、经济运行机制发号施令的美国，会成为这场严重经济灾难的制造者？由于立足点不同，答案自然见仁见智。我们认为，深层原因还是在于以美国为代表的国际金融垄断资本主义制度的腐朽性。

一、美国金融危机的历史特征和当代资本主义的新发展

美国这场严重的金融危机、经济危机之所以会发生，是美国国际金融垄断资本主义制度沉疴经年的集中表现。

根据马克思在《资本论》中阐发的基本原理，资本主义社会之所以会发生周期性经济危机，是由其生产社会化和生产资料私人占有这一基本矛盾，以及由此派生的各个企业内部生产的有计划同整个社会生产的无政府状态，社会生产可无限扩张的趋势同广大劳动者有支付能力的需求相对不足这样两对矛盾所决定的。从一般意义上讲，对当前这场肇始于美国、迅速蔓延至全球的严重金融危机和经济危机的发生原因，作上述归纳当然是不错的。但深入研究，就感到这种解读似乎还不够。这是因为，当代发达资本主义国家，特别是美国的资本主义制度，经过近一个半世纪的发展、演变，较之《资本

* 何秉孟：中国社会科学院。

论》所分析、研究的资本主义，已具有了诸多新特点。即使仅就危机本身而言，此次国际性金融危机、经济危机，同 20 世纪 30 年代的大萧条相比较，至少具有以下三个方面的显著特征：

其一，20 世纪 30 年代的大萧条始发于工业生产领域。当时世界上第一大工业经济体美国，1927 年工业陷入衰退，1928 年虽曾短暂反弹，很快于 1929 年 6 月再次大幅下降。至 1932 年，工业生产下降一半以上，退回到 1905 ~ 1906 年的水平；美国工业生产的剧烈下降，很快波及当时世界第二工业经济体德国，至 1932 年，工业生产下降也超过一半，退回到 1896 年的水平，失业人数大幅上升；随后英、法、日等资本主义国家工业生产纷纷下降。[①] 工业生产危机爆发两年多之后，也即 1931 年才爆发全球性的货币、金融危机。而此次危机，从一开始，就具有金融危机的性质，2007 年 7 月美国发生的所谓"次贷危机"，从本质上看，已经是金融危机，所谓"次贷危机"不过是美国国际金融资本垄断寡头及其"看门人"企图继续误导广大投资者、消费者的一种欺人之谈而已。

其二，20 世纪 30 年代的大萧条，一开始便鲜明地暴露出是资本主义生产相对过剩引发的经济危机。而此次危机，虽然从本质上看、从深层原因看仍同资本主义生产相对过剩有很大关联，但同时，在很大程度上同经济金融化、金融虚拟化和金融衍生产品毒化、泡沫化，以及金融监管缺失即金融自由化等具有更为密切的关联。

其三，20 世纪 30 年代的大萧条，受重创的主要是资本主义国家，广大不发达国家所受影响并不严重。从表 1 可以看出，自 1928 年至 1937 年的 10 年之间，欧洲、北美（主要是美国、加拿大）在世界贸易中的比重下降，而拉丁美洲、非洲、亚洲、大洋洲所占比重上升；特别是社会主义国家苏联，在整个 20 世纪 30 年代，经济持续发展，顺利完成了第二、第三个"五年建设计划"，到第二次世界大战前夕，苏联已发展成为仅次于美国的世界第二工业强国，充分显示了社会主义制度的优越性。而这次危机，虽肇始于美国，但

---

① 参见宋则行、樊亢主编：《世界经济史》中卷，经济科学出版社 1994 年版，第 136 ~ 137 页。

席卷全球，世界各国无一幸免。

表1   1928～1937 年世界贸易的地理分布

地区	1928 年		1937 年	
	出口	进口	出口	进口
欧美	48.0	56.2	47.0	55.8
北美	19.8	15.2	17.1	13.9
拉丁美洲	9.8	7.6	10.2	7.2
亚洲	15.5	13.8	16.9	14.1
非洲	4.0	4.6	5.3	6.2
大洋洲	2.9	2.6	3.5	2.8
世界	100.0	100.0	100.0	100.0

资料来源：P. 耶茨：《对外贸易四十年》，伦敦，1959 年，第 32～33 页。转引自宋则行、樊亢：《世界经济史》中卷，第 211 页。

此次国际性金融危机所具有的上述三个显著特征，是由当代资本主义的新发展及其基本矛盾在运行形式上显示的基本特征所决定的。

20 世纪中叶，人类从第二次世界大战的废墟中爬了出来，饱受战乱摧残的各国人民，面对饥寒交迫，强烈渴望和平、企盼发展。亿万人民群众的这种强烈意愿和呼声，推动 20 世纪的五六十年代，成为凯恩斯主义主导下的国家垄断资本主义恢复、发展的"黄金期"。但凯恩斯主义并不能改变资本主义经济的周期性规律。进入 70 年代，资本主义即陷入长达 10 年之久的"滞胀"。所谓"滞胀"，就是高失业、经济停滞或低增长与高通胀同时存在。比如，在 1973～1982 年间，美国的失业率最高达 9.1%（1975），1982 年失业人数达 1220 万人，创历史高峰。欧洲共同体的失业率达 10%，英国甚至高达 13.4%（1982），整个"经合组织"失业人数达到 3050 万人，接近 30 年代大萧条失业 4000 万人的水平。在此期间，经济增长速度大幅下降，美、英、法、德、意、日等国 1975～1979 年间工业生产的年均增长率仅为 2.6%，比 60 年代 6.6% 的增幅下降 60% 多；1979～1982 年，美国工业生产持续下降或停滞了 44 个月，欧共体各国则下降或停滞了 30 多个月。与此同时，物价却飞涨，消费品物价年均上涨率 60 年代为 3.7%，1970～1974 年年均上涨 7.9%，1975～1979 年更达 10.1%。[①] 一般说来，经济停滞或萎缩、高失业、高通胀等现象是在资本主义经济周期运行的不同阶段交替出现的现象，前两者多发生在经济周期的萧条——危机阶段，高通胀多出现在经济复苏——高涨阶段。此次出现的经济停滞或下降、高失业与高通胀同时存在的所谓"两高一低"现象，是资本主义经济运行过程中的一种新的社会经济现象。

深入剖析 20 世纪 70 年代"滞胀期间"、"两高一低"同时存在的这一新的社会经济现象，我们不难发现，马克思在《资本论》中所揭示的资本主义生产利润率下降趋势的规律，是导致这场长达 10 年的"滞胀"危机重要的直接原因。二战之后，经过五六十年代相对平稳的发展，资本主义积累不断增长，科学技术日益进步，资本的技术构成，从而资本的有机构成不断提高；在劳动生产率提高的同时，资本利润率也趋于下降，资本利润率的下降，又导致固定资本投资疲软（见表 2、表 3）；为维持较高资本利润率，国家垄断资本利用其垄断地位，扭曲市场法则，强行推高物价；驱动经济复苏的另一只轮子——社会消费，因为劳动者大量失业及高通胀而持续低迷。正是这诸多因素的综合作用，使资本主义经济只能在"两高一低"的"滞胀"中挣扎、爬行。

表 2　　20 世纪 60 年代、70 年代美国、西德、日本固定资本投资增长率　　单位：%

年代	国别		
	美国	联邦德国	日本
60	4.5	8.5	17.9
70	2.1	3.4	2.1

资料来源：宋则行、樊亢：《世界经济史》下卷，第 57 页。

---

① 参见宋则行、樊亢：《世界经济史》下卷，经济科学出版社 1994 年版，第 55～59 页。

表3　　　　　　　　　美国资本主义各发展阶段资本平均利润率　　　　　单位：%

阶段 （时段）	自由竞争资本主义 （1869～1897）	私人垄断资本主义 （1898～1940）	国家垄断资本主义 （1941～1982）	国际金融垄 断资本主义 （1983～）
资本平均利润率	17.5	13（14）*	11.9	12.7
最高的十年或 （其中最后一年）	24.2 （1882）	14.1 （1913，1929）	13.1 （1949，1968）	13.2 （1998）

资料来源：根据李民骐、朱安东提供的资料编制。* 1898～1929 年的平均利润率。

通过以上分析，关于 20 世纪 70 年代的"滞胀"危机，我们至少可以得出以下几点结论：

第一，在 20 世纪 70 年代长达 10 年的"滞胀"危机中，尽管出现了一些新的社会经济现象，但它仍然是由生产社会化与生产资料私人占有这一资本主义社会的基本矛盾引发的资本主义周期性经济危机，而且，由这一基本矛盾所决定的资本利润率的下降趋势，是导致长达 10 年经济"滞胀"的直接原因。

第二，经过战后五六十年代长达 20 多年的恢复、发展的"黄金期"，以美英为代表的国家垄断资本集团的垄断资本，特别是金融垄断资本大幅扩张，加上科学技术的进步，生产社会化程度进一步提高，国内市场已满足不了国家垄断资本，特别是金融垄断资本的需要。就是说，国家垄断资本力图突破国界，寻求在更广阔的空间、市场上攫取更高额的利润。因此，这场"滞胀"危机，在一定意义上是主导国家垄断资本主义近 40 年的凯恩斯主义的危机——它已经适应不了国家垄断资本，特别是金融垄断资本全球扩张的需要。

第三，从表 3 我们可以看到，随着科学技术的进步，以及资本为提高竞争力以获取超额利润这一内在动力的驱动，实体经济资本的技术构成不断提高，从而资本的有机构成也不断提高，导致资本的利润率趋于下降。1965～1973 年，美国制造业的利润率下降了 43.5%，1978 年又比 1973 年降低了 23%。①

---

① 张宇：《金融危机、新自由主义与中国道路》，载于《经济学动态》2009 年第 4 期。

而资本的本性是追求利润的最大化。在市场这只"看不见的手"的推动下，什么领域利润率高，资本就会向什么领域流动。金融领域、资本市场虽然风险大，但存在着通过高杠杆操作、通过投机获取高额回报的机遇，于是吸引具有冒险天性的资本纷纷向金融领域、资本市场集中，使金融垄断资本迅速扩张、膨胀，并开始了由"圈地"（办实体企业）向直接"圈钱"的蜕变。

毋庸置疑，对于20世纪70年代"滞胀"危机发生的原因，由于立足点不同，看法迥异，甚至完全相反。例如，新自由主义学派掌门人哈耶克及其在英国伦敦学派、美国芝加哥学派中的弟子们认为，"滞胀"危机是由于凯恩斯主义主导的国家对经济实行干预，以及政府开支过大所致。他们在对凯恩斯主义进行口诛笔伐的同时，大肆鼓吹他们一贯主张的"市场化、私有化、自由化"和"全球一体化"。正是在这种情况下，代表美英金融垄断资本集团利益的美国总统里根和英国首相撒切尔先后上台执政，将凯恩斯主义扔进了历史博物馆，把新自由主义捧上了美英主流经济学的宝座。

所谓"危机"，乃"困局＋机遇"。纵观历史，每逢"重大危机"，人类发展皆处于十字路口：代表进步的力量如果把握住了"机遇"，将推动人类社会进步；代表没落的力量如果抓着了"机遇"，将把人类社会拖向倒退。20世纪30年代的大萧条、70年代的"滞胀"危机，均属此类"重大危机"。70多年前，苏联共产党人把握住了"机遇"，身陷资本主义包围的社会主义苏联逆势而上，在大萧条期间，一跃而成为世界第二大工业强国，为随后战胜德、意、日法西斯准备了物资基础，催生了后来的社会主义阵营；50多年前，由于赫鲁晓夫集团挑起内争，世界社会主义阵营分裂、力量受损，再加上苏联忙于经营霸权，1979年末出兵阿富汗，而我们中国又深陷十年动乱，均错过了资本主义陷入"滞胀"危机的历史性"机遇"。而美、英的国际金融垄断资本集团则抓住了凯恩斯主义对"滞胀危机"束手无策之机，用新自由主义取代凯恩斯主义，开始了全球扩张的灾难性远征。

20世纪70年代末80年代初，各主要资本主义国家先后走出了"滞胀"危机。长达近10年的"滞胀"危机，催生了对人类社会发展颇具影响力的三件大事：其一是信息技术和网络技术的发明与广泛应用；其二是我们在前面已经提及的以私有化、市场化、自由化（尤其是金融自由化）和全球一体化这"四化"为核心内容的新自由主义理论，逐步取代凯恩斯主义而成为美英的主流经济学理论，至20世纪90年代初，以"华盛顿共识"出笼为标志，新自由主义最终蜕变为美国国际金融垄断资本集团的意识形态和政策；其三是布雷顿森林国际金融货币体系的崩溃，取而代之的是要求汇率形成机制"市场化"、资本流动及资本运作"自由化"，加上美元霸权为主要内容的当代国际金融货币体系。信息技术和网络技术的发明与广泛应用，既大幅提高了社会生产力，同时又为国际金融垄断资本的全球扩张，以及金融与资本市场的虚拟化和病态膨胀提供了技术支撑；新自由主义则成为国际金融垄断资本向全球扩张及其制度安排的理论依据；当代国际金融货币体系为美英国际金融垄断资本全球扩张提供了最重要的杠杆或平台。这三者的媾合，成为拉动美国为代表的发达资本主义由国家垄断向国际金融资本垄断过渡的"三驾马车"。

正是在这样一种非常奇特的"三驾马车"的拉动下，20世纪70年代的"滞胀"危机，不断加剧资本向大垄断资本，特别是国际金融垄断资本集中的趋势。以美国为例，资产超过50亿美元的工业大公司，1955年只有8家，到1970年增加到22家，15年增加了14家，增加了将近两倍；到1980年更增至52家，同1970年相比，10年之内增加了30家，翻了一番多。100亿美元以上的巨型公司，1955年有2家，1975年增加到11家，20年增加了9家；1980年增至19家，5年增加了8家。在"滞胀"后期，资本聚集速度明显加快（见表4）。与此同时，银行资本也在加速集中，不仅大银行兼并中小银行，还出现强强合并，产生了一批空前巨大的国际金融垄断资本集团（见表5）。到1977年，美国最大的50家商业银行资产达6684亿美元，存款为5212亿美元，分别占全美国1万多家大小银行总资产的56.8%和总存款的55%；其中美洲银行、第一花旗银行、大通曼哈顿银行、制造商汉诺威信托银行、摩根保证信托银行等5家最大银行的资产和存款量，分别为3224亿美元和2464亿美元，占50家大银行总资产和总存款的比重均超过42%；而雄居首位的美洲银行，拥有资产949亿美元和存款758亿美元，占5家最大银行资产和存款总量的 30% 左右。①

表 4　　　　　　1955～1980 年美国资产额超过 10 亿美元的工业公司数

年份 \ 资产数额	100 亿美元以上	50 亿美元以上	20 亿美元以上	10 亿美元以上
1955	2	8	23	65
1960	2	11	30	80
1965	5	16	46	101
1970	10	22	84	152
1975	11	26	86	179
1980	19	52	150	249

资料来源：龚维敬：《美国垄断资本集中》，人民出版社 1986 年版，第 183 页。

表 5　　　　　　1972～1978 年美国按合并银行资产额分组的银行合并情况

按合并银行资产额分组	被合并银行数			
	1972 年	1974 年	1976 年	1978 年
1000 万美元以下	2	5	3	/
1000 万～2500 万美元	4	7	5	4
2500 万～5000 万美元	5	8	10	3
5000 万～1 亿美元	12	11	13	11
1 亿美元以上	34	39	44	44

资料来源：龚维敬：《美国垄断资本集中》表 31，第 102 页。

尤其引人注目的是，正是在 20 世纪 70 年代的"滞胀"期间，美国金融垄断资本的国际化步伐大大加快。在"滞胀"期间，由于美国国内经济长期萎缩低迷，固定资产投资不振，迫使金融寡头把闲置的、过剩的金融资本输

---

① 参见宋则行、樊亢：《世界经济史》下卷，经济科学出版社 1994 年版，第 77 页。

往国外，并在海外设立分支机构，致使美国跨国银行在海外的势力迅速增强。1954 年，20 个资本主义国家的 99 家银行控制的国外分行共 1200 家，美国占 10%；到 1977 年，世界最大的 50 家银行共在海外设分支机构 3000 家左右，美国占 37%，所占比重增长近两倍，分支机构数由 120 家左右增至 1100 余家，增长近 10 倍；1979 年美国在海外投资新建和合并企业的资产总额中，银行所占比重为 43.3%，比制造业的资产额要高出两倍多。美国的许多大商业银行都是在 70 年代的"滞胀"期间发展成为庞大的跨国银行的，[①] 也就是说，美国的金融垄断资本在 70 年代"滞胀"期间加速蜕变为国际金融垄断资本。

进入 20 世纪 80 年代后，美国、英国等国的国际金融垄断资本及其控制的跨国公司获得空前扩张，至 20 世纪末，全球跨国母公司已多达 6 万余家，它们控制的海外分支机构有 50 多万家；这些跨国公司控制着世界生产的 40%，国际贸易的 50%～60%，国际技术贸易的 70%，对外直接投资的 90% 以上。由此可见，以跨国公司为代表的国际垄断资本，尤其是国际金融垄断资本已经成为经济全球化的深厚基础，超级国际金融垄断资本集团已经具备足够的实力把全世界作为其运作的舞台。[②] 这表明，从 20 世纪 70 年代开始，当代资本主义发展已经进入一个新的阶段：由国家垄断向国际金融资本垄断转变。

任何历史进程的新阶段除了有其本身特定的指标特征之外，还必然有某些重大事件作为其标志。

没有标志性事件就不会有历史分期。资本主义由国家垄断阶段向国际金融资本垄断阶段转变也不例外。标志着资本主义向国际金融资本垄断阶段转变的重大事件，先后发生在 20 世纪 70 年代到 21 世纪初的 30 多年间，这些标志性重大事件有：

（1）以"滞胀"为特点的 1973～1975 年资本主义世界经济危机，标志着

---

① 参见龚维敬：《美国垄断资本集中》，人民出版社 1986 年版，第 132～133 页。
② 参见中国社会科学院研究室：《世界沧桑 150 年——〈共产党宣言〉发表以来世界发生的主要变化》，社会科学文献出版社 2002 年版，第 56～57 页。

国家垄断资本主义发展到了极致，"滞胀"成为资本主义向国际金融资本垄断阶段大转弯的第一个历史拐点。"滞胀"既是对国家垄断资本主义发展的历史总结，又是资本主义进入国际金融资本垄断阶段的历史序幕。

（2）新自由主义的勃兴适应了当代国际金融垄断资本发展的需要。1990年"华盛顿共识"出笼后，新自由主义更成为国际金融垄断资本向全球扩张及其制度安排的理论依据。

（3）跨国公司的崛起使全球市场同时又成为全球工厂，从而为资本主义进入国际金融资本垄断阶段奠定了最深厚的物质基础。

（4）长期以来缺乏可贸易性的"服务"实现了贸易国际化，使国际金融垄断资本对全球经济实现了全产业控制，从而把资本主义在产业层面上推向了国际金融资本垄断阶段。

（5）因特网作为国际金融垄断资本控制全球的技术和经济密网，成为资本主义发展到一个新阶段的标志性技术。

（6）9·11事件为全面建立国际金融垄断资本全球体系提供了历史借口，使美国掀起了一场实现"政治全球化"或"全球一体化"的乌托邦浪潮。

（7）2007年爆发于美国并很快蔓延、祸害全球的近百年来最严重的金融危机，表明国际金融垄断资本的寄生性、腐朽性已达于极点，它可能标志着国际金融资本垄断既是资本主义发展的最高阶段，也是国际金融垄断资本主义的"收官"阶段。

二、国际金融垄断资本主义必然导致全球性金融危机

资本主义由国家垄断加速向国际金融资本垄断过渡，不仅提高了生产社会化的程度，同时在更大的范围内实现了生产资料的私人占有，无疑进一步加剧了资本主义制度所固有的基本矛盾及其他主要矛盾。从美国近二三十年的历史进程来看，国际金融垄断资本在运作过程中，已逐步呈现出了同国家垄断资本既有某种联系、继承，又有显著差别的若干基本特征：

其一，经济加速金融化，金融资本成为经济乃至政治的主宰。所谓经济金融化，用美国著名左翼学者威廉·K. 塔布的话说，既是经济上的，又是政

治上的。① 集中表现在：社会资本创造的利润越来越多地被金融资本所占有，因此推动金融资本（金融企业资本＋虚拟资本）相对于实体经济企业资本迅速膨胀。20 世纪六七十年代后，由于实体经济企业的资本利润率趋于下降，面对激烈竞争，实体经济企业不得不通过并购等手段"做大"自己。而实体经济企业要完成"并购"行为，必须向银行贷款融资。金融资本垄断寡头正是利用金融作为现代经济运行血液和命脉的特殊地位，逐步实现了对实体经济企业的操控，并越来越多地占有实体经济企业资本在生产过程中所攫取的剩余。据学者研究，20 世纪 70 年代，美国金融部门所获得的利润仅仅是非金融部门所获利润的五分之一，到了 20 世纪末，这一比例上升到了 70% 左右。② 另据美国学者统计，整个美国金融行业在 2004 年所"创造"的利润约为 3000 亿美元左右，而美国国内所有非金融行业所"创造"的利润则为 5340 亿美元，就是说，美国金融行业"创造"了美国所有国内企业利润的 40% 左右。而在 40 年前，也就是 20 世纪六十年代，金融行业所"创造"的利润不到国内所有企业所"创造"利润的 2%。③ 仅仅 40 年，这一比重就增长了 19 倍！

在自由竞争资本主义阶段，借贷职能的资本从社会资本中独立出来形成金融资本，是为了提高为实体经济服务的效率。其收入——利息，来自生产资本所攫取的剩余价值，也就是从实体企业的剩余价值中分割出来的一部分。当资本主义发展到 20 世纪八九十年代之后，国际金融垄断资本再也不满足于对生产资本的"从属"、"配角"地位，逐步与实体经济脱节，完成了由服务于生产资本向主宰生产资本的异化，完成了"协助"生产资本"圈地"（办实体经济企业），并分割其部分剩余价值向直接"圈钱"的演化。正如威廉·K. 塔布所说，"金融体系似乎已产生了一种新的、魔术般的'货币－货币'循环，在此循环中，仅用货币本身就能制造出货币来，而无需实际生产的介

---

①③ 参见威廉·K. 塔布：《当代世界资本主义体系面临四大危机》，唐科译，载于《国外理论动态》2009 年第 6 期。

② 参见张宇：《金融危机、新自由主义与中国的道路》，载于《经济学动态》2009 年第 1 期。

入。"① 所谓"货币 – 货币"（G – G'）或者"货币＜货币"（G＜G'）循环中的"魔术"，除了金融寡头凭借其对实体经济企业的操控向实体经济分割尽可能多的"企业剩余"外，更主要的是以各种手段，包括打着"金融创新"的旗号，推出名目繁多、令人眼花缭乱的金融衍生品，并通过高杠杆，或者相互间、甚或对广大中小投资者进行诈骗，将全球股市、基金债券市场变成同实体经济完全不相关的大赌场，不仅使经济关系越来越表现为债权股权等金融关系，甚至使社会资产也因金融化而异化为金融资产。

其二，金融虚拟化、泡沫化。资本的本性就是要在循环中尽快增值。既然无需经过实体经济生产运作、仅仅货币自身循环就能生出更多的货币（G＜G'），加上美国自 20 世纪六七十年代以后实体经济领域资本利润率持续下降，导致大量的社会资本涌入金融领域。据有关统计，20 世纪 50 年代至 70 年代，美国金融资产流量对 GDP 之比平均为 257 倍，1980～2007 年这一比例迅速上升到 418 倍；不仅如此，近一二十年来，即使是非金融公司，其资产总额中金融资产也在迅速增长、所占比重越来越高。20 世纪 70 年代，非金融公司的金融资产与实体经济资产之比为 40％多，到 90 年代，这一比例已接近 90％。②

金融资本本身并不创造剩余价值，货币循环所以能生出更多货币，全靠投机诈骗、高杠杆运作。正是这种在高杠杆运作中的投机诈骗能带来高额回报，给极具冒险性的资本以强烈刺激，不惜举借高于自身资产数倍、数十倍、数百倍的银行贷款去购买美国的金融资产、股票债券及其他形形色色的金融衍生品。在这种完全脱离实体经济的货币循环中，出现一个十分奇特的现象："债务"成为重要的"发酵剂"：美国的各种所谓"金融创新产品"或金融衍生品，大都由美国政府债务、公司债务以至普通消费者的消费抵押债务等等包装而成；同时，要高杠杆运作，购买这些金融衍生产品，又需要举借新的债务。正是在这种"举债"购买由各类债券包装成的金融衍生产品的恶性循

---

① 威廉・K. 塔布：《当代世界资本主义体系面临四大危机》，唐科译，载于《国外理论动态》2009 年第 6 期。

② 参见张宇：《金融危机、新自由主义与中国的道路》，载于《经济学动态》2009 年第 1 期。

环中，美国经济中由金融衍生产品（其中相当部分是"有毒"的）所形成的虚假财富如脱缰之马急剧膨胀。据国际货币基金组织（IMF）最近的报告，目前全球的金融衍生产品总值已达 596 万亿美元，是全球股市总值 65 万亿美元的 9 倍，是全球 GDP 总量 54.5 万亿美元的 11 倍。[①] 其中美国的金融衍生产品总值占全球的 50% 以上，已高达 300 多万亿美元，是美国号称 13 万亿美元 GDP 的 25 倍。[②] 日本学者的上述估算应该说还是比较保守的，据 2008 年 10 月 7 日出版的《东方日报》所载之文称：美国市场金融衍生产品的总值高达 455 万亿美元，占全球金融衍生产品总值的 76%，相当于美国号称的年 GDP 13 万亿美元的 35 倍。文章援引美国前总统布什的哀叹："华尔街醉了，什么时候不再搞这么多花巧得令人头昏脑涨的金融产品，才算醉醒了！"但布什哪里知道，在新自由主义金融自由化的主导之下，华尔街是不可能"醉醒"的！因为，美国的众多金融机构，都是由这种虚拟的、泡沫化的有毒金融衍生产品撑起来的。以美国最大的房产抵押金融机构房利美、房地美为例，其核心资产总共为 750 亿美元，但它们所发出的衍生金融债券竟高达 52000 亿美元，是其核心资产的近 70 倍，泡沫之大令人瞠目结舌。[③] 可见，被某些人视为天堂的美国，就是建筑在这种虚拟的、有毒的金融衍生产品泡沫之上的。如果把这些泡沫都挤掉，美国还剩下什么？然而，不论是共和党的布什当政，还是民主党的奥巴马当政，都不可能在真正意义上去挤掉这些有毒的泡沫！

其三，金融资本流动、金融运作自由化。金融行业是一个具有战略意义的、非常特殊的行业。这首先是因为，现代金融是现代经济的中心，是一个国家整个经济体的血液和命脉。其次，还因为金融产品是一种特殊商品：作为商品一般，金融产品的流动，要求以市场为基础并自由流动；但作为一般等价物，也即作为商品交换结算工具的货币市场工具，以及作为资产储备或转移资金、安排资产风险结构等的资本市场工具，它必须在国家计划的调控

---

① 参见《金融海啸的〈祸根〉和〈灾底〉》，载于《信报财经新闻》2008 年 12 月 30 日。

② 参见刘海藩：《当前金融危机的原因与应对》，载于《马克思主义研究》2009 年第 2 期。

③ 参见《指点江山：金融市场异化》，载于《东方日报》2008 年 10 月 7 日。

下，在国家有关法律的框架内，在国家有关部门的严密监控之下流动，以确保金融体系健康运行。最后，随着现代金融衍生产品的增多和金融产品的虚拟化，其流动性进一步增强，尤其是现代金融产品同当代高新技术——信息技术、网络技术结合之后，其流动之迅速、流动量之大，从而形成的对一个国家的金融系统乃至整个国民经济的冲击力之大，常常出乎人们的想象。正因为如此，迄今为止，世界上还没有哪一个国家实行金融自由化的金融体制而未遭受金融货币危机打击的成功范例！

对此，美国的国际金融垄断资本集团及其守门人——美国执政当局心里十分清楚。也正因为如此，为实现其尽快增值的目标，美国国际金融垄断资本不满足于仅仅主宰美国经济，而且要掌控整个世界经济体系，实现"全球一体化"即"美国化"，其重要杠杆之一，就是"金融自由化"。关于这一点，威廉·K. 塔布在对美国国际金融垄断资本的嬗变过程进行跟踪分析时指出："因为金融部门已经取得了对（美国）其他经济部门的操控，实际上也取得了指挥债务人、弱势公司和（美国）政府的权力。由于它的权力增长，它可以要求在更大程度上不受管制，从而使得它进一步膨胀，并危及更大的经济系统的稳定性。"①

美国国际金融资本垄断集团及其守门人美国当局推行的"金融自由化"，主要有两个方面的含义：其一是金融资本流动自由化。20 世纪八九十年代以来，美国国际金融垄断资本集团加大在全球推行金融自由化的力度，要求各国改变境内外金融市场的分离状态，对外开放金融市场，实行外汇交易自由化等等；1990 年出笼的"华盛顿共识"明确要求"放松对外资的限制"，这一切的要害在于，削弱他国的经济主权、金融主权，为其国际金融垄断资本自由进出他国"圈钱"、进而控制他国经济扫清道路。

还应该指出的是，在推行"金融资本流动自由化"方面，美国当局历来实行双重标准：他们鼓吹的"金融自由化"，仅适用于美国的金融垄断资本进

① 威廉·K. 塔布：《当代世界资本主义体系面临四大危机》，唐科译，载于《国外理论动态》2009 年第 6 期。

入其他国家的金融、资本市场，如果其他国家的资本进入美国市场，将会遇到法律甚至行政的种种壁垒，受到严格的限制、审查甚至被拒之门外。近几十年来，美国当局在维护其"国家安全"的名义下，通过立法或发布行政条例，对其他国家的金融资本进入美国进行严格限制和严密金融监管，其法律或行政法规的条款多达一千余条。[①]

美国当局推行"金融自由化"的另一层含义，就是主张金融运作自由化，取消金融运作中必不可少的监管环节。监管环节的缺失，使大大小小在货币循环中运用欺诈手段"圈钱"的金融巨鳄获得空前"解放"，近二三十年来，"金融创新"被亵渎，成了"金融诈骗"；金融衍生产品大多被毒化，成了美国产的另类"摇头丸"。正是在美国这样一个充满欺诈、剧毒的金融、资本市场上演的一幕幕"圈钱"大比拼过程中，孵化出了一批又一批麦道夫、斯坦福之流的超级欺诈骗子，甚至连号称美国金融市场看门人的穆迪、标准普尔、惠誉等信用评级机构，在美国充满尔虞我诈的金融大染缸里也被熏陶为专事出卖灵魂（穆迪高管："我们为了赚钱，把灵魂出卖给了魔鬼。"）、同金融巨鳄们沆瀣一气、将大批"有毒债券"贴上"优质"、"3A"标记，去坑蒙全球投资者的制度性毒瘤。[②] 所有这一切，都是对美国推行的"金融自由化"的经典注释！

其四，实体经济逐步空心化。近二三十年来，美国经济金融化、金融虚拟化、金融衍生产品泡沫化，仅仅是美国经济畸形发展的一个方面。美国经济畸形发展的另一个方面，是实体经济逐步萎缩、国民经济空心化。实体经济的主体制造业也就是第二产业在 GDP 中的比重，1990 年仅为24%，2007年进一步下降至18%；制造业投资的增长率2006 年仅为2.7%，投资额仅相当于 GDP 的2.1%。[③] 20 世纪的八九十年代，美国的服务性行业（主要是金融行业），已占 GDP 的70% 左右，在实体经济领域，除军事工业仍为全球之

---

① 参见何秉孟、李千：《金融改革与经济安全——警惕"金融自由化"对中国金融改革的干扰》，载于《马克思主义研究》2007年第6期。

② 参见《世界抨击美国三大评级机构》，载于《环球时报》2008年10月27日，第7版。

③ 参见何国勇：《国际金融危机的成因、前景及启示》，载于《南方论丛》2009年第2期。

冠外，其余仅石油、IT、房产、汽车、飞机制造以及农业等产业还能称雄于世界。但进入新世纪后，先是 IT 产业泡沫破灭，继而因 9·11 事件使飞机制造业遭重创；本世纪初为摆脱经济衰退，实行 30 年期购房贷款 60 年来最低利率以刺激住宅销售，营造了房地产业的巨大泡沫。2007 年房地产因泡沫破灭而一蹶不振；在由此引发的金融危机中，美国所剩为数不多的实体支柱产业汽车行业又遭重创，克莱斯勒、通用、福特三大汽车巨头因汽车销量骤降、经营出现巨额亏损——仅 2008 年第三季度这三家公司亏损共达 240 多亿美元、债务负担过重、股价暴跌至垃圾股边缘而深陷困境，克莱斯勒、通用两公司不得不先后申请破产保护，福特公司亦在考虑出卖所持马自达的股份以维持运转。至此，美国这个庞然大物稍有竞争力的实体经济产业已经仅剩军工、石油、农业而已！

顺便指出，近几年来，美国号称其年 GDP 已达 13 万亿美元左右。现在看来，这也是一个为维持美元霸主地位而被注水稀释了的数字。进入新世纪后，在美国经济中，金融业占半壁江山。然而美国的金融业除美钞印制外，毕竟是虚拟的、泡沫化的，2009 年虚拟资产估值 10 万亿美元，2010 年金融市场、资本市场一旦动荡，马上会缩水至 6 万亿美元甚至更少。比如，据私募基金百仕通集团执行长史瓦兹曼统计，此次金融危机在不到一年半的时间即毁掉 45% 的世界财富。另据美联储 2009 年 3 月 12 日公布的资料，美国家庭的财富（房产、银行存款、股票资产减去债务）2007 年第二季度为 64.4 万亿美元，至 2008 年底剩下 51.5 万亿美元，一年多缩水 20%，仅 2008 年第四季度即缩水 9%。[1] 到目前为止，美国的金融危机和全面经济危机还在发展，其金融系统近乎腐烂，信誉也丧失殆尽，金融企业大都亏损、缩水，美国年 GDP 到底剩下几何，这可能是一个美国政府不愿正视的数字。关于这个问题，头顶"商品大王"桂冠的罗杰斯曾有一段精彩的点评："我不会相信政府公布的任何数据，美国政府无论通胀数据或经济增长都讲了十多年的大话……我不会

---

[1]　参见《信用危机全球财富腰斩》，载于《联合报》2009 年 3 月 14 日，AA1 版。

在意政府公布的数据。"①

其五，在所谓"效率优先"的新自由主义政策主导下，美国劳动大众日益贫困化。以自由化特别是金融自由化、私有化、市场化或市场原教旨主义为灵魂的新自由主义，是为国际金融垄断资本榨取尽可能多劳动者血汗服务的。所谓"效率优先"本质是"资本效率优先"、"资本增值效率优先"。私有化、市场化、自由化之于"资本增值效率"，犹如水之于鱼；只有在不受制约的市场里，资本尽快增值的"效率"才能得以彰显或实现。然而，满足资本尽快增值的"效率"，是以牺牲社会公平、以广大劳动者的日益贫困为代价的。对于这一点，新自由主义者向来讳莫如深，足见其虚伪性。但客观事实充分证明"效率优先"是一种经典的"劫贫济富"政策：近二三十年来，随着科学技术的进步，工人素质的提高，劳动生产率也大大提高，工人在单位时间内创造的价值也在增加，工人的工资本应相应提高，而事实是美国工人的工资不仅没有上升，反而不断下降。1971 年美国企业工人平均工资每小时17.6 美元，至 2007 年每小时工资下降到 10 美元，降幅达 43%；② 如果将通货膨胀因素考虑进去，工人的实际工资降幅更大。

正是在所谓"效率优先"政策的主导下，美国社会的两极分化进一步加剧。近二三十年来，美国企业高管与普通员工的工资差距，从 40∶1 扩大到了357∶1。③ 20 世纪 70 年代之后的 30 年中，美国普通劳动者家庭的收入没有明显增加，而占人口 0.1% 的富有者的收入增长了四倍，占人口 0.01% 的最富有者家庭的财富增加了七倍。④ 从 2000 年到 2006 年，美国 1.5 万个高收入家庭的年收入从 1500 万美元增加至 3000 万美元，6 年翻了一番；而占美国劳动力 70 的普通员工家庭的年收入从 25800 美元增至 26350 美元，仅增长 550 美元，6 年仅增 2%。前者的家庭年收入为后者的 1150 倍，在这 6 年中前者年收入的增加额为后者年收入增加额的近 3 万倍。⑤

---

① 参见《罗杰斯：美国将破产》，载于《东方日报》2009 年 1 月 1 日，B03 版。
②③ 参见何国勇：《国际金融危机的成因、前景及启示》，载于《南方论丛》2009 年第 2 期。
④ 参见张宇：《金融危机、新自由主义与中国的道路》，载于《经济学动态》2009 年第 1 期。
⑤ 参见刘海藩：《当前金融危机的原因与应对》，载于《马克思主义研究》2009 年第 2 期。

美国政客及一些资产阶级经济学家常常津津乐道：美国普通民众均持有股票，"人人都是资本家"。其实，这也是一个大骗局，真相是，占人口 10% 的富人持有美国股票市值的 89.3%、全部债券的 90%，而普通员工持股之和仅占全部股票市值的 0.1%。① 贫者愈贫，富者愈富，且后者建筑在前者之上。这就是"效率优先"所构建的当今美国的社会现实。

其六，美国经济乃至国家运行的基础债务化。有关统计资料显示，2006 年前后，美国居民消费已经占到美国 GDP 的 73%。② 根据这一统计口径，如果再按美国声称的年 GDP 13 万亿美元计算，2006 年美国居民人均消费 3 万美元左右。而占劳动力 70% 的普通员工家庭的平均年收入为 2.6 万美元，一个家庭按 4 口人计，人年均可支配收入当不足万元，远远不足以支付人年均 3 万美元的消费支出。这里的可能解读只能有二：一是正如罗杰斯所言，美国发布的数据有极大水分，其年 GDP 根本不足 13 万亿美元。即使按人年均消费支出高出年人均可支配收入（1 万元）一倍进行框算，美国的年 GDP 也只能在 8 万亿美元之下；二是即使按 2006 年美国年 GDP 8 万亿美元计算，是年美国人均消费支出（8 万亿×0.73÷3 亿人）2 万美元，人均可支配收入 1 万美元，消费资金缺口人均还达 1 万美元。这笔巨大的消费资金缺口靠什么填补呢？只能依靠借贷！

资本主义经济在生产社会化与生产资料私人占有这一基本矛盾的支配下，一方面是生产、物资供给具有无限制增长的趋势，另一方面是因资本盘剥的加重广大劳动者的贫困加深，有支付能力的社会购买力增长缓慢，导致相对过剩的经济危机周期性发生。当资本主义发展到国际金融垄断资本攫取主导地位之后，仅仅从生产资本那里分割更大一块"企业剩余"已无法满足其深不见底的鳌欲，在"金融创新"的旗帜下，"G＜G′"的"圈钱"魔术式"经营"堂而皇之地登上了资本主义经济的最高殿堂：股票、股市以及各种基金逐步去集资之功能，与经济基本面脱钩，蜕变成了高杠杆运作以"圈钱"的

---

① 参见刘海藩：《当前金融危机的原因与应对》，载于《马克思主义研究》2009 年第 2 期。
② 参见张宇：《金融危机、新自由主义与中国的道路》，载于《经济学动态》2009 年第 1 期。

大赌场；债券，对于国际金融寡头来说，成了资本市场上可以"一箭三雕"的新宠：一是鼓动借贷消费可暂时缓解因劳动大众贫困加深、社会购买力不足导致的生产相对过剩危机；二是可从借贷消费的劳动大众身上进行再次榨取；三是通过将各种债券（包括坏账、死账债券）包装成形形色色的金融衍生品可对美国乃至全球投资者进行坑蒙诈骗，以转嫁损失。

　　正是在美国国际金融垄断资本集团的主导、推动之下，近一二十年来，在美国逐步形成了一种"负债经济模式"：普通民众靠借贷维持日常消费。有学者据此责难美国人是超前消费，其实，这是一种误读。美国民众靠借贷消费，不过是为了维持一种较为体面的生活而已，是不得已而为之。据有关资料，美国家庭债务占其可支配收入的比重，1983 年为 75% 左右，2000 年上升为 125%；美国家庭债务占其税后收入的比重，1980 年为 60%，2000 年为 110%。

　　从 20 世纪八九十年代开始，美国民众家庭已经是入不敷出了。所以，消费信贷急剧增长，1971 年到 2007 年的 26 年间，美国民众的消费信贷从 1200 亿美元激增至 2.5 万亿美元，增加了近 20 倍。这还不包含高达 11.5 万亿美元的住房负债，如将两者相加，总共负债 14 万亿美元，比美国一年的 GDP 还要多，平均每个美国人负债近 5 万美元，当然，负债最重的还是低收入者。[1] 所以，当前美国普通民众工资的 40% 要用于偿还住房贷款，15% 要用于偿还上学贷款，11% 要用于缴纳社会保障基金，15% 要用于缴纳个人所得税，剩下用于日常生活消费的不足工资的 19%。要维持较为体面的消费，不得不举借新债！[2]

　　不仅美国广大民众靠借贷维持日常消费，美国企业甚至政府也靠举债维持经营或运转。2007 年美国国债余额为 10.35 万亿美元。金融危机爆发后，2008 年布什政府推出 8500 亿美元救市国债计划，为此国会不得不将国债上限提高至 11.3 万亿美元；2009 年奥巴马上任后，又推出 7870 亿美元国债救市

---

　　① 参见何国勇：《国际金融危机的成因、前景及启示》，载于《南方论丛》2009 年第 2 期。
　　② 迈克尔·赫德森（《金融帝国：美国金融霸权的来源和基础》的作者）来华访问讲演提供的资料。

计划，国会又不得不为此将国债上限提高到 12.1 万亿美元。2009 年 8 月 7 日，美财长盖特纳再一次向国会申请突破 12.1 万亿美元的国债上限，美国国债余额直逼 13 万亿美元。这相对于美国政府发布的大大注了水的年 GDP 13 万亿美元来说，美国国债率已高达 100%，远远高于国际公认的安全债务率 60% 的上限。问题的严重性还远不止如此。如果把美国政府对国民的社会保障欠账等内债加在一起，2009 年美国的债务余额已高达 55 万亿美元；如果再把诸如"两房债券"之类的抵押债券、美国各大财团所发行的说不清是公司债还是政府债务等共计 20 万亿美元（2007 年末美国国债协会 SIFMA 统计）债务统计进来，美国政府的债务总额将高达 75 万亿美元。而按 2007 年的市场公允价格计算，美国的全部资产总市值约 76 万亿美元。① 近两年，美国爆发严重金融危机和全面经济危机，部分资产大幅缩水，其资产总市值已远在其国家债务总额 75 万亿美元之下。这就是说，美国已经资不抵债，从一定意义上，美国比沦落到破产边缘的冰岛还要糟得多！

以上六个方面的基本特征，是以美国为代表的国际金融垄断资本主义的基本矛盾在运行中的基本表现。它表明在资本主义的国际金融资本垄断阶段，生产社会化同生产资料私人占有之间的矛盾在进一步发展，企业内部尤其是金融企业内部的有组织性、计划性同超越国界的全球性的无政府状态间的矛盾空前尖锐，生产无限扩大的趋势同劳动大众相对贫困导致有支付能力的社会购买力不足的矛盾在进一步激化，国际金融垄断资本的寄生性、腐朽性在日益加深。这一切表明，美国爆发的这一场近百年来最严重的金融危机绝非偶然，是美国国际金融垄断资本的寄生性和腐朽性日益加深、国际金融垄断资本主义基本矛盾日益激化的必然结果。

三、国际金融危机的发展趋势及其对世界经济政治格局的影响

此次肇始于美国、蔓延全世界的金融危机和全面经济危机，留给人类一系列值得反思和研究的问题。从我国未来的发展，特别是未来发展战略的角

---

① 参见何国勇：《国际金融危机的成因、前景及启示》，载于《南方论丛》2009 年第 2 期。

度出发，当前至少有以下几个问题亟需深入思考和研究。

（一）关于美国金融危机、经济危机的发展趋势：实体经济衰退 2010 年上半年可望探底，金融危机和动荡将持续数年

从 2007 年 7 月美国发生所谓"次贷危机"算起，此次金融危机已持续两年有余。近一个时期以来，国内外各界对这场危机的发展趋势均在分析、研究，诸子百家，见仁见智。以美联储主席伯南克为代表的一部分人士认为，美国经济、全球经济"已经走出衰退的低谷"，"短期经济增长前景乐观"。2009 年 8 月 21 日在堪萨斯城联邦储备银行于杰克逊市的"年度经济研讨会"上，伯南克特别强调了美联储的贡献，说什么"若非美联储对危机及时作出回应，全球经济将面临灭顶之灾"。真乃纵火者参与灭火，摇身一变成了救火大英雄！惟其如此，其乐观论调的科学性就不免要大打折扣。包括美国在内的西方主流经济学派大多持谨慎的乐观看法，认为美国经济、全球经济虽出现探底复苏征兆，但好转势头不稳固。有少数人士不认同上述乐观估计，认为美国经济呈 V 形反转的可能性很小，经济复苏可能呈 W 形，亨斯曼公司的高管即持此看法。应该指出的是，美国各界的上述各种看法，其依据大都是美国政府发布的相互矛盾且经过"修正"的经济运行数据。我们曾经指出，分析美国当前爆发金融危机、经济危机的原因，不能仅仅从经济运作层面、技术操作层面去寻找；[①] 同样，分析、研究美国金融危机和全面经济危机的发展趋势，也不能仅仅着眼于美国经济的运作层面或技术操作层面。而且，美国乃至世界当前正在演进的危机，是一次复合性危机，它本身就包含两个层面：一是实体经济衰退，二是金融危机。两者间虽有关联，但由于在美国为代表的资本主义由国家垄断向国际金融资本垄断过渡的过程中，经济金融化、金融虚拟化和泡沫化、金融资本流动和金融运作自由化，发生金融危机的原因及发展趋势同实体经济衰退发生的原因及发展趋势是有很大差别的。

---

① 参见何秉孟：《美国爆发金融危机的深刻背景和制度根源》，载于《马克思主义研究》2009 年第 3 期。

实体经济衰退一般说来，均具有生产相对过剩的性质，其自身发展规律是，在"看不见的手"的操控下，调整产业结构以及生产与消费结构；当然，这种结构的调整，以生产力的巨大破坏和广大劳动者的苦难为代价。就当前美国的实体经济衰退而论，房地产业、汽车产业及相关产业的相对过剩生产能力，均将通过大批企业、公司的破产倒闭而破坏掉，破坏"彻底"了，也就是"探底"；待产业结构、生产与消费结构在低位上取得新的平衡后，衰退中的实体经济才有可能告别衰退，自"低谷"逐渐爬升。根据美国商务部发布的信息，从 2008 年下半年至 2009 年中，美国实体经济已连续四个季度衰退，累计萎缩幅度已逾 14%，其萎缩幅度之大并不多见，也就是说，对相对过剩的生产力的破坏已经相当"彻底"，实体经济再进一步下探的余地有限，2009 年第二季度实体经济萎缩 1%，较第一季度衰退 6.4% 的大幅收窄也说明了这一点。只要不出现新的"地震"，实体经济衰退有望于 2009 年底或 2010 年上半年结束。衰退触底后是在低谷徘徊还是反弹，取决于两个因素：一是实体经济能否找到新的经济增长点，二是金融危机的走势。这次世界性金融危机，尽管同生产相对过剩有联系，如 2007 年 7 月发生的"次贷危机"，在一定意义上也可说是生产相对过剩引起的；但深入分析，生产过剩不过是爆发金融危机的"导火索"而已。真正引发近百年最为严重的金融危机的深层原因，正如我们在前面已经指出的，是近二三十年来，美国的国际金融资本垄断集团为"圈钱"，在新自由主义理论、政策主导之下，构建的以经济金融化、金融虚拟化和泡沫化、金融资本流动及金融运作自由化为基本特征的掠夺性金融体制。只要这种集骗（诈骗）、赌（高杠杆操作，将资本、债券市场变为脱离实体经济的大赌场）、毒（泡沫化的有毒金融衍生产品）于一身的制度性、体制性弊端不革除，金融危机就不可能从根本上得到治理。具体地说，要从根本上治理金融危机，至少要解决以下三个方面的问题：一是摒弃新自由主义的理论，特别是摒弃金融自由化理念、政策，结束国际金融资本垄断集团对美国经济、政治权力的垄断；二是彻底改变美国国民经济金融化的畸型经济结构，终结"G－G′"这种"圈钱"的货币循环体制；三是从根本上改革现有金融运行机制，加强对金融资本流动和金融运作的监管，废止金融虚拟化，逐步挤掉金融衍生产品的泡沫，特别是剔除巨额有毒的金融衍生产品及其他有毒的金融资产。解决上述三个问题，对于美国当局来说，"难于上青天"，可以说是不可能的。美国金融危机发生后，布什政府以及奥巴马政府采取的办法主要是向金融机构注资，这不是要革除弊端，而是在给危机肇事者颁奖！金融危机持续两年多，金融系统已经暴露出的问题根本没有触动，新的问题仍在层出不穷，真所谓"旧债未了，又添新债"。据美国联邦存款保险公司（FDIC）8月27日公布，该公司仅2009年第二季度就将111家贷款商纳入到"问题银行"之中，使其旗下的"问题银行"增至416家，涉及资产总额近3000亿美元，总数创15年以来之新高！其实，这也仅是"问题"的冰山一角，美国金融系统的坏账、呆账、死账，以及有毒的金融衍生产品到底有多少，可能谁都心中无数！有的学者最近指出：引发"次贷危机"的"问题债"规模大概13万亿美元左右，另外还有美国的地方债券、企业债券、金融债、信用卡债和一系列消费类债务，其总规模是"次级贷"规模的两倍左右，也就是达25万亿美元左右。如果这方面潜在的问题爆发，其震波将远大于房屋次级贷所引发的金融"地震"。① 此外，近二三十年来，美国国际金融资本垄断集团为获取巨额铸币收益，充分发挥印钞机功能，滥发美元；此次金融危机中，更是开足印钞机马力印制美元，向金融系统输血注资。2009年7月20日，美国财政部"不良资产援助计划"特别督察长卡巴洛夫斯基称，目前联邦政府2万多亿美元的援助计划，仅仅是挽救银行行动的开始，未来救助银行的总金额可能高达23.7万亿美元。美国当局如此无节制地印发美元，潜伏着美元大幅贬值的通货膨胀风险，美元"货币危机"很可能在未来某个时期一触即发。

总之，治理美国的金融危机，较之治理美国的实体经济衰退，难度要大得多，所需时间要长得多。或者我们可以说，从2007年的所谓"次贷危机"开始，美国的金融系统才真正踏入了"问题期"，这个"问题期"持续的时间会有多长，乐观地估计，可能至少需要两三个总统任期。

---

① 参见《第二轮金融危机中国能否幸免》，载于《中国财富》2009年4月号，第92页。

（二）此次金融危机对美国的影响：综合实力受到重创，"一超独大"进入尾期

美国 2007 年爆发的金融危机，祸害全球，但遭创最重的还是美国，主要反映在三个方面：首先是本已"空心化"的美国实体经济再遭重创；其次是美国金融体系的腐朽性暴露无遗，在全球投资者中信誉丧失殆尽，改革美元为霸主的当代世界金融货币体系的呼声不断，美元的霸主地位岌岌可危；最后，美国引为自豪的"软实力"——以新自由主义为核心的意识形态在全球的影响力急剧下降。关于前两个方面，笔者在前面的行文中已有探讨，在此，着重分析第三个方面的问题。

以私有化、市场化、自由化（特别是金融自由化）和全球一体化（美国化）为核心内容，以及以"华盛顿共识"为"完成形态"的新自由主义，是美英国际垄断资本（主要是国际金融垄断资本）全球扩张的理论体系。20 世纪 70 年代末 80 年代初，随着代表国际金融垄断集团和石油、军工集团利益的美国共和党里根及英国保守党撒切尔夫人的上台，新自由主义被捧上了主流经济学宝座。近 20 多年来，国际金融垄断集团诱导甚至以贷款、援助的附加条件等软硬兼施手段，在全球推行新自由主义，特别是金融自由化，为在竞争中具有绝对优势的国际金融垄断资本构建自由进出各国并确保其套利套汇收益的操作平台，其结果是导致金融频繁动荡，金融危机和货币危机不断发生。据世界银行统计，20 世纪八九十年代，全球共发生大大小小的金融货币危机 108 次，其中，80 年代 45 次，90 年代 63 次，90 年代的频次比 80 年代多 40%。八九十年代的金融货币危机，绝大多数发生在新兴工业国家、发展中国家等经济弱势国家，美国的金融体系没有发生大的动荡，不仅如此，美国的金融寡头还落井下石，大发他国国难财。这首先说明，美英国际金融垄断资本所推行的新自由主义，特别是金融自由化，对经济弱势国家而言，绝非福音，而是祸水。但由于在此期间，美国的金融相对稳定，导致有些人对新自由主义、对金融自由化尚存一些幻想：既然信奉新自由主义、金融自由化的美国没有发生金融危机，这是否表明，不是新自由主义、金融自由化

本身不好，而是这些国家推行新自由主义、金融自由化力度不够？笔者 2006
年访问拉美，同巴西学者座谈时，有些巴西学者就持这种看法。其实，一个
时期以来，我们国内持类似观点的也大有人在，他们反对批判新自由主义，
主张照搬美国人的理念，移植美国的经济体制、金融体制以实现中国的"崛
起"，做起了"美国梦"。然而，历史多多少少有点无情：正当美国的国际金
融资本垄断寡头们在津津乐道美国的"经济、金融基本面健康"、"华盛顿共
识"具有"广泛适用性"的时候，正当包括我国在内的发展中国家的某些人
沉溺在"美国梦"中的时候，美国爆发了近百年来最严重的金融危机，这不
啻为当头棒喝！美国哥伦比亚大学教授、诺贝尔经济学奖获得者约瑟夫·斯
蒂格利茨对这种现象进行了精彩点评，认为当前的金融危机和经济危机使华
盛顿奉行的理论与实践遭遇前所未有的尴尬；危机结束之时，美国式资本主
义将受到沉重打击，发展中国家将会越来越相信："美国所倡导的一切经济理
念只能远离，不可亲近。世界对美国式的资本主义模式感到失望，我们提倡
的意识形态已经失去昔日的光环，它锈蚀得已经不需要再进行修补了。"① 斯
蒂格利茨从美国内部透视美国所得出的上述判断，虽然浸透着伤感，也足以
让至今仍沉溺于"美国梦"的人士清醒！这不仅仅因为斯氏是一位美国人，
而且是一位得过诺贝尔奖的较少偏见的严肃学者。

我们知道，苏联解体、冷战结束后，美国"一超独大"，主要靠庞大的军
事机器、美元霸主和新自由主义为灵魂的意识形态"软实力"这三足支撑。
美国被严重金融危机、全面经济衰退折腾两年之后，支撑"一超独大"的三
"足"之中，一"足"——以私有化、市场化、自由化（主要是金融自由化）
和全球"一体化"为核心内容的新自由主义意识形态"软实力"，虽然不大
可能立即退出历史舞台，甚至有可能经过某些"修补"后继续招摇撞骗，但
因其过于腐朽，完全违背经济社会发展的客观规律，几十年来给人类带来了
太多的灾难，在全球已成过街老鼠，甚至连美国国际金融资本垄断集团一手
扶植起来的、长期唯美国国际金融垄断资本之马首是瞻的世界银行和国际货

---

① 约瑟夫·斯蒂格利茨：《华尔街的"遗毒"》，载于美国《名利场》2009 年 7 月号。

币基金组织，也开始批判金融自由化、呼吁加强金融监管，看来，这一只"足"是土崩瓦解了。另一"足"——美元霸权，其根基也已动摇。由于美国的国际金融垄断资本贪得无厌，几十年来凭藉美元在国际金融货币体系中的特殊地位，利用印钞机疯狂盘剥全世界，积怨太深；在此次危机中，美国当局为拯救华尔街的一批金融大亨，开足印钞机印制"绿纸片"，美元危机、美元大幅贬值迟早会发生，使其货币市场工具功能和资本市场工具功能大打折扣。所以，全球要求改革现有国际金融货币体系的呼声此起彼伏。所谓改革现有国际金融货币体系，集中在两个方面，一是摒弃所谓"金融自由化"，加强金融监管；二是终止美元的霸主地位。

现在我们可以看到，曾经支撑美国"一超独大"的三"足"之中，一"足"已经坍塌，一"足"受创至残，剩下的一"足"——庞大的军事机器，虽仍在发挥支撑作用，但也并非是无往不胜。比如，2003 年在谎言的掩饰下美军气势汹汹入侵伊拉克，几年来耗费数以万亿美元计，死伤成千上万将士，如陷泥潭，最近不得不部署撤离伊拉克。入侵伊拉克的后果足以说明，如果师出无名，军事机器再强大，也逃脱不了举着白旗从战壕爬出的结局。当然，由于实力不对称，美国的军事机器在伊拉克尚未伤筋动骨，在弱小者面前仍可张牙舞爪，但要支撑"一超独大"局面，毕竟"独木难支"。这一切似乎表明，美国"一超独大"已近尾声，世界或许真正开启了进入"多级格局"之门。

（三）国际金融危机对资本主义历史进程的影响：由国家垄断向国际金融资本垄断过渡的进程将被中断，社会市场资本主义经济模式的影响将增强

"祸兮福之所倚，福兮祸之所伏。"虽然这次国际性金融危机对人类的社会生产力造成巨大破坏，加剧了数以亿计的普通老百姓的贫困和苦难；但是，这场危机充分暴露了美国新自由主义经济模式的极端寄生性和腐朽性，宣告了以"私有化、市场化、自由化（尤其是金融自由化）和'全球一体化'"为核心内容的新自由主义理论的破产，重创了美国金融垄断资本的实力，资本主义由国家垄断向国际金融资本垄断过渡的进程将因此而中断；同时，美

国"一超独大"的世界格局也将因此而步入尾期，为"终结"美国"人类灾难制造者"历史提供了难得的机遇。这一切，对于包括美国人民在内的世界人民来说，是不可多得的福音。

然而，我们必须清醒地看到，即使当代资本主义由国家垄断向国际金融资本垄断过渡的进程被中断，即使"终结"美国"人类灾难制造者"历史的机遇能够成为现实，也并不意味着世界资本主义的末日会立即来临。自 20 世纪八九十年代苏东剧变后，世界社会主义遭受严重挫折而陷入低谷，此次国际性金融危机和全面经济危机并没有改变资本主义仍具有一定的发展空间，因而在今后相当长的一段历史时期内还会处于绝对优势地位这一基本态势；时至今日，世界工人阶级也并没有为改变这一基本态势做好思想上、组织上的准备。所以，美国新自由主义经济模式的破产，仅仅是寄生性和腐朽性达于极点的一种资本主义模式的破产。

2006 年，我们曾撰文指出，当今世界，在资本主义这个总的范畴下，有三种主要的市场经济模式：其一是美国和英国的以新自由主义为理论基础的自由市场经济模式或市场原教旨主义经济模式；其二是德国、法国和北欧瑞典等国的以社会民主主义为理论基础的社会市场经济模式；其三是日本、新加坡、韩国等亚洲国家的"政府主导"的市场经济模式。① 近 20 多年来，世界上不仅存在社会主义同资本主义两条道路之间的尖锐对立与激烈斗争，而且还存在资本主义体系内各种经济模式之间的剧烈竞争。20 世纪 80 年代后，美国的国际金融垄断资本集团为实现"全球一体化"也即"全球美国化"的野心，控制全球金融和世界市场，不仅采取各种手段，向拉美、东亚等新兴市场经济国家以及前苏东地区推销新自由主义及其完成形态——"华盛顿共识"，而且对其盟友欧洲大陆诸国也进行渗透。期间，欧洲学界、政界如资产阶级中左翼政党也以各种方式对美国的新自由主义渗透进行反制，以维护社会市场经济模式。20 世纪 90 年代，由布莱尔、克林顿、施罗德以及英国工党

---

① 参见何秉孟、姜辉：《同英国学者关于市场经济不同发展模式讨论的报告》，载于《马克思主义研究》2006 年第 4 期。

的著名理论家吉登斯等人推出的"第三条道路"理论或模式，就是一种渗透与反渗透的复合体。由此也可看出，在这一期间，欧洲大陆的社会市场经济模式同美国的新自由主义经济模式间的竞争与较量异常激烈。此次爆发自美国的严重金融危机和全面经济危机，宣告了美国新自由主义经济模式的破产，对于与之竞争的欧洲大陆的社会市场经济模式而言，当然可以视作是这场竞争与较量的圆满结局。

　　德国、法国和北欧瑞典等国的社会市场经济模式，以实体经济为主、以混合经济体制为主，国有和集体、合作经济成分比重较大；它虽然也强调市场机制的作用，主张自由竞争，但反对自由放任的市场经济，主张市场机制与国家的有限干预（或计划）相结合，注重社会公平、社会福利和社会保障；它一般以西方的社会民主主义为理论基础，同马克思主义有思想渊源，在一定程度上受欧洲大陆历史悠久的工人运动和社会主义运动的影响。所以，它虽然没有跳出资本主义的窠臼，但它是一种改良的资本主义。在一定意义上，美国新自由主义经济模式的破产，为这种改良的资本主义——社会市场资本主义经济模式腾出了生存、发展空间，也就是说，在可以预见的将来，社会市场资本主义经济模式的影响将会有所增强。这一发展趋势，给我国学术界、理论界提出了十分紧迫的任务：在继续深入分析、批判新自由主义的同时，加强对欧洲大陆社会市场经济模式的分析、研究，实事求是地揭示其历史局限性及发展趋势，批判性地借鉴其对我有用的经验，以服务于拓展、完善、深化中国特色社会主义理论的时代使命。

（原文发表于《中国社会科学》2010 年第 2 期）

资本主义基本矛盾与当前国际金融危机

张雷声[*]

面对由 2007 年美国次贷危机引发的国际金融危机，国内学术界就其产生的原因做了多方面的探讨。有学者认为，这是创新性危机，由金融衍生工具的创新引起；有学者认为，这是体制性危机，由金融监管的不力造成；有学者认为，这是债权债务连锁性危机，由美国住宅市场泡沫导致；还有学者认为，新自由主义的资本主义取代国家管理的资本主义，实行金融市场的自由化，导致了金融危机。我们认为，上述关于当前国际金融危机产生原因的讨论仅仅局限于表层现象，从马克思主义经济学的视角分析，这场国际金融危机产生的原因是与资本主义基本矛盾的运动和变化分不开的。

一、危机源于资本主义基本矛盾的激化

无论当前美国的金融危机是源于金融衍生工具的创新、金融监管的不力，还是源于美国住宅市场泡沫的破灭，归根到底都是资本主义基本矛盾运动的必然结果。不仅"资本的劫难源于日益提高的劳动的社会化，以及生产的社会化"，[①] 而且更重要的是危机源于生产的社会化与生产资料资本主义私人占有之间不可调和的矛盾，即资本主义基本矛盾。资本主义发展的历史就是资本主义基本矛盾运动的历史。根据资本主义基本矛盾运动的变化，可以把资本主义的发展过程划分为三个阶段，在这三个阶段，资本主义基本矛盾运动呈现出不同的特点。

第一阶段是自由竞争资本主义阶段。对这一阶段资本主义基本矛盾运动

---

　* 张雷声：中国人民大学马克思主义学院。

　① 希勒尔·蒂克廷：《关于资本主义不稳定性和当前危机的马克思主义政治经济分析》，载于《马克思主义与现实》2009 年第 3 期。

的特点，马克思作了透彻而精辟的分析。马克思认为，资本主义基本矛盾是导致经济危机爆发的根源。但是，在资本主义经济发展的现实生活中，资本主义基本矛盾的运动，是通过许多具体生动的形式表现出来的。在《资本论》中，马克思分析了资本主义基本矛盾运动的多种表现形式，主要如社会资本再生产中两大部类生产与需求之间的矛盾、剩余价值生产与剩余价值实现之间的矛盾、生产扩大与资本的价值增殖之间的矛盾等等。显然，这些具体生动的表现形式依据的是资本主义基本矛盾运动的自由竞争、自由经营机制。

第二阶段是国家垄断资本主义阶段。在这一阶段，资本主义基本矛盾运动呈现出新的特点。科技革命发展到 20 世纪后半期，出现了以信息革命为中心的高新技术，资本主义基本矛盾运动的机制发生了变化，形成垄断与竞争并存、国家与市场并存的新机制。但这并不表明资本主义基本矛盾运动趋于弱化，相反却说明资本主义基本矛盾在新机制的作用下日益向纵深发展，出现了许多新的现象。例如，在资本剥削雇佣劳动、资本与劳动的收入分配、人与自然的关系等方面，资本剥削的手段日益隐蔽化、资本与劳动的两极分化日益加剧、人与自然的矛盾日益激化等。这些现象在当代资本主义的发展中比比皆是。这既说明了资本主义基本矛盾运动的起伏性，是资本主义国家为维护其经济利益而不断进行自我调适的结果，这种调适在相当大的程度上给资本主义经济注入了新的活力，延长了资本主义的寿命；同时又表明了资本主义孕育着更深层的激化矛盾的动力和因素，而这些动力和因素必将是通过经济危机来阻碍资本主义发展并促使其走向灭亡的。

第三阶段是国际垄断资本主义阶段。在这一阶段，资本主义基本矛盾的运动既有国家垄断资本主义阶段的特点，即垄断与竞争并存、国家与市场并存的机制依然发挥作用，同时随着经济全球化进程的推进，又有了新的特点，即资本主义基本矛盾运动在全球范围扩展并发挥前所未有的作用。在经济全球化进程中，生产要素以空前的速度和规模在世界范围内流动，以寻求相应的位置进行最佳的资源配置；贸易自由化的范围、金融国际化的进程迅速扩大和推进；生产网络化的体系逐步形成，投资外向化的现象日益凸现。经济全球化必然导致全球资本主义。在经济全球化进程中，资本主义基本矛盾在全球范围的运动有多方面的表现，如市场经济矛盾和弊端的扩展、资本动机和目的的扩展、一国资本主义经济政治发展不平衡的扩展、一国资本主义发展中的两极分化在全球扩展等。

2008 年发生的国际金融危机与资本主义基本矛盾发展到国际垄断资本主义阶段基本矛盾发展到国际垄断资本主义阶段出现了新的特点有关。在经济全球化的发展进程中，金融资本占据了主导地位，全球一体化的国际金融体系"金融资本的历史是一个不断寻求以金融资产创造为方向扩展的历史，是一个寻求规避法律、政治或者文化力量对资产创造施加限制和监管的历史。"①因此，在当代世界经济的发展中，资本主义基本矛盾运动的一个最重要的方面，就是金融垄断资本加紧了全球性的金融投机和金融掠夺，同时却又缺乏有力的金融监管。

金融资本的本质就是在不断寻求和创造独立的价值形式。由于金融业和金融衍生工具迅速发展，资本主义经济的赌博、投机性质日益明显和强化。最典型的表现是：第一，金融资产与其他资产简单地打包在一起，创造出一种新的证券或者金融工具，投机者在制造和加速价格波动中收获价格快速波动带来的利润，价格失去约束。第二，投机者以很低的利率借来资金，然后投入投机性资产即价格波动型的金融工具中，2002 年至 2006 年美国和全世界住房市场繁荣中的次级抵押贷款之所以会激增，原因正在于此。第三，对冲交易即允许在价格波动的上下两个方向上同时"对赌"，催生了一种完全失去监管的金融中介机构新形式即对冲基金。对冲基金的发展必然会增加投机性投资。美国学者杰克·拉姆斯强调，衍生品的爆炸性增长是 20 世纪 80 年代以来投机性投资总额和比重增加的强烈信号。全球衍生交易数量超过了 600 万亿美元。由于衍生品市场存在着信用违约掉期（credit default swaps，CDSs）品种，这个品种反映的是关于一个特定银行或者公司将不违约和破产的"赌局"，因而不仅对当前金融危机的爆发产生了十分重要的作用，而且还将会引

---

① 杰克·拉姆斯：《投机资本、金融危机以及正在形成的大衰退》，载于《马克思主义与现实》2009 年第 3 期。

发第二波金融危机。① 金融投机活动愈益猖獗，金融体系与"实物经济"就会严重脱节，虚拟资本也就会惊人地膨胀。金融投机带来了巨大的金融风险，一旦金融泡沫破灭或资本流动的方向突然变化，出现剧烈的汇率浮动，就会引起破坏性的连锁反应，使整个世界的金融体系陷入危机。与此同时，"国际金融的全球化和金融市场的一体化，同样也给投资者、投机者和政府带来了金融混乱和挫折。大额的国际资本流动削弱了国家经济主权，政府再不能全面管理本国经济，对本国经济利益的维护也显得力不从心。"② 金融资本的全球化与金融资本监管不力的矛盾成为当今资本主义基本矛盾运动的表现形式之一。

综上所述，资本主义经济危机发展到当代表现为金融危机是必然的，金融危机实质上就是经济危机。资本主义基本矛盾以其在经济全球化中激化的新的表现形式导致了金融危机的爆发。

二、目前关于转嫁危机损失的应对

当今世界，经济方面最大的变化是经济全球化的发展。而经济全球化的发展在使资本主义基本矛盾的运动有了新变化并导致危机爆发的同时，也通过转嫁危机损失的方式缓解了资本主义基本矛盾，保障资本主义制度，延缓资本主义的灭亡进程。因此，资本主义基本矛盾的运动是危机爆发的根源，但并不必然导致资本主义制度的灭亡。因为任何一个发生危机的资本主义国家都会想方设法弥补或转嫁危机的损失。因此，在资本主义基本矛盾的运动与资本主义制度的灭亡之间，还存在着一个怎样去反对转嫁危机损失的问题。

金融危机爆发以来，美国采取了多方面的"救市"措施，即加大政府干预经济的力度和向私人大银行、大公司注资，包括对某些企业甚至某些行业实行国有化措施等。例如，美国前总统布什推出了 7000 亿美元不良资产救助

---

① 杰克·拉姆斯：《投机资本、金融危机以及正在形成的大衰退》，载于《马克思主义与现实》2009 年第 3 期。

② 弗雷德里克·皮尔逊、西蒙·巴亚斯里安：《国际政治经济学：全球体系中的冲突与合作》，北京大学出版社 2006 年版，第 182 页。

计划，现任总统奥巴马推出了 7870 亿美元的经济刺激计划，美联储推出了8000 亿美元的救市方案，美国财政部推出了高达 20000 亿美元的金融稳定计划等，用于紧急救助。① 与此同时，美国还采取贸易逆差收缩的办法，实际出口明显扩张而实际进口快速收缩，将金融危机的损失通过对外贸易渠道转嫁到全球。西欧一些国家为了减缓金融危机的影响，也纷纷不遗余力地采取了相应的"救市"措施，政府不仅出资收购商业银行，使之国有化，而且还在实体经济领域大量地投资设立公营企业。从目前"救市"措施实施的情况来看，无疑已起到了缓解金融危机及其对各国经济产生深刻影响的效果。

面对美国金融危机的爆发，西欧国家必须与美国联手抗击，反对美国转嫁危机损失。因为在经济全球化进程中，西欧经济已经不可避免地对美国经济产生了过度依赖，美国经济从投资、贸易、股权渗透等方面影响着西欧经济的发展。美国发生了金融危机，西欧经济必然受到牵连，如果美国经济垮台，西欧经济也会跟着垮台。在国际垄断资本主义的发展中，在现代市场经济的全球化发展中，一国范围的国家干预难以阻止这种来势凶猛的国际性金融危机，因此，必须采取各国联手抗击的方式，就是说，一国范围的国家干预随着国际垄断资本主义的发展而国际化了。因此，西欧国家的"救市"措施虽然表现为反对美国转嫁危机损失，但是，这种反对转嫁危机损失的办法却是一国范围的、被动的、有局限性的。当然，目前西欧任何一个国家都不具备与美国较量的实力，都不具备改变以美国为中心的国际货币体系、建立国际经济新秩序的能力，同时，西欧国家内部也还不具备联合起来一致行动的条件。

必须肯定地认为，美国弥补危机损失措施的采用和西欧国家反对美国转嫁危机损失措施的采用，并不是加速资本主义制度灭亡、走向社会主义的纲领和措施，这些国家的干预措施也不是真正意义上的"国有化"，更不是真正意义上的社会主义，而只是危机爆发时为了降低危机损失或反对转嫁危机损

---

① 戴相龙：《当前的国际金融危机及我国的应对措施》，载于《中国人民大学学报》2009 年第3 期。

失而采取的一种权宜之计。在金融危机中站出来"救市"的国家，基本上都是为了自身的利益，唯恐危机的继续扩大会使自身受到更大的危害。因而对这些国家来说，"救市"是一种迫不得已之举。这些降低危机损失或反对转嫁危机损失措施的采用，说到底，只是在资本主义制度范围内所做的一种政策调整，是对资本主义弊端的一种纠正，它在一定程度上可以延长资本主义制度的寿命。

20 世纪 80 年代以来，新自由主义作为美国的施政理念，成为它们要求所有国家开放市场的基本逻辑。可以认为，美国金融危机的爆发，是美国近 30 年来推行新自由主义经济政策的结果。新自由主义经济政策的核心就是：放松对经济和金融的管制，允许自由市场的存在；国家不干预经济。美国金融危机的爆发充分说明：没有国家干预的金融市场是不稳定的金融市场。因为越来越多的银行和其他金融机构可以自由地追逐最大利润，去从事投机性业务。加上国内贫富分化，必然使得工薪家庭不得不把房屋作为抵押品进行借贷来维持生存，工薪家庭收入水平的停滞或者下降，又使得他们很难靠其收入进行正常的借贷，无力偿还债务而发生危机。因此，这场金融危机虽然是发生在美国，但波及全球，表现为经济全球化进程中，新自由主义在全世界泛滥所产生的后果。以美国为主导的全球化，把一国资本主义的弊端扩展到了全球范围，把新自由主义的放松金融监管、允许自由市场存在、国家不干预经济的政策也扩展到全球范围。美国金融危机的爆发还说明：经济全球化的过程不应是推行霸权主义的过程，不应是资本主义弊端泛滥的过程，不应是全球资本主义化的过程。在经济全球化进程中，我们必须深刻认识经济全球化的风险，要提高防范意识，强化防范对策。

已经融入经济全球化进程的中国经济，面对这场金融危机，不可能置身事外。作为世界经济体系的一部分，"在世界经济危机加剧蔓延的情况下，中国经济保持平稳较快发展就是对世界最大的贡献"[①]。在实体经济领域，中国

---

① 《第七届亚欧首脑会议闭幕后记者招待会实录》，新华网，http://xinhuanet.com，2008 - 10 - 25。

必须依靠经济发展方式由粗放发展到集约发展的转型，搞好产业结构的调整、技术水平的升级；在金融领域，中国必须加强金融监管体系的建设，提高国际金融竞争力。不仅如此，面对金融危机，中国应在全球"救市"共同应对全球化风险之时，反思其背后的政治、制度等因素，思考中国的受损如何能最小化而利益如何能最大化，如何在全球化过程中规避风险，如何更稳妥地推进和扩大开放。

已经融入经济全球化进程的中国经济，面对这场金融危机，不可能独善其身。"中国是国际体系的积极参与者和建设者，不是破坏者"。① 作为国际社会负责任的成员之一，中国应该以更积极的态度全面、深入地研究金融全球化问题，参与维护国际金融稳定和改革国际金融体系，加强与发达国家的合作，支持国际金融组织根据国际金融市场的变化增强融资能力，加大对受这场金融危机影响的发展中国家的支持，切实维护发展中国家的利益，促进有利于世界经济发展的国际合作，在建立有利于各国经济稳定发展的新的世界货币金融体系的过程中，发挥自己的重要作用。

三、资本主义基本矛盾与"两个必然"

资本主义必然灭亡、社会主义必然胜利（通常称"两个必然"），是马克思通过分析资本主义基本矛盾的形成、发展和解决的过程，分析资本主义产生、发展和灭亡的历史趋势而得出的科学结论。马克思认为，一旦"生产资料的集中和劳动的社会化，达到了同它们的资本主义外壳不能相容的地步。这个外壳就要炸毁了。资本主义私有制的丧钟就要响了。剥夺者就要被剥夺了。"② 马克思主义诞生一个半世纪以来的历史，社会主义由理论变为现实的90多年的历史，无论经历过多少次的思想较量、思潮交锋、倾向斗争，也无论出现过多少困惑、历经过多少挫折、遭受过多少重压，"两个必然"的思想自始至终鼓舞着各国共产党人，取得了一系列的胜利，苏联十月革命的胜利

---

① 温家宝：《继往开来，共创中美关系更加美好的明天》，新华网，http://xinhuanet.com，2008-09-24。

② 《马克思恩格斯全集》第44卷，人民出版社2001年版，第874页。

和中国革命的胜利就是明证。马克思所揭示的人类社会发展的客观规律既为历史实践所证实，也为许多西方学者所承认。美国学者海尔布隆纳认为，要探索人类社会发展的前景，必须求教于马克思。他认为，人类社会至今仍然生活在马克思所阐明的发展规律之中。马克思关于资本主义内在本性的分析是正确的，只要资本主义存在，就不能认为马克思关于资本主义内在本性的分析是错误的。[①]

但是，在人类历史上，"无论哪一个社会形态，在它所能容纳的全部生产力发挥出来以前，是决不会灭亡的；而新的更高的生产关系，在它的物质存在条件在旧社会的胎胞里成熟以前，是决不会出现的"（通常称"两个决不会"）。[②] 资本主义的发展也是如此。自1825年以来，资本主义基本矛盾时而尖锐时而缓和，资本主义经济危机在资本主义基本矛盾的运动中频频发生，资本主义制度则又频频从危机中摆脱出来，资本主义生产关系频频得到调整，资本主义就是以这样一个矛盾体在不断向前发展。理解"两个必然"必须要与理解"两个决不会"结合起来。"两个必然"是"两个决不会"运动的必然结果，"两个必然"中又包含着"两个决不会"的内在要求。资本主义发展的历史给我们提出了一个必须面对的理论问题，即在资本主义基本矛盾、资本主义经济危机和"两个必然"之间究竟存在着什么样的关系？

如前所述，资本主义基本矛盾的激化是经济危机爆发的根源，但是，资本主义经济危机的爆发并不表明资本主义必然灭亡和社会主义必然胜利。因为一次次的震荡和危机会通过一次次的调整和补救来挽回，资本主义国家能在一定程度上应付资本主义痼疾的再度发作。在经济全球化条件下，资本主义必然灭亡和社会主义必然胜利作为人类社会发展的趋势，就不再是一国范围内的事情，而是需要世界各国的共同努力。因此，当危机发生后，世界各国把面对危机的眼光仅仅放在自身利益维护的狭隘视野内时，资本主义生产关系对于社会生产力就仍然具有包容性，"两个必然"的实现就不可能是一朝

---

① 海尔布隆纳：《马克思主义：赞成与反对》，桂冠图书股份有限公司1990年版，第1页。
② 《马克思恩格斯选集》第2卷，人民出版社1995年版，第33页。

一夕之事。然而，我们应该看到，资本主义制度的调整和补救尽管很有用，但相当有限，资本主义基本矛盾的存在和发展是任何调节手段都无法阻挡的。资本主义基本矛盾的存在和发展是实现"两个必然"的前提。这一分析让我们意识到，在资本主义基本矛盾的运动导致资本主义经济危机爆发以后，对转嫁危机损失的措施绝不应是一国范围的、被动的、消极的措施，而应是世界范围的、主动的、积极的措施。这个世界范围的、主动的、积极的措施，就是改变国际金融体系、建立国际经济新秩序。世界各国联合起来，改变现存的国际金融体系、建立起国际经济新秩序，是资本主义在全世界灭亡和社会主义在全世界胜利的必然途径。

2008 年的国际金融危机发生以后，尽管美国、西欧采取了"救市"措施，但在世界范围内，改革国际金融制度依然是一个重要话题，人们呼吁改革现存的国际金融体系，重建世界金融新秩序。第 63 届联合国大会主席布罗克曼强调，现有的国际金融体系无法反映出目前世界经济的全球性和相互依存性，解决目前全球面临的金融危机的出路就是通过民主程序，建立一套让所有国家都能够参与其中的新体系。诺贝尔经济学奖获得者斯蒂格利茨也认为，现有的全球金融体系对于发展中国家尤其是那些新兴经济体来说是不利的，它们在某些情况下缺乏足够的决策话语权，因此，今后国际金融体系内的决策制定必须在一个具有更广泛政治合法性的国际机构中完成，这一机构应该给中等收入国家以及最不发达国家以足够的话语权，而联合国正是这样一个既具有广泛代表性又具备合法性的国际组织。改革国际金融制度无疑是具有重要意义的。胡锦涛总书记在 20 国集团首脑金融市场和世界经济峰会上提出了改革国际金融体系的举措。这些举措主要包括：第一，加强国际金融监管合作，完善国际监管体系，建立评级机构行为准则，加大全球资本流动监测力度，加强对各类金融机构和中介组织的监管，增强金融市场及其产品透明度；第二，推动国际金融组织改革，改革国际金融组织决策层产生机制，提高发展中国家在国际金融组织中的代表性和发言权，尽快建立覆盖全球特别是主要国际金融中心的早期预警系统，改善国际金融组织内部治理结构，建立及时高效的危机应对救助机制，提高国际金融组织切实履行职责的能力；

第三，鼓励区域金融合作，增强流动性互助能力，加强区域金融基础设施建设，充分发挥地区资金救助机制的作用；第四，改善国际货币体系，稳步推进国际货币体系多元化，共同支撑国际货币体系稳定。

从人类社会发展的历史规律来看，毫无疑问，资本主义制度就是一个历史过渡。但是，这个历史过渡的行程能否缩短，主要取决于资本主义与社会主义在政治、经济、文化等方面力量的对比，取决于社会主义在世界范围内能否以自身的强大战胜资本主义。可以认为，改革国际金融制度，在改变长期由美国主导的国际金融体系方面、在维护发展中国家的利益方面能够起一定的作用，同时，在调控金融全球化、推动世界经济的发展方面也能够起到一定的作用。

面对 2008 年的金融危机，不少人认为，资本主义日薄西山，濒临末日，这场金融危机正在加速资本主义必将为社会主义所代替的历史进程。沃勒斯坦曾指出："资本主义将成为过去，它的特定的历史体系将不再存在。""它是人类历史上的一次吸引人的演习——一次特殊和异常时期的演习，但可能是向更为平等的世界过渡的漫长历史中的一个重要时刻；或者它在本质上是一种不稳定的人类剥削形式，在它后面，世界便回复到较为稳定的形式。"① 毫无疑问，资本主义为社会主义所代替是人类社会发展的历史趋势。既然说它是历史趋势，也就说明了它的实现有着长期性、曲折性和复杂性。这个过程是一个充满斗争的曲折过程，有可能出现暂时的倒退。苏联东欧剧变，世界社会主义暂时处于低潮就是一个例证。

在资本主义基本矛盾与"两个必然"的关系上，我们应该清醒地看到：

第一，资本主义在其发展过程中会不断地对现有的生产关系进行调整，从而使其寿命得以延长。为减少国际金融危机带来的损失，主要资本主义国家所采取的"救市"措施，实际上就是通过采取适时调整的方式来缓解资本主义基本矛盾。

第二，资本主义的灭亡是一个长期的过程，这和资本主义是一个庞大的

---

① 伊曼纽尔·沃勒斯坦：《历史资本主义》，社会科学文献出版社 1999 年版，第 108～109 页。

世界体系有关。当前的世界经济体系和政治体系仍处于资本主义的掌控之中。社会主义世界体系的形成及社会主义世界体系取代资本主义世界体系都需要经历一个很长的历史过程。

第三，美国金融危机的爆发暴露了以资本主义为主导的全球经济秩序的不公正性、不平等性，在资本主义世界体系内部是没有什么公正、平等可言的。因此，必须对世界经济体系和政治体系进行深刻的变革，各民族、各国家只有置身于社会主义世界体系之中，才能在世界范围内求得真正的公正和平等。

（原文载于《中国人民大学学报》2009 年第 5 期）

当前世界金融—经济危机的原因与后果

——资本主义经济基本矛盾的总爆发

白暴力　梁泳梅[*]

一、本次金融—经济危机的根源：资本主义经济制度

本次金融—经济危机由次贷危机引起，次贷危机产生的原因是以房屋为代表的商品卖不出去，是社会生产相对过剩或有效需求不足矛盾尖锐化。生产相对过剩或有效需求不足是资本主义（资本—雇佣劳动）经济制度必然产生的矛盾。因此，本次金融—经济危机的根源是资本主义经济制度。

（一）本次金融—经济危机的演进过程

此次金融—经济危机爆发的导火索是住房市场的次贷危机，由次级抵押贷款的放贷机构传递至银行、基金公司、保险公司等其他金融机构，最终形成严重的金融—经济危机。

次级房屋抵押贷款是在大量消费者无力购买房屋的情况下，为了促进房屋销售而创造出来的金融工具。它是指针对收入较低、信用较差、一般情况下很难从银行获得传统贷款的人群，由专门的房贷公司为其发放贷款以便这些低收入人群能够购买房屋。

在经济繁荣时期，次级抵押贷款能够为放贷机构带来高额利润。次级抵押贷款的利率高达 10% ~ 12%，远远超过了普通抵押贷款 6% ~ 8% 的利率；而且大部分次级抵押贷款采取可调整利率的形式，随着美联储多次上调利率，次级房贷的还款利率不断上升。次级抵押贷款同时也具有较大风险，由此产

　＊　白暴力：北京师范大学经济与工商管理学院；梁泳梅：北京师范大学经济与工商管理学院。

生了种类繁多的相关金融衍生品，相关资产被证券化、不断打包再出售。在经济繁荣时期，次贷金融产品由于高利润而受到资本热烈追逐，被投资银行、对冲基金等金融机构大量购买；后者又从传统银行和保险公司等金融机构和广大居民手中获得资金。因此，次级房贷的影响十分广泛。

当部分低收入借款者还款发生困难时，违约出现了。随着房屋价格下降，次级房贷逾期还款和丢失抵押品赎回权的现象越来越多，次级房贷的支付链条被中断，许多中小放贷机构破产倒闭。2008 年 9 月，美国最大的两个房贷机构房利美和房地美被政府接管，次贷危机全面爆发。随着放贷机构的破产倒闭，整个信用支付链条也被打断。许多经营次贷金融产品的银行出现巨额亏损和倒闭。大量金融机构的倒闭，引起了美国以及欧洲国家的信贷高度紧张，金融—经济危机由此爆发。

（二）金融危机是实体经济问题的表现

从本次金融—经济危机的演进过程，从房屋卖不出去——次级房屋抵押贷款产生——次贷危机——金融危机的链条可以发现，危机产生的原因是实体经济存在生产相对过剩或有效需求不足。金融危机只是实体经济问题的表现形式。正如马克思所说，"在再生产过程的全部联系都是以信用为基础的生产制度中，……乍看起来好像整个危机只表现为信用危机和货币危机，而且事实上问题只是在于汇票能否兑换为货币。但是这种汇票多数是代表现实买卖的，而这种现实买卖的扩大远远超过社会需要的限度这一事实归根到底是整个危机的基础。"① 实际上，本次危机与以往所有资本主义经济危机一样，根本原因都在于资本主义（资本—雇佣劳动）经济制度下生产相对过剩或有效需求不足矛盾无法得到解决。

1. 实体经济中存在着生产相对过剩或有效需求不足的矛盾。生产相对过剩或有效需求不足的矛盾在美国经济各个领域都不同程度地普遍存在，它既表现为商品市场供过于求，也表现为生产领域中相对过剩劳动人口不断增加。

---

① 《资本论》第 3 卷，人民出版社 1975 年版，第 554～555 页。

（1）有效需求不足总是突出表现在价格较高的商品上：以房屋为代表的商品卖不出去。生产相对过剩或有效需求不足的矛盾总是突出表现在价格较高的商品上，因为低收入者最无力购买此类商品。尤其是以房屋为代表的商品，一方面作为生活必需品它有价格不断上涨的内在趋动，能够为生产者带来高利润，其供给增长快速；另一方面劳动者对房屋虽有强烈的需要却因收入低而无法形成有效需求。

房屋空置率是衡量房屋供给和需求缺口的重要指标之一。空置率越高，证明建造出来的房屋没有被出售或出租的比例越大，生产相对过剩或有效需求不足越严重。房屋市场有效生产相对过剩或需求不足的问题在美国一直存在（见图1）。以当前人口调查/房屋空置调查（CPS/HVS）为基础统计出来的房屋空置率，在20世纪60年代早期较高（9.5%左右），随后经过调控稍有缓解，20世纪80年代开始再次迅速提高，从2001年起超过了10%，2008年第一季度更是达到了13%，意味着生产相对过剩或有效需求不足的矛盾又进入了一个新的尖锐期。

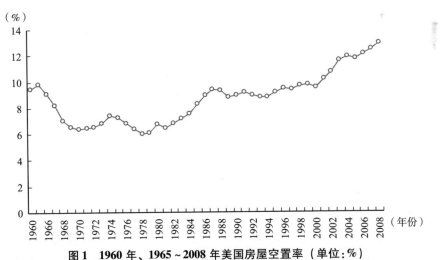

图1　1960年、1965～2008年美国房屋空置率（单位：%）

数据来源：美国国家统计局（以当前人口调查/房屋空置调查 CPS/HVS 为基础）。

以美国社会调查（ACS）为基础统计的房屋空置率也显示了同样的上升

态势（见表1）。2002年以来，美国房屋的供给增长较快，每年房屋总量的增长率都在1.25%以上。但是，需求能力的增长远远落后于供给的增长，其结果就是空置房屋以更快的速度上升。尤其是2006年，空置房屋增长率比房屋总量增长率高约8个百分点，生产相对过剩或有效需求不足的矛盾尤其突出。

进一步考察房屋购买情况发现，68%以上的购房者必须借助抵押贷款才能购买房屋，否则根本买不起房子。显然，抵押贷款在一定程度上掩盖了生产相对过剩或有效需求不足的矛盾。但是，劳动者低收入局面并未因此改变，劳动者最终无法偿还贷款，导致了次贷危机进而促进金融危机的爆发。

表1   2002～2007年美国房屋市场情况

年份	房屋总量（套）	房屋总量增长率（%）	房屋空置量（套）	房屋空置增长率（%）	房屋空置率（%）	通过抵押贷款购买的房屋（套）	未通过抵押贷款购买的房屋（套）	通过抵押购买的房屋占全部已售房屋的比例（%）
2007	127895430	1.25	15517433	5.60	12.10	51615003	23900101	68
2006	126311823	1.44	14694421	9.40	11.63	51234170	23832315	68
2005	124521886	1.51	13431169	5.18	10.79	50462973	23856009	68
2004	122671734	1.43	12769644	2.49	10.11	49782384	23971789	67
2003	120879390	1.32	12459884	4.40	10.31	41176919	17631723	70
2002	119301132	—	11935254	—	10.00	40198683	17338639	70

数据来源：美国国家统计局。

（2）相对过剩人口不断增长，加剧了工人的贫困。在美国，生产不断增长并没有带来工人的富裕，相反，相对过剩人口却在不断增长，从而加剧了工人的贫困（见图2）。1998～2006年，美国制造业产值迅速上升，从12862亿美元上升到15738亿美元，但是其吸纳的工人却在不断下降，从152748千人下降到119732千人。这期间，社会生产相对过剩或有效需求不足的矛盾逐渐尖锐。

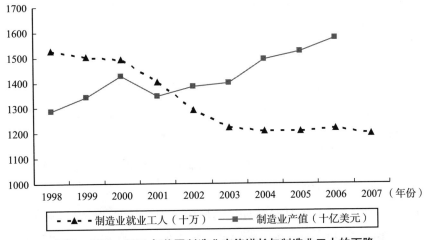

图2　1998～2007 年美国制造业产值增长与制造业工人的下降

数据来源：制造业就业工人数据来自美国劳工部，制造业产值来自美国统计局。

　　20 世纪 30 年代危机所反映的实体经济也存在同样问题。1920～1929 年，美国工业总产值几乎增加了 50%，而工业工人人数却没有增多，交通运输业职工实际上还有所减少。在工资水平很低的服务行业，工人增加最多，其中毫无疑问也包括了许多因技术进步而失业的技术工人。工人的收入并不高，农民在这个时期也始终贫困。工农的贫困限制了其购买力，加剧了有效需求不足的矛盾。

　　2. 金融危机是实体经济矛盾尖锐化的表现和反映。实体经济中生产相对过剩或有效需求不足矛盾的尖锐化，通常首先强烈地表现和反映在金融市场上，形成金融危机。马克思也指出，"危机最初不是在和直接消费有关的零售商业中暴露和爆发的，而是在批发商业和向它提供社会货币资本的银行中暴露和爆发的。"① 此次危机正是首先集中、强烈地表现为放贷机构倒闭、银行破产，以及各主要资本主义国家股票市场的暴跌。20 世纪 30 年代危机也是首先集中表现为纽约华尔街股票市场崩溃和大量银行倒闭。

　　使用大量借款而不是自有资金来进行投资，是银行资本的特性。因此，

————————

① 《资本论》第 3 卷，人民出版社 1975 年版，第 340 页。

一旦产品滞销，投入的资本无法收回，信用中断，危机就首先集中地表现为银行等金融机构的倒闭，表现为金融危机。

马克思论述过，在资本主义经济制度下"社会财产为少数人占有；而信用使这少数人越来越具有纯粹冒险家的性质。因为财产在这里是以股票的形式存在的，所以它的运动和转移就变成了交易所赌博的结果。""如果说信用制度表现为生产过剩和商业过度投机的主要杠杆，那只是因为按性质来说可以伸缩的再生产过程，在这里（资本主义制度下）被强化到了极限……信用加剧了这种矛盾的暴力的爆发，即危机。"①

但是，金融危机并不是经济危机的原因，而只是实体经济矛盾尖锐化的表现和反映。马克思说："政治经济学的肤浅性也表现在，它把信用的膨胀和收缩，把工业周期各个时期更替这种单纯的征兆，看作是造成这种更替的原因。"②

（三）生产相对过剩或有效需求不足的原因

正因为金融危机只是实体经济中有效需求不足矛盾的反映，那么，追溯危机的原因就必须理清有效需求不足产生的原因。有效需求不足的主要原因是，构成消费人口主体的劳动者的收入（工资）较低，受低收入限制的需求总是落后于社会供给。而劳动者收入低的原因，则在于资本主义（资本—雇佣劳动）制度本身。

1. 有效需求不足的原因：劳动者的收入（工资）低。有效需求不足不是指社会购买的绝对低下，而是指购买的相对低下，是指相对于社会总供给来说社会需求不足，也就是，社会总需求小于社会总供给。

社会总购买取决于占消费人口主体的劳动者的收入水平。劳动者的大部分需要并没有得到满足，这种需要并不局限于住房、汽车等商品，有时甚至连食品、衣服等基本生活需要也没有得到完全满足。但是，这种需要却由于

---

① 《资本论》第3卷，人民出版社1975年版，第497~498页。
② 《资本论》第3卷，人民出版社1975年版，第694页。

收入的限制而无法转化为有效需求。

另一方面，资本对利润的无限追求促使社会供给不断增长，社会总供给越来越大于社会总需求，由此形成了生产相对过剩与有效需求不足的矛盾。

美国当前的房屋市场充分体现了生产相对过剩或有效需求不足的矛盾。一方面，大量房屋被生产出来却卖不出去，另一方面，大量低收入者需要买房却没有足够的收入，由此才会产生次级抵押贷款和次贷危机。

2. 劳动者收入（工资）低的原因：资本主义（资本—雇佣劳动）制度。在资本主义（资本—雇佣劳动）制度下，劳动者的收入总是被限制在劳动力价值水平上，有效需求不足的矛盾不可避免，经济危机也不可避免。

（1）资本对剩余价值的追求必然导致社会供给与需求的根本对立，从而导致社会生产相对过剩或有效需求不足。

资本主义私有制决定了资本主义生产的直接目的是为了追求最大限度的剩余价值。剩余价值实际上是社会供给量与占人口大多数的劳动者的消费需求量之间缺口的价值量。这个缺口的积累，必然导致社会生产相对过剩或有效需求不足。这就是资本主义经济中社会供给与社会需求的根本对立，它决定了资本主义经济中社会生产相对过剩或有效需求不足的必然性。

一方面，资本家购买劳动力是为了生产剩余价值和追求利润最大化，在劳动力市场上就表现为尽可能地压低工人工资，将工资限制在劳动力价值的水平上。劳动力价值构成劳动者有支付能力的需求的上限。因此，占社会人口大多数的劳动人民的需求被限制在维持劳动力再生产的水平上，制约了社会有效需求。

失业（相对过剩人口）的压力保证了工资水平的上限由劳动力价值决定，失业是资本主义（资本—雇佣劳动）制度中劳动力商品价值的实现机制（见图3）。

图3中，横轴 n 表示劳动者数量，纵轴 w 表示实际工资率，其中，S_L 是劳动力供给曲线，D_L 是劳动力需求曲线，P_L 是劳动力价格曲线，是劳动力价值的货币表现。在完全竞争劳动力市场上，劳动力供求基本平衡的条件是，假定劳动力供给曲线为 S_{L1}，劳动力需求曲线为 D_L，这时，市场的均衡点为 E_1，

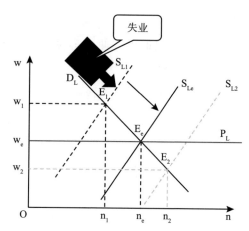

图3　劳动力供给相对过剩条件下的劳动力市场均衡

市场均衡工资率和均衡劳动者数量分别为 w_1 和 n_1。但是，实际上，均衡点 E_1 是不存在的。因为，在追求利润最大化和劳动力供给相对过剩的条件下，企业会利用失业压力迫使劳动力供给曲线一直从左上方向右下方移动。当劳动力供给曲线为 S_{Le} 时，市场均衡点为 E_e，该点对应的劳动力市场均衡工资率和均衡劳动者数量分别为 w_e 和 n_e。这时均衡点 E_e 在劳动力价格曲线上，因此，工资率 w_e 正好等于劳动力价格。如果，劳动力供给曲线继续向右下方移动，从 S_{Le} 移动到 S_{L2}，则市场均衡点从 E_e 移动到 E_2，该点所对应的市场均衡工资率为 w_2。$w_2 < w_1$，即劳动者所得工资低于劳动力自身价格。这时，劳动者无法购买到生产、维持和发展劳动力所必需的生活资料，因而，这种均衡是不能长期持续的。

另一方面，资本家追求剩余价值的欲望是没有止境的，使得生产总是脱离社会消费需求而不断扩大。虽然，生产规模的扩大可以暂时脱离社会消费需求的扩大，仅仅依靠生产资料生产的扩大就可以实现。但是，社会需求最终还是取决于社会消费需求。所以，资本主义制度的对抗性关系，虽然有可能促成消费在绝对数量上的增加，但相对于生产规模而言，这种消费需求显现出萎缩的态势，内在地决定了加速扩张的生产规模最终在狭窄的市场中无法获得市场实现，因而必须要通过经济危机的爆发来解决。

这正如马克思阐述的："投在生产上的资本的补偿，在很大程度上依赖于那些非生产阶级的消费力；工人的消费能力一方面受工资规律的限制，另一方面受以下事实的限制，就是他们只有在他们能够为资本家阶级带来利润的时候才能被雇用。一切真正的危机的最根本的原因，总不外乎群众的贫困和他们的有限的消费，资本主义生产却不顾这种情况而力图发展生产力，好像只有社会的绝对的消费能力才是生产力发展的界限。"①

（2）相对剩余价值的生产加剧了生产相对过剩或有效需求不足。资本家要获得更多的剩余价值，还会进行相对剩余价值的生产。通过提高社会劳动生产率使再生产劳动力所必需的生活资料的价值降低，从而降低劳动力价值、减少必要劳动时间，相对剩余价值就被生产出来。在相对剩余价值生产中，劳动力的价值必然下降，从而加剧了有效需求不足。

劳动力价值降低，并不排除工人的货币工资提高。只要货币的价值或货币代表的价值比劳动力价值下降得更快，在劳动力价值下降的同时，货币工资就会提高。

劳动力价值降低，也不排除工人的实际工资增加。只要生活资料的价值比劳动力价值降低得更快，在劳动力价值降低的同时，工人的实际工资就会增加。

因此，劳动力价值降低并不一定表现为劳动者的绝对收入降低，而是表现为工资收入在国民总收入所占比例下降、资本收入所占比例提高，表现为贫富差距扩大。拥有购买手段的人没有购买欲望，而有购买欲望的人不具有购买手段。因此，会有一部分生产出来的商品找不到市场，这将必然加剧社会生产相对过剩或有效需求不足。

综上可知，金融危机从来都不是单纯的金融领域的危机，它实际上是实体经济中生产相对过剩或有效需求不足长期积累得不到解决，只能以危机爆发的方式来获得缓解。生产相对过剩或有效需求不足，是资本主义（资本—雇佣劳动）制度的必然产物，是经济危机的内在原因。两次危机的相似之处，

---

① 《资本论》第3卷，人民出版社1975年版，第547～548页。

也恰恰证明了在资本主义制度下经济危机是不可避免的。

二、本次金融—经济危机集中强烈爆发的原因

集中强烈地爆发，是本次金融—经济危机的特点之一。在很短时间内，美国的许多大银行、保险机构纷纷倒闭。2008 年 3 月，美国第五大投资银行贝尔斯登公司被出售给摩根大通；2008 年 9 月，美国第四大投资银行雷曼兄弟宣布申请破产保护；保险巨头美国国际集团被政府接管；华盛顿互惠银行被美国联邦存款保险公司接管，成为美国历史上倒闭的最大规模银行。美国今年来已经有 16 家银行因危机冲击而倒闭，倒闭数量创 15 年之最。不仅如此，此次危机的传递速度还非常快，转眼间所有的发达国家都被危机所波及。

因此，除了资本主义制度根源外，本次危机的集中强烈爆发还有其他原因，即金融产品、国家垄断资本主义和资本主义全球扩张等因素，推迟并加深了经济矛盾，导致危机一旦爆发便表现强烈。

（一）金融产品一定程度上掩盖和推迟了经济矛盾，因此加深了矛盾的尖锐性

金融市场是一个人造市场，人们创造出种类繁多、规则复杂的金融产品，在一定程度上掩盖了经济矛盾，使矛盾的显化被推迟、尖锐化也在不断加深。矛盾积累越久，一旦爆发就会使危机越强烈。

金融产品根据其作用不同可以分为两大类：第一类是为了解决实体经济中商品销售等问题而创造的产品。例如次级抵押货款和 20 世纪 30 年代危机前大量使用的分期付款。这类金融产品在生产相对过剩或有效需求不足严重的资本主义社会中产生，具有一定的必然性。但是，它并不能解决生产相对过剩或有效需求不足的问题，只能在短期内刺激社会需求，造成繁荣的虚假性，反而进一步扩大了矛盾。

第二类是为了转移和分散风险而创造的产品，例如与次贷资产相关的衍生金融产品。这类产品也不能解决问题，只是将经济矛盾在系统内部转移。另外，复杂难懂的产品规则使普通民众甚至监管层也难以看出产品中隐藏的

问题。因此，经济矛盾被掩盖起来，生产变得更缺乏理性和计划性。而且，这类产品通过不断再出售，还会将风险和矛盾在更大范围内扩散。

当生产相对过剩或有效需求不足矛盾尖锐化时，试图缓解和掩盖该矛盾的金融工具必然首先出现问题，由此引起金融紧张和危机。无论是哪一类金融产品，都不是解决矛盾，而是将矛盾掩盖、推迟甚至扩大。随着矛盾不断地积累和加深，一旦激化爆发，危机就表现得更为强烈。

（二）国家垄断资本主义使经济矛盾被推迟和不断加深

在各次经济危机之后，资本主义国家对经济的干预逐渐加深，促进了国家垄断资本主义的形成。

国家垄断资本主义在一定程度上使社会生产有序化，并能对经济问题进行调节，这种调节暂时缓和了经济矛盾。例如，早从 2007 年初，美联储等各国央行就多次向金融系统注资，希望缓解金融紧张。这种资本主义国家对金融市场的大规模干预并非第一次。在 1987 年西方主要国家股票市场连续大幅下挫的股灾中，美国政府也通过购买大量国债、一天内将联邦基金利率下降 0.75%、支持一些大公司收购其他企业股票等措施来干预经济。又如，资本主义国家还在更早的时候就建立了布雷顿森林体系、世界银行和国际货币基金组织；也为国际清算业务建立了标准机构，为商业银行的经营设立了标准，这套系统在相当长的一段时间内都运行良好。

然而，国家垄断资本主义对经济矛盾的调节和缓和，并不能从根本上解决经济矛盾。国家垄断资本主义无法针对经济危机的根本原因——资本主义经济制度做彻底调整，也没有对资本主义生产造成的生产相对过剩或有效需求不足进行有效调节，因此，经济危机的根源始终存在。

国家垄断资本主义所能做的，仅仅是针对经济危机的表面原因做调整，去除或者限制经济危机产生的某些外部条件，以达到抑制危机发生的目的。然而，正如当火源始终存在时，仅仅清理周围的易燃物质并不能从根本上杜绝火灾一样，不从经济危机的根本原因入手而仅仅是限制经济危机产生的某些外部条件，也不能杜绝危机的产生。因为，随着经济运行过程日益复杂，某些能够促发经济危机的外部条件逐渐形成却未被人们认识。一旦这些条件成熟，危机必然爆发。正如此次金融危机的爆发，根源于美国经济生产相对过剩或有效需求不足，危机的导火索却是人们还没能够对次贷金融产品进行有效监管。

国家垄断资本主义对经济矛盾的调节和缓和，一定程度上推迟了矛盾最终激化的时间，推迟了经济危机的爆发。但是，由于国家垄断资本主义不能从根本上解决经济矛盾，矛盾就会不断积累和加深。危机的爆发越是被推迟、矛盾积累越尖锐，一旦矛盾显化，危机爆发就会表现得越强烈。这就是为什么这次金融危机如此强烈的原因。

（三）资本主义全球扩张使资本主义矛盾更普遍

随着苏联解体和东欧剧变，资本主义在全球得以扩张，大多经济体都采用了资本主义生产方式或者在很大程度上受到资本主义生产方式的影响，各经济体趋同使相同的矛盾在各个子系统内部酝酿，某个子系统一旦爆发经济危机，就会触发其他系统内的矛盾，使整个经济危机表现得更强烈。

在原来的社会主义和资本主义两大对立格局中，两大经济具有不同的特征。不同于资本主义经济始终存在生产相对过剩或有效需求不足，社会主义经济的特征是短缺经济，总是存在供给不足。因此，资本主义国家可以通过向社会主义经济体输出商品来缓解自身的矛盾。

资本主义在全球扩张，使得资本主义生产方式越来越普遍，在给各经济体带来发展的同时，也为其注入了不同程度的生产相对过剩或有效需求不足矛盾。因此，矛盾越来越难转移。随着矛盾的不断积累和加深，危机一旦爆发就表现得更强烈。

三、本次金融—经济危机的后果

本次金融—经济危机，沉重地打击了资本主义制度。在资本主义国家，经济面临衰退，人们生活水平下降。由于政府的"救市"政策无法根治危机，越来越多人开始怀疑甚至声讨资本主义制度。这将对资本主义全球化进程产生抑制，有利于社会主义事业的推进。

（一）对资本主义制度的沉重打击

本次危机对资本主义的打击是双重的，不仅使实体经济很快陷入衰退，而且极大地冲击了资本主义制度，动摇了人们对资本主义的信念。

1. 对资本主义经济的沉重打击。金融危机是实体经济转入衰退的征兆，金融危机对各主要资本主义国家实体经济的冲击迅速表现出来。美国、英国和欧元区都出现了经济负增长。

一方面，企业预期利润大幅下调，纷纷压减生产，缩减工作时间。戴姆勒公司已宣布将从 12 月 1 日至明年 1 月 11 日全线停产，日产公司把 10 条生产线的产量降低 10%，并推出 1973～1974 年经济不景气时实行过的每周三天工作制，英国的宾利、路虎也宣布实行一周四天工作制。与此同时，企业裁员也不可避免。莱斯勒公司将于年底前在全球范围内裁员 5000 人左右，宝马公司也准备裁员 8100 人。高盛集团正计划将其全球 3.25 万名员工裁去 10%。企业大量裁员使失业情况日趋严重。仅在今年 9 月，美国新增失业人口就达到 15.9 万；10 月 18 日当周首次申请失业救济人数增至 47.8 万，显示出人们失业后难以找到新工作的困境。

另一方面，由于收入状况恶化，居民的消费显著减少。英国汽车销量今年 7 月到 9 月下降了 18.8%。今年以来美国百货商店的客流量下降了 6%。美国第三季度消费者支出下降了 3.1%。同时，劳动者的生活状况也在下降。一份研究报告指出，三分之一的美国劳工入不敷出；三分之一没有工作安全感；三分之一的信用卡债务金额超过他们退休基金中的储蓄，美国劳工群体目前的境况是"每况愈下"、"焦躁不安"。

可以预见，失业增加和消费减少，将会进一步加剧生产相对过剩或有效需求不足的矛盾，使资本主义经济面临更大的困难。

2. "救市"政策无法根治危机。面对严重的危机，各资本主义国家都迅速采取了救市政策，但是这些政策由于未能从根本上改变资本主义制度而无法根治危机。

在此次危机中，美国政府直接向金融机构注入大量资金（救市总额达7000亿美元），直接持有金融机构的股份或购买相关的不良资产。美国和英国都禁止了卖空股票的操作，而且各主要资本主义国家共同联手干预经济，形成了治理经济危机的同盟。主要资本主义国家的央行采取了相似的措施，同时下调利率并向本国经济直接注入大量资金，以缓解信贷紧张；欧元区国家通过了大规模救助计划，为银行债务提供担保并通过取得优先股的方式向银行直接注资，英国政府也在资助银行业进行广泛重组。

在20世纪30年代的经济危机中，政府则进行失业救济和以工代赈，通过兴办公共工程和基础设施，增加大量就业机会，进而刺激消费和生产。

不同于以往各国相互对抗、甚至依靠发动战争来转嫁危机，此次"救市"各资本主义国家采取了合作态度。主要原因是各个大国都拥有核武器，平衡的核威胁力量使战争难以在这些经济大国之间产生。

但是，无论哪一种"救市"政策都无法根治危机，而且不同于20世纪30年代危机的"救市"政策能够在一定程度上缓解生产相对过剩或有效需求不足的矛盾，目前的措施主要集中在危机最表层，仅仅针对金融机构存在的问题做出反应，对生产相对过剩或有效需求不足的矛盾没有任何作用；甚至连"治标"的效果也不明显，银行接受注资后依然"惜贷"严重，因担心无法收回本金不愿贷款给企业，这恰恰说明了企业由于生产相对过剩或有效需求不足无法正常运转才是问题的关键。因此，这些"救市"政策，仅是将经济危机总爆发的时间推迟而已，而且各国的联手干预，使经济进一步社会化，资本主义矛盾将会更加尖锐。

3. 导致资本主义的制度与观念危机。此次危机不仅是一场经济危机，同时也导致了资本主义的制度与观念危机。此次危机的强烈危害以及资本主义制度下危机的不可避免性，使人们越来越认识到资本主义制度的缺陷。"资本主义向何处去"的疑问在资本主义国家不断蔓延。

资本主义国家的部分经济学家已经开始质疑资本主义经济制度的运行机制。前美联储主席格林斯潘指出，这场近百年来最深刻的危机，意味着危机的源头并非次级抵押货款，甚至不是证券市场的过度投机本身，美国经济和社会深层运转机制中蕴藏着的更基础的东西。危机使马克思的《资本论》再次受到重视，西方人开始认识到新自由主义是一个虚假的梦，法国总统萨克齐最近也在看《资本论》，德国财政部长也承认，"马克思的一部分思想真的不错。"

资本主义国家的普通民众则更强烈地表示出对资本主义制度的失望和声讨。在法国巴黎世界汽车展的场地外，人们高举"资本主义已到尽头"的标语游行。德国柏林的市民还在联邦总理府门前打出了"资本主义赶快结束"、"资本主义的罪恶体制"等标语。德国最近的一个民调显示，52%的原东德人相信自由市场经济是"不合适的"，43%的人表示他们宁愿选择社会主义也不愿选择资本主义。

（二）对资本主义全球化进程的抑制，对社会主义事业的推进

这场根源于资本主义制度的严重危机，使人们开始清醒认识到资本主义制度的重大缺陷，这无疑会对资本主义全球化进程产生抑制，并有利于社会主义事业的推进。

首先，资本主义全球化进程将受到抑制。长期以来，美国的生产方式和金融体系一直受到许多国家模仿。但是，此次美国引起的巨大危机将促使人们思考如何在参与世界经济合作中有效地避免资本主义制度所带来的危害。实际上，经济全球化不等于资本主义全球化，融入世界经济并不必然要以发展资本主义经济为载体。因为"资本主义生产绝不是发展生产力和生产财富的绝对形式，它反而会在一定点上和这样发展发生冲突。"①

近期美国主持召开的全球金融峰会和中国主持的亚欧首脑会议，都在讨论如何对资本主义的各个方面包括金融体系等进行大修改，美国倡导的自由市场资本主义遭到了否定。部分英国经济学家认为，"欧美国家下一步势必会向社会主义模式或是欧洲保守的市场经济体制取经来挽回颓势。"

其次，中国在此次危机中受损最小，在国际经济环境复杂变化的条件下，经济仍然保持较快增长，金融业稳健运行，这极大地受益于我国社会主义事

---

① 《资本论》第3卷，人民出版社1975年版，第293页。

业的发展。在我国，公有制经济的主体地位确保了按劳分配的主体地位，确保了社会生产目的在根本上是为了满足广大人民群众的需要，确保了政府对市场的宏观调控能够缓解市场本身的缺陷，有利于我国扩大内需，治理有效需求不足的问题。此次危机中，成为世界经济中流砥柱的中国经济，将是对社会主义事业的极大推进。

综上所述，金融—经济危机的根源在于资本主义制度，在于资本主义生产方式必然产生的生产相对过剩或有效需求不足矛盾。因此，要根除危机，根本的选择就是改变资本主义（资本—雇佣劳动）制度。此次危机也给了我们重要的启示：一方面，我国必须坚持公有制的主体地位，以保持经济的平稳健康发展；另一方面，资本主义全球化也是资本主义经济在有效需求不足的固有矛盾下不断向外扩张的必然选择和形式。因此，我国在融入全球化的过程中，既要抓住机遇，也要认清风险，采取正确的措施全面维护国家的根本经济利益，推进中国特色社会主义建设。

（原文发表于《经济学动态》2008 年第 12 期）

资本主义总危机进入喷发期

李成勋[*]

2012 年 1 月，第 42 届达沃斯世界经济论坛在瑞士举行。在这个被称为"全球资本家俱乐部"的论坛中，第一项议程就是"资本主义大辩论"。对在座的几百位代表进行举手调查的结果：有将近一半的人认为，资本主义无法应对 21 世纪。论坛主持人克劳斯·施瓦布曾公开表示："目前形式的资本主义不再适合于我们所处的世界"。美国凯雷集团常务董事戴维·鲁宾斯坦说："如果我们不在三到四年内马上改变经济模式，我们一生所经历并认为最佳形式的资本主义就玩完了。"[①] 一个时期内，质疑资本主义的声音在西方集中爆发。这是为什么？作者认为，这是因为资本主义总危机进入了喷发期。

一、资本主义总危机的产生及其特征

列宁提出，自 1789 年法国资产阶级革命以后的资本主义社会发展历史，可以划分为三个阶段：1871 年以前为第一阶段，这是资本主义的上升时期，社会生产力获得了巨大发展；1871 年到 1914 年为第二阶段，是资本主义走向衰落的阶段，也是自由资本主义走向垄断资本主义的阶段；1914 年以后是资本主义发展的第三阶段，"这是帝国主义时代，帝国主义动荡和由帝国主义引起的动荡的时代。"[②]

---

* 李成勋：中国社会科学院经济研究所。

① 参见《第 42 届世界经济论坛年会在达沃斯开幕 设四个子议题》，http://www.cnstock.com/index/gdxw/201201/1808248.htm。

② 《列宁全集》第 21 卷，人民出版社 1959 年版，第 125 页。

资本主义发展的第三阶段也就是资本主义总危机时期。斯大林指出：资本主义总危机"是世界资本主义体系的总危机，是既包括经济，也包括政治的全面危机。"① 世界资本主义体系总危机，是在第一次世界大战爆发，特别是在 1917 年十月社会主义革命胜利、俄国脱离资本主义体系之后开始的。因为第一次世界大战是资本主义第一次最严重的历史性危机，它大大削弱了帝国主义战线，导致了社会主义革命的胜利和资本主义体系的破裂。

总体来看，资本主义总危机的特征：一是它是资本主义发展的最后阶段即帝国主义阶段，预示着经过这一阶段，资本主义将退出历史舞台；二是资本主义总危机不是一次或几次危机过程，而是一个历史时期；三是资本主义总危机不是只发生某一种危机，而是各种危机同时或接连爆发。

资本主义总危机的根源是资本主义世界固有的三大基本矛盾的尖锐化：一是资本主义国家内广大人民群众同垄断资产阶级的矛盾；二是殖民地、附属国即今日的发展中国家同宗主国即今日西方发达国家之间的矛盾；三是列强之间即帝国主义国家之间的矛盾。

二、资本主义总危机的发展曾长期处于停滞状态

资本主义进入总危机阶段以后，爆发了第一次世界大战，并产生了第一个社会主义国家苏联；20 年之后，又爆发了第二次世界大战，随后又出现了中国等一批社会主义国家。资本主义走向没落的趋势日益明显。但是，自 20 世纪 50 年代以后，资本主义总危机不但没有加深，反而有半个世纪的经济稳定增长。资本主义总危机这一概念也日益淡出。这是为什么？本文认为，造成这一现象的主要原因有四个方面：

第一，第二次世界大战后，除美国外各个国家为了医治战争创伤，在政府主导下，大力推动经济的恢复和发展，促进了社会生产力的进步。

第二，新技术革命的发生加快了经济社会的发展。从 20 世纪 40 年代后期开始，发生了以原子能技术、电子技术和空间技术的应用和发展为标志的

---

① 斯大林：《苏联社会主义经济问题》，人民出版社 1973 年版，第 45 页。

第三次技术革命。从 20 世纪 70 年代后期到 80 年代，又发生了以微电子、生物工程和新材料特别是信息技术的应用和普及为标志的第四次技术革命。新技术革命的接连发生，催生了一大批新兴产业，不仅促进了技术进步，而且也推动了经济社会的全面发展。

第三，福利制度的建立缓和了社会矛盾。第二次世界大战后，首先是英国通过调整税收，实施社会保障、充分就业和国民救助，成为"从摇篮到坟墓"的福利国家，而后瑞典、挪威、芬兰等北欧国家先后效仿，成为所谓"高福利国家"。虽然福利制度也造成了一些负面效果，而且近些年来由于有关国家经济下滑，使高福利陷入困境，但是福利制度的长期推行，确实有利于弱化资本主义国家的社会矛盾和阶级冲突。

第四，20 世纪最后 10 年，苏联解体，东欧剧变，国际垄断资产阶级"和平演变"的阴谋局部得逞，也在一定程度上阻滞了资本主义总危机的扩展。

但是，本文认为，一定时期资本主义总危机的弱化，只是历史的暂时现象，并不代表历史的长远走势。

三、从 21 世纪开始，资本主义总危机进入了喷发期

2001 年，美国"9·11"恐怖事件的发生标志着世界资本主义总危机进入了喷发期。主要表现在以下几方面：

（一）金融与经济危机和债务危机接连发生

以 2008 年 9 月 15 日美国雷曼兄弟投资银行倒闭为标志的世界金融危机，是自 20 世纪 30 年代资本主义大危机以来世界上发生的最严重的金融与经济危机。这场危机给人类带来了灾难，它造成许多国家金融体系混乱、银行倒闭、股市下跌、房市不振；造成全球大批企业关门和数千万工人失业，并使经济大幅下行。美国、德国、法国、英国、意大利、加拿大、西班牙、澳大利亚、荷兰、韩国、巴西、墨西哥和俄罗斯等一系列主要国家 2009 年的 GDP 均较 2008 年明显下降。

在 2010 年和 2011 年欧美经济复苏尚未明显见效的情况下，又发生了历

史上罕见的债务危机。目前，美国国债总额已达 16.4 万亿美元，占 GDP 的比例已从 2007 年的 62.2% 上升到 112%。美国政府、公司和私人累计欠债总额已高达 200 万亿美元，人均欠债约为 70 万美元。欧盟各成员国 2010 年政府债务占 GDP 的比例高达 79.6%，2011 年约达 83.8%。2011 年，欧元区中有 12 个国家政府债务占 GDP 的比例超过 60% 的红线，其中希腊、意大利和比利时则在 100% 以上。① 不仅欧美各国债台高筑，亚洲的日本截止 2011 年 6 月，中央政府债务余额高达 943.81 万亿日元（约合 12.3 万亿美元），是 GDP 的两倍多。标准普尔于 2011 年 1 月和 8 月先后两次下调日本国债信用评级至 Aa3。②

综观世界经济大局，国际金融危机的阴霾还未散去，主权债务危机正在发酵，已使欧洲经济陷入衰退，美国经济则可能出现 3 年左右的低速增长，新兴经济体由于"输入危机"的影响，经济增速也有所减缓。显然，"世界经济已进入一个危险期"。国际货币基金组织 2012 年 1 月 24 日公布的《世界经济展望》大幅下调了 2012 年和 2013 年两年全球经济增长预期。报告中预测，全球经济将在 2012 年和 2013 年两年分别增长 3.3% 和 3.9%，比 2011 年 9 月的预测分别下调了 0.7 和 0.6 个百分点。预测欧元区 2012 年经济增速将为负 0.5%，2013 年增速将为 0.8%。比 2011 年 9 月的预测分别下调了 1.6 和 0.7 个百分点。预测美国经济 2012 年将增长 1.8%，与上次预测持平，2013 年将增长 2.2%，比 2011 年 9 月的预测下调了 0.3 个百分点。③ 可见，世界经济复苏更加艰难曲折和复杂多变，人们甚至担心遭受"二次探底"的挑战。

（二）霸权主义与恐怖主义到处肆虐

美国是当今世界上主要的霸权主义国家，进入新世纪以来，它先后侵占阿富汗、伊拉克，又无视他国领土主权，派遣武装力量潜入巴基斯坦击毙本·拉登，充分暴露了它的霸权主义行径。现在美国全球战略的重心正在

---

① 李慎明、张宇燕主编：《全球政治与安全报告（2012）》，社会科学文献出版社 2012 年版，第 22 页。

② 王洛林、张宇燕主编：《2012 年世界经济形势分析与预测》，社会科学文献出版社 2012 年版，第 12 页。

③ 《国际货基金组织下调今明两年全球经济增长预期》，载于《经济日报》2012 年 1 月 25 日。

向东转移，实际上是要把中国作为它的"战略竞争对手"。自小布什上台以来，美国就开始实施"海外驻军重新部署计划"，奥巴马政府则更加快了这一步伐。奥巴马曾经扬言："如果十多亿中国人口也过上与美国和澳大利亚一样的生活，那将是人类的悲剧和灾难，地球根本承受不了，全世界将陷入非常悲惨的境地。"于是美国正寻找各种各样的借口，采取不排斥武力的各种各样的手段实施遏制中国的策略。为此，美国军费开支逐年增多，2010 年已高达 6980 亿美元，占全球军费的 43%，占美国国家财政支出的 22%。引人注目的是，兰德公司已经向美国国防部提交了一份评估报告，认为用 7000 亿美元救市不如用 7000 亿美元发动一场战争来得成效快、效果好。可见，在美国的某些人看来，打仗等于赚钱。

在霸权主义的胁迫下，某些弱势国家中的一些组织被迫采用恐怖主义的手段来应对霸权主义。虽然这决不是反霸斗争的正常途径，但近些年来恐怖主义活动却愈演愈烈。2010 年在 72 个国家共发生了 11604 次恐怖袭击，比 2009 年增加约 5%，受害人数 49901 人，其中 13186 人死亡。2011 年到 6 月 30 日，全球共发生 5420 次恐怖袭击，死亡 6400 人。世界上在恐怖活动中受害与死亡人数最多的是伊拉克、阿富汗和巴基斯坦等不发达国家。

（三）街头行动多发、社会动荡不安

金融、经济与债务危机接连发生，威胁到人民的收入与生活；霸权主义和恐怖主义活动威胁到人们的安全与生命。即使在标榜为"自由与民主的乐园"的资本主义社会依然动荡不安。2011 年 9 月 17 日，上千人在纽约街头示威，开展"占领华尔街"行动，高喊"现在就革命"、"美国 99% 是穷人，1% 是富人"、"政府应当由人民管理，而不是富人"等口号，[①] 而且几个月来不管风吹雨打，人们露宿公园，警察驱而不散。继美国"占领华尔街"运动之后，不少德国民众也走上街头，打出"占领法兰克福"等旗号，声言"我

---

① 李慎明、张宇燕主编：《全球政治与安全报告（2012）》，社会科学文献出版社 2012 年版，第 23 页。

们是那 99% 的大众"，公开反对资本主义制度。① 此外，在英国、以色列等比较稳定的国家和北欧所谓"福利国家"，也发生了大规模的游行和骚乱。

值得重视的是，在欧美社会动荡中，民众在街头发出了"读读马克思吧"的呼唤。早在 2006 年在德国埃森就成立了"马克思夜校"，专门学习和宣传马克思主义。在韩国举办了"《资本论》讲座"。《青年们，读马克思吧》这本书在日本已销售 30 万册。② 资本主义总危机进入喷发期的现实，证明了著名英国作家在他的《马克思〈资本论〉传》中所说："马克思并未被埋葬在柏林墙的瓦砾之下，他真正的重要性也许现在才刚开始。他可能会成为 21 世纪最具影响力的思想家。"③

四、资本主义总危机进入喷发期的根源

资本主义总危机进入喷发期的原因是多方面的：

（一）从经济上看，危机喷发在于资本主义基本矛盾的尖锐化

生产高度社会化和生产资料私人占有的矛盾是资本主义生产方式的基本矛盾，基于这一基本矛盾而产生的生产无限扩张的趋势和社会大众有支付能力需求相对不足的矛盾，则是资本主义经济社会危机的根源。这些矛盾造成了资本主义社会严重的贫富差别。现在世界上最富有的 225 人的收入竟占全世界所有人收入的 40%，约等于世界上 27 亿穷人收入之和。比尔·盖茨、沃伦·巴菲特、保罗·艾伦三人拥有的资产比世界上最不发达的 43 个国家的 GDP 总和还要多。④ 美国 2010 年家庭平均收入比 2007 年下降了 6.4%，贫困人口有 4620 万之多，占总人口的比例高达 15.1%。美国的失业率居高不下，

---

① ② 参见《西方世界重温"马克思主义"》，http：//style. sina. com. cn/news/p/2012 – 02 – 15/093091573. shtml。

③ ［英］弗朗西斯·惠恩：《马克思〈资本论〉传》，中央编译出版社 2009 年版，第 188 页。

④ 李慎明、张宇燕主编：《全球政治与安全报告（2012）》，社会科学文献出版社 2012 年版，第 30 页。

特别是 20～24 岁的青年工人失业率竟攀升到 14.8%。①

美国大企业 CEO 的年平均收入 2010 年为 1080 万美元，比雇员高出 325 倍。里昂证券公司分析师迈克·梅奥说："资本家成了自己最可怕的敌人。与外面的抗议者相比，大银行的 CEO 对资本主义的威胁更大。"②

（二）从理论上讲，危机喷发在于新自由主义的误导

法国经济学家热拉尔·迪梅尼尔最近指出："当前的危机不是简单的金融危机，而是新自由主义这一不可持续的社会秩序的危机。"③ 在新自由主义理论的误导下，许多国家的虚拟经济即金融资本主义与实体经济之间矛盾加剧。本来金融业是为实体经济融资的，而现在更多的是为自己在融资，它用钱来套取更多的钱，越来越虚拟化。当今，虽然实体经济仍需依赖金融经济，而金融经济则不必依赖实体经济。不仅如此，金融资本还挟持政府，使政府不得不援救金融机构。金融危机以及由此引起的政府困境都与此相关。

（三）从政治上说，危机喷发还在于资本主义国家的两党制

起源于 17 世纪英国的两党制现在流行于西方各国。长期以来，两党制被认为是实现民主政治的必由之路。其实不然，因为执政党和在野党都以各自的党派利益为最高利益，以争取大选获胜为奋斗目标。两党根本无法客观公正地判断是非，以致国家民族利益退居次要地位。由于两党无休止的争论，常常导致重要决策延误。2008 年金融危机爆发后，美国的救市对策就比中国晚出台半年之久，以致美国迟迟不能走出危机的阴影。还有，为了争取选票，两党竞相对选民作出福利承诺，上台后为兑现承诺就不得不扩大财政支出，这就导致主权债务危机。

由上可知，只要资本主义制度还存在，广大劳动人民的购买力就不可能

① ［美］罗伯特·塞缪尔森：《经济困境让美国人感觉"很脆弱"》，载于《参考消息》2011 年 9 月 21 日。

② ［美］迈克尔·舒曼：《如何拯救资本主义》，载于《参考消息》2012 年 1 月 30 日。

③ ［法］迪梅尼尔：《世界已进入危机第二阶段》，载于《参考消息》2012 年 1 月 29 日。

走强，工人和中等收入者的大量失业就不可能避免，企业和金融机构的破产就必然存在，国家的主权债务危机就难以消除，这一切发展到一定程度，总危机喷发期的到来就不可避免。矛盾尖锐到各方面都无法承受之时，资本主义总危机的喷发期就会进入崩溃期。所以，只有结束资本主义制度，才能结束资本主义总危机。

（原文发表于《毛泽东邓小平理论研究》2012 年第 4 期）

第三编　当代资本主义基本矛盾及其发展趋势

国际垄断资本主义阶段资本主义的基本矛盾及其发展趋势

吴　茜[*]

关于资本主义的基本矛盾和历史命运，马克思恩格斯早在一个半世纪之前就已做了深刻的分析，得出了明确的结论。生产社会化与生产资料资本主义私人占有之间的矛盾，是资本主义社会一切政治经济矛盾的总根源，是资本主义的基本矛盾。在经济方面，这一基本矛盾集中体现为个别企业生产的有组织性与整个社会生产无政府状态之间的矛盾，从而导致资本主义的周期性经济危机；在政治方面，则集中体现为无产阶级与资产阶级之间的阶级斗争，从而导致资本主义的政治、社会危机。资本主义的灭亡、社会主义的胜利是不以人的意志为转移的客观规律。

19 世纪末 20 世纪初，资本主义发展到垄断资本主义或帝国主义阶段。列宁认为，垄断资产阶级通过把资本主义的基本矛盾和生产过剩危机向外输出以缓和国内的经济危机、阶级矛盾，却激化了受帝国主义统治和剥削的殖民地或半殖民地国家和地区的无产阶级与资产阶级之间的矛盾，在帝国主义国家为争夺殖民地和世界市场发生战争的时候，这些国家和地区的无产阶级革命可能获得成功。因此，列宁得出结论：帝国主义是寄生的、腐朽的、垂死的资本主义；帝国主义是社会主义革命的前夜，是社会主义的入口。[①]

斯大林在《苏联社会主义经济问题》一书中指出："资本主义的总危机是世界资本主义体系的总危机，是既包括经济，也包括政治的全面危机。"[②] 资本主义总危机的根源是由资本主义的基本矛盾演绎出来的资本主义世界的三

---

* 吴茜：中国社会科学院马克思主义研究院。

① 《列宁选集》第 2 卷，人民出版社 1995 年版，第 582、686 页。

② 斯大林：《苏联社会主义经济问题》，人民出版社 1975 年版，第 45 页。

大矛盾，即资本主义国家内部无产阶级与资产阶级的矛盾，殖民地附属国与宗主国之间的矛盾，帝国主义国家之间的矛盾。这些矛盾的发展和激化必然使资本主义总危机不断加深，导致资本主义体系的总崩溃。

一百多年过去了，随着资本主义新科技革命浪潮和经济全球化浪潮的高涨，这些分析和结论是否仍然有效？当代资本主义基本矛盾运动的客观进程和现实状况发生了什么新变化？推动其演进发展的动因何在？

一、国际垄断资本主义阶段资本主义基本矛盾发展变化的原因

20 世纪 80 年代以来，新科技革命推动经济全球化和垄断资本的全球大扩张，资本主义的发展进入国际垄断资本主义阶段。国际垄断资本主义是以强大的国家垄断资本主义为后盾，以跨国公司为主力军，以国际经济和金融组织为主要调节机构，以追求全球超额垄断利润为目标，向全球渗透和扩张的资本主义。国际垄断资本主义作为二战后新科技革命使生产力高度发达、高度社会化和资本高度国际化的必然产物，是资本主义生产方式的新发展，推动着资本主义的基本矛盾不断地向前运动和发展。

（一）生产力的发展

20 世纪 80 代后，信息技术革命推动资本主义进入知识经济和经济全球化时代。经济全球化具有二重性，从生产关系角度看，经济全球化是资本主义生产方式的全球扩张和金融资本垄断世界市场的历史进程；从生产力角度看，经济全球化反映了生产社会化和国际分工协作高度发展的要求，实现了商品、服务、资本和技术等生产要素在全球范围内的流动和配置，出现了市场经济全球化、贸易金融自由化和以跨国公司为主导的世界生产一体化。

作为贸易、金融国际化和生产国际化的载体和承担者的跨国公司，主要以对外直接投资的形式，利用现代发达的交通、通讯和网络技术，在全球范围内进行大规模资源配置和直接组织生产与销售，从事全球一体化生产。

经济全球化使得国际分工由帝国主义初级阶段的垂直型分工，发展为现代的行业、企业内部的工序、工艺流程的分工——水平型分工。资本主义生

产过程的社会化最初意味着一种产品的零部件分别由许多个生产厂家生产，现在，跨国公司不但把零部件的生产分包出去，而且包括这些零部件的科研、设计、试制与最后的生产制造全都包给国外其他企业。全球各个国家都成为垄断资本主义生产方式链条上的一个环节，一个以大跨国公司为载体的全球性生产网络正在形成。例如："一种喷气飞机在美国华盛顿州和日本设计，在西雅图装配，尾椎来自加拿大，特殊的机尾部分来自中国和意大利，引擎来自英国。"①

（二）生产关系的变化

经济全球化时代，垄断资本的国际化运动不仅大大促进了资本主义生产力的发展，而且也自然而然地引起资本主义生产关系如私有制的性质、实现形式、所有制结构等的新变化。

一方面，二战后，资本主义适应生产社会化的要求而作出种种自我调整，出现了资本主义生产资料所有制的社会性增强的趋势，在一定程度上提高了资本主义生产关系对于现实生产力的适应和容纳能力，为生产力提供了进一步发展的空间和可能。这主要表现为资本来源的多样化和分散化，所有制结构和私人占有方式的多元化和多样化，生产资料所有制高度社会化，法人股份垄断资本所有制成为资本主义所有制的主要形式。法人股份垄断资本所有制就是具有雄厚资本实力的社会法人，包括工商企业、商业银行、投资银行、年金基金、保险公司、社会共同基金等，成为企业投资或股东的主体。法人资本为垄断资本的技术大开发和在全球的发展，提供了强大的推动力和资金上的保证。股东的法人化和非个人化，是资本主义生产资料所有制向社会化发展的重大变革。马克思认为，"股份公司是作为私人财产的资本在资本主义生产方式本身范围内的扬弃"，是"资本主义生产方式转化为联合的生产方式的过渡形式。"②

---

① ［美］罗伯特·赖克：《国家的作用——21 世纪的资本主义前景》，上海译文出版社 1998 年版，第 112～113 页。

② 《马克思恩格斯全集》第 25 卷，人民出版社 1975 年版，第 493 页。

当代资本主义高度发达的社会化大生产及其所创造出来的与之相适应的先进经营形式和组织形式，如股份公司、垄断资本组织、国家垄断资本主义、跨国公司等，都是由资本主义生产方式转化为联合的生产方式的过渡形式，这些形式正不断地否定和扬弃着资本主义私有制。

另一方面，国际垄断资本在整个世界经济中占据了绝对的主导和支配地位，形成了世界性的寡头垄断经济和寡头帝国。当代世界经济中，各国垄断资产阶级掌握着巨大的生产资本、商品资本、金融资本，并通过跨国公司的对外直接投资，控制和支配着世界上越来越多的生产资源。在资本主义国家，少数垄断寡头牢牢控制着国家的经济命脉。例如，美国拥有 10 亿美元以上资本的大公司，其资本在整个工业资本中所占比例从 1960 年的 23% 增加到 1990 年的 71.2%，日本占 0.9% 的大公司控制了本国 86% 的资本，德国 109 家大公司控制了本国 64.7% 的资本，英国 3 家最大的公司控制了本国 42.2% 的资本。

国际上的生产集中和垄断也在不断增强，许多传统垄断性银行和企业发展成为今日的全球性大银行和大企业，国际垄断资本几乎控制了全球的生产资料和生产资源。美国微软公司几乎垄断了全世界的计算机软件市场，摩托罗拉、诺基亚、爱立信三家跨国公司垄断了全球移动电话市场的 50%，波音公司和欧洲空中客车公司生产的客机占据世界民航机市场的近 90%。[①]

发达资本主义国家的垄断资产阶级出于共同的经济和政治利益的需要，与竞争对手组成"战略联盟"或进行"横向联合"，通过各种经济组织、协定、条约、会议等等，在全球范围内建立起以自身利益为中心的相对稳定的经济协调机制。欧洲政治、经济的一体化，西方七国首脑会议，关贸总协定，世贸组织，国际货币基金组织，北约等各类国际组织，在一定意义上都是国际垄断资本彼此协调、联合垄断世界市场的工具，有利于其加深对广大发展中国家的经济渗透与控制。

---

① 靳辉明、谷源洋主编：《当代资本主义与世界社会主义——当代资本主义的新变化及其未来走向》，海南出版社 2004 年版。

（三）资本主义生产力与生产关系的矛盾运动的态势和进程

二战后，主要资本主义国家的生产力和生产关系大规模越出国界向全球扩张所造成的世界性资本主义生产力与生产关系的发展，对当代资本主义的基本矛盾的影响：

第一，当代发达资本主义国家出现了股份制、法人股份垄断所有制、合作社、基金会所有制等多种资本社会化形式，都已超越了马克思时代的资本主义私人占有制，向着联合的生产方式的过渡形式转变。但是资本的社会化发展并没有改变资本主义私有制的主导地位和突破传统的私人占有生产关系的狭隘界限。事实上，发达资本主义国家的垄断资本家越来越多地占有和支配着世界各国的生产资料和经济资源，它们同众多发展中国家的剥削与被剥削、统治与被统治的关系更加尖锐化。

第二，一方面，经济全球化实际上是资本主义的基本矛盾向全球扩张的过程，是发达资本主义国家向外输出经济危机、摆脱困境的主要手段。由于科学技术进步引起资本有机构成不断提高和资本积累的平均利润率呈下降的趋势，迫使资本在全世界抢占新的市场来吸收其过剩资本以维持高额垄断利润，以摆脱经济危机。另一方面，经济全球化把资本主义的生产社会化与生产资料资本主义私人占有制这一基本矛盾推到了全球层面这一高度，在全世界范围内重现资本主义的各种矛盾和痼疾。

第三，科学技术的进步不仅不能缓解资本主义的基本矛盾，反而加深了资本主义的周期性经济危机，高技术产业的盲目发展已成为了引发"生产过剩"危机的重要因素。例如，美国的"新经济"危机就是因电子计算机制造业和机器软件编制业的盲目发展、生产过度而引起的。随着欧美国家科学技术的进一步发展，还出现了高技术排挤工人的现象，包括大批"白领工人"。这种现象实际上反映了当代资本主义的生产关系，已经难以容纳随着科学技术的发展而发展起来的生产力了。

二、国际垄断资本主义阶段资本主义基本矛盾的表现形式

20 世纪 80 年代以来，随着资本主义生产方式的全球扩张以及全球寡头垄断经济的形成，当代资本主义的生产力与生产关系以及二者的矛盾运动状况都出现了新特征和新的表现形式。

（一）在经济上的表现形式

在国际垄断资本主义阶段，资本主义的危机因素和源泉不仅没有消除，反而是在增多。不仅马克思主义奠基人揭示的传统的周期性生产过剩经济危机依然广泛存在，而且还出现了波及面更广、更难预测和防范、更加危险的股市泡沫、金融投机与诈骗以及诸如结构性危机、部门性危机等新的经济危机表现形式。

1. 西方资本主义国家的经济危机

国际垄断资本主义发展阶段的主要特征是金融资本的全球化，发达资本主义国家为了缓解有效需求不足这一矛盾，通过实行金融自由化政策促使生产过剩在金融扩张以及经济泡沫化中得以虚假的解决，从而使资本主义所固有的生产过剩危机在金融泡沫的冲击下变得愈加严重了。

以美国的"新经济"危机为例，20 世纪 90 年代初克林顿时期，道琼斯指数一直在 2500 点到 3000 点徘徊，此后差不多整整十年都在持续攀高增长，成为全世界称羡的"牛市奇观"和"新经济奇观"。但美国股市从 2000 年 3 月的最高峰到 2002 年 7 月，两年 3 个月的时光，损失了 8.2 万亿美元的市场价值，缩水蒸发掉了 48%。2002 年 6 月底，一系列企业会计丑闻拉开了华尔街崩溃的序幕，从 8 月 22 日到 9 月 22 日，道琼斯指数直线暴跌超过了 1000 点，此后更连续在 8000 点以下挣扎，创四年来最低。经济增长、商业投资、退休基金、消费者信心指数、最低工资限额等关键性经济指标不断下跌，而失业率、贫困人口、破产企业等经济数据却在持续高攀。①

---

① 张西明：《新美利坚帝国》，中国社会科学出版社 2003 年版，第 50 页。

2002 年美国股市崩溃、经济严重下滑的主要原因是：20 世纪 90 年代末，全球投资过剩所引起的生产过剩导致了资本利润率下降，致使合并风潮的出现和大企业的倒闭。幸存的企业为了生存，越来越依赖于股票市场的融资。一些公司用期货交易现通货，导致了高科技股值狂升，掩盖了公司的实际亏损情况。网络狂热虽然使股市繁荣人为地延续了三四年，但最终还是于 2000 年崩溃。金融泡沫破灭后，一些公司为了吸引投资商，不得不继续在资产负债表上显示赢利。一批美国巨型企业 CEO 们与会计师事务所、券商公司、企业等级评定机构等相互勾结，制造会计假帐欺诈投资者和雇员，巧取豪夺几十亿、上百亿美元的财富，随后又一个接一个地宣布申请破产保护，使企业员工顿时失去了后半生所有的保障，使世界各国的投资者、贷款银行顷刻间血本无归，致使美国市场的信用机制及其整个社会的诚信价值体系、信心基础崩塌，股市狂泻暴跌，美国经济陷入长期衰退的危机，并对全球经济产生严重的后果和冲击。①

2. 资本主义基本矛盾在世界经济中的表现形式

第一，跨国公司内部的高度组织性和计划性与世界市场无政府状态之间的矛盾。一方面，跨国公司以在全球范围追求利润最大化为目的，为了应对世界市场上的激烈竞争，跨国公司凭借其雄厚的资金、先进的技术和管理经验，实现了跨国公司内部的高度组织性和计划性，极大地提高了生产效率，促进增长；另一方面，跨国公司的全球活动突破了民族国家的宏观经济调控能力，它们的活动舞台是基本上处于无政府状态的世界市场。尽管战后建立的国际货币基金组织、世界银行、世贸组织、联合国的有关经济职能部门，成为全球宏观经济政策协调和监督的主要组织机构，但是这种协调改变不了资产阶级最大限度地追逐剩余价值的贪婪本性，也就无法遏止全球范围内生产的盲目性，世界市场仍然处于生产无政府状态，不可避免地导致世界性的生产过剩危机。

---

① Dale A. Krane. The State of American Federalism, 2001 – 2002：Resilience in Response to Crisis. Publius 32 no. 4 1 – 28 Fall, 2002.

第二，世界生产能力无限扩大趋势与世界范围有效需求不足之间的矛盾。为追逐更多的利润的竞争驱使着资本家疯狂地投资生产，使全球生产能力的增长明显超过了全球消费市场的需求，再加上受发达资本主义国家资本市场金融泡沫的影响，出现了世界性的生产能力过剩。另一方面，在全球化时代，由于"中心"对"边缘"的残酷剥削和掠夺，世界上多数人口处于相对或绝对贫困化，使得人类的整体消费能力和市场容量远远跟不上在市场经济和高新技术的推动下全球规模的生产速度和能力，在广大发展中国家普遍出现了消费市场的低水平虚假饱和与生产相对过剩的"奇特现象"，这就使消费严重滞后于生产。资本积累过剩与世界范围有效需求不足之间的矛盾日益尖锐化的后果，是全球经济停滞和衰退，最终引发世界性的经济危机。

第三，国际垄断资本的金融投机和金融掠夺与世界性经济危机的频繁爆发。随着新自由主义意识形态的全球泛滥，各国政府放松金融管制。由于金融市场上的过度投机和全球金融体制的不健全，资本主义国家诸如有价证券、存款贷款、外汇之类的无物质载体的虚拟经济大大超过了实物经济。随着"虚拟经济"与"实体经济"的严重脱节，金融泡沫持续膨胀，威胁着世界经济体系和经济形势。一旦金融泡沫破灭或资本流动方向的突然变化和灾难性的汇率浮动，就会引起破坏性极大的连锁反应——货币汇率大起大落、股市剧烈动荡、大银行破产接踵而来——以金融体系崩溃为特征的区域性或世界性经济危机爆发。世界金融体系的失调和危机已在美国股票狂跌（1987）、日本"泡沫经济"破灭（1994）、墨西哥金融危机（1995）、东南亚金融风暴（1998）、俄罗斯金融危机（1999）以及2001年以来阿根廷等拉美国家的金融危机和进入新世纪后从美国开始的世界经济的衰退中得到充分的体现。

（二）在政治上的表现形式

马克思主义认为，资本主义的经济危机必然导致社会政治危机，而后者是资本主义基本矛盾的更为重要的表现形式。社会政治矛盾和危机的加剧，会导致无产阶级革命，推翻资产阶级的政治和经济统治，实现资本主义社会形态向共产主义社会形态的过渡。

1. 资本主义国家的政治矛盾和危机

第一，资本主义国家的大规模结构性失业和工人的相对或绝对贫困化。20 世纪 80 ~ 90 年代以来，信息革命与知识经济推动经济全球化时代的到来，资本主义进入了一个把经济增长建立在广泛推行知识密集型生产与服务，实行自动化、合理化、大量削减劳动岗位（特别是非熟练技术劳动岗位）基础之上的"新经济时代"或"后福特主义时代"。20 世纪 70 年代中期爆发的"滞胀"危机，使各国政府放弃凯恩斯主义，采用新自由主义政策，撕毁社会福利国家这种阶级妥协的契约，对劳动进行肆无忌惮的剥削和进攻——大力消灭劳动岗位、削减社会福利开支、拆毁社会福利国家，造成了西方国家的大规模结构性失业和社会贫富分化的劳动社会危机。

欧盟国家失业率严重，1985 ~ 1995 年平均为 9.9%，1997 年为 11.2%，失业人数 1800 万人。随着 2001 年西方国家经济衰退，失业率又有所上升。2002 年美国的失业率高达 6%，日本为 4.6%，欧盟的失业率仍高达 10%。

西方社会的贫困、饥饿和无家可归现象越来越严重，靠社会救济生存的人越来越多。美国最底层的 40% 的家庭拥有的财富只占全部财富的 0.2%，相反，占 1% 的最富有家庭支配着全部财富的 40%。1983 ~ 1995 年，最穷的 40% 的家庭失去了其财富的 80%，而占 1% 的最富有家庭的财富却增加了 17%。贫困问题不但存在于一般劳动阶层，而且日益侵蚀着中产阶层。约占经理人员 1% 的高层经理收入剧增，365 家最大公司首席执行官 1996 年的平均收入高达 578.13 万美元。2000 年，美国 CEO（高级执行总裁）与普通工人的收入比是 531 : 1。

第二，资本主义国家的社会矛盾和阶级危机不断加剧。20 世纪 80 年代以来，以新自由主义意识形态来推动的经济全球化进程，实质上是资本对劳工的反扑，这种赤裸裸的资本主义逻辑必然导致垄断资产阶级与无产阶级的阶级矛盾的加剧。由于苏联解体、东欧剧变使世界社会主义运动遭受严重的挫折，以及新自由主义对各国工会和工人运动的沉重打击，西方国家的工人运动暂时处于低潮。随着资本主义社会贫富分化的急剧拉大，资本主义国家的社会矛盾和斗争的其他形式则更加尖锐和复杂化。

发达国家的抢劫、偷窃、枪杀特别是青少年仇杀、吸毒、贩毒、邪教等犯罪活动泛滥，严重的甚至爆发城市动乱。现在，各个福利国家内部由于失业、财富分配不均、人口增长、移民等越来越严重的问题造成政治动乱和民众不满，整个社会从经济上不断分裂。失去安全感的人们把排外仇恨、分裂主义和与世界市场隔绝作为政治药方。在西方国家，种族歧视以及对外来工人的歧视和排外情绪日益明显。在德、法、奥、比、荷、意、英等国，一些种族主义政党和组织煽动失业者和贫困者排挤、驱赶乃至杀害外来特别是有色人种的移民和劳工。①

2. 资本主义基本矛盾在世界政治中的表现形式

第一，世界人口绝对贫困化和南北矛盾的不断加深。自 20 世纪 80 年代后期，发达资本主义国家仅通过投资、外债和对外贸易这三方面，对发展中国家的年剥削量就达 2500 亿～3000 亿美元，几乎相当于全部发展中国家国内生产总值的 1/10 左右。在西方跨国公司的财富急剧膨胀的同时，大量发展中国家则由于不对等贸易和严重的债务危机陷入了贫困的深渊，世界人口有相当一部分陷入绝对贫困化。目前世界上 20% 最富有的人消费着 86% 的产品，其余 80% 的人只消费 14% 的产品。至 20 世纪 90 年代末，在 4.5 亿人口中，两亿以上生活于贫困线之下，其中 9500 万处于饥饿状态之中，5500 万人口营养不良，许多人死于慢性和持久的饥饿。②

国际垄断资本对发展中国家人民的残酷剥削和压迫，导致世界范围贫富分化的急剧拉大和社会动荡。帝国主义国家向发展中国家推行经济、政治、文化霸权进一步引发了"文明冲突"。发展中国家的民粹主义、民族主义以及宗教原教旨主义的领袖们抛出种种脱离社会发展进程的答复和危险的解决方案，激起那些穷苦的失去一切的人试图用宗教原教旨主义或"国际恐怖主义"进行反抗和报复。

---

① Marcus, Jonathan. Exorcising Europe's demons: A far-right resurgence? Source: Washington Quarterly v. 23 no. 4（Autumn 2000），pp. 31–40.

② 李民骐、朱安东：《资本主义世界经济的过去、现在和未来》，资料来源于 Homepage：www. unix. oit. umass. edu/－andong。

第二，世界主要矛盾发生新变化。20世纪90年代，苏联东欧社会主义阵营崩溃瓦解，美国成为当今世界唯一的超级大国，美国的霸权主义急剧膨胀。以新经济殖民主义、新干涉主义、新炮舰政策和新霸权主义政治联合为内容的美国"新帝国主义"，其根本目的是要用美国的政治制度、自由市场经济模式、民主自由价值观念等来改造整个世界，妄图构建以美国为主导力量的单极世界霸权体系。如果哪个国家敢于违抗它规定的秩序，就将其列入"无赖国家"、"邪恶轴心"的黑名单，它就有权对其进行经济制裁乃至军事打击，用武力推翻他们的政府，并把美国的制度、模式、意识形态强硬地移植进去，而不受任何国际关系准则的约束。

二战后，尤其是"9·11"事件以来，美国的霸权主义和强权政治成为当今世界战争的总根源和最重要的策源地。世界人民要和平求发展的愿望与美国的强权政治和战争政策之间的矛盾已成为世界的主要矛盾，即是当今世界各种矛盾的集中体现。

三、从资本主义基本矛盾的深化看资本主义必然灭亡的历史命运

资本主义的发展始终伴随着各种失衡、失调、波动和危机——科技进步在促进经济增长的同时，也提高了雇佣劳动强度和剥削程度，加剧社会分配不公和两极分化；证券、股票、保险等金融资本畸形发展，使金融体系与实物经济严重脱节，加剧了资本主义的投机性和寄生性；随着霸权主义和强权政治的横行，经济全球化带来的是全球大分裂和大混乱；西方少数国家和少数人的过度消费和丰裕生活，直接造成了自然资源的浩劫、生态环境的破坏、社会道德的沦丧等。这就充分说明资本主义不仅不能解决人类面临的一系列迫在眉睫的重大矛盾和危机，实现人类社会的总体进步和最大多数人的幸福，反而在制造和加剧着各种矛盾和危机，在断送人类社会的前途和绝大多数人的幸福。

资产阶级为了维护资本主义基本制度的生存和发展，缓解资本主义私有制对生产力发展的羁绊和束缚，对资本主义的生产关系和上层建筑的某些环节以及资本主义经济社会的运行和管理机制做了不少的自我调节、改良和改

善，减轻了经济波动的幅度和经济危机的破坏性，为生产力的发展提供了新的空间；同时还借鉴社会主义的一些做法，使资本主义社会的阶级矛盾和社会矛盾得到相当程度的缓和。但是，这种调节和改良是在资本主义制度允许的范围内进行的，没有触动资本主义私有制的根基，因而也就不可能从根本上克服资本主义的基本矛盾和由此产生的经济危机与政治矛盾，① 相反，还会在新的基础上积累和加深资本主义的基本矛盾。

二战后，从凯恩斯主义到新自由主义再到"第三条道路"，资本主义不断地进行自我调节和改良，但终究不能克服资本主义的基本矛盾，反而使危机以更猛烈的形式爆发。这充分证明，资本主义的基本矛盾和危机已成为资本主义制度本身无法愈合的伤口，它们终究会发展到在资本主义框架内无法调节和缓解的地步，导致资本主义的灭亡。

国际垄断资本主义阶段正在为实现全球共产主义准备阶级基础。国际垄断资本的发展孕育着一个全球剥削阶级——全球资产阶级（跨国垄断资产阶级），而全球资产阶级必然会造就一个自己的对立阶级——全球无产阶级。随着资本主义基本矛盾在全球范围的不断积累和加深及其所引发的经济危机和阶级矛盾的激化，全世界无产阶级联合起来推翻资本主义制度，建立一种新的适合社会化生产力发展的社会形态，将成为更加不可阻挡的历史洪流。

列宁指出，垄断决定了帝国主义是垂死的资本主义，是向社会主义过渡的资本主义。② 垄断资本在全球的发展，在一定程度上避开了在一国发展到顶点后产生的经济危机，但却无法回避在全球发展到顶点后必将出现的全球性经济危机。由于国际垄断资本造成全球范围内的两极分化，必然引起全球范围的有效需求不足、经济衰退，从而导致世界性经济危机。革命可能在垄断资本设在南方发展中国家的子公司和企业中爆发。而现代国际分工的水平型工序分工形式，将使得这种革命迅速在跨国公司设在全球的各个子公司中传播，从而引起连锁反应，导致资本国际循环的阻滞和中断，从根本上动摇国

① 罗文东：《当代资本主义的新变化与世界社会主义的发展前景》，选自靳辉明主编：《社会主义的历史·理论·前景》，社会科学文献出版社2004版，第345页。

② 《列宁选集》第2卷，人民出版社1995年版，第686、650页。

际垄断资本主义的经济秩序和政治统治。

当代世界历史的进程表明：资本主义固有的基本矛盾没有也不可能在资本主义体系内部得到解决。经济全球化终将使资本主义生产方式的扩张达到极限，也将使缓解资本主义基本矛盾的余地达到极限。虽然这个过程可能需要上百年甚至更长的时间，但是，资本主义必然灭亡，社会主义和共产主义必然替代资本主义，是不可逆转的历史必然！

（原文发表于《马克思主义研究》2006 年第 6 期）

当代资本主义再认识：当代资本主义基本矛盾的新解读

颜鹏飞　刘会闯*

一、引言

关于资本主义新变化及其前途的探讨从未停止过。20 世纪 40 年代熊彼特在其《资本主义、社会主义与民主》一书中提出了这样的问题："资本主义能生存下去吗"？保罗·肯尼迪倡导"资本主义形式有限改变"论，又一次提出"资本主义将何去何从"的问题。① 亨特（E. K. Hunt）进而挑起关于"资本主义究竟是导致和谐还是导致冲突的一种社会制度"和"资本主义是内在稳定还是内在不稳定"的大讨论。世纪之交的全球性金融危机，引发关于"新资本主义"和"创造性资本主义"的讨论。② 2008 年至今，西方主流媒体和达沃斯论坛多次发起关于西方资本主义危机和未来走向，以及以"重塑资本主义"、"国家资本主义"、"占领华尔街运动"、"诊断资本主义"等为专题的大讨论，以至于资本主义这一词汇在各种媒体上的出现频率屡屡荣登榜首。对上述问题，西方学者各持己见，褒贬不一，众说纷纭。关于资本主义新变化的认识可归结为资本主义制度"有限改良"论、资本主义"自我扬弃"论、资本主义与社会主义从"共和"走向"融合"论三种代表性结论。③ 关

---

* 颜鹏飞：武汉大学经济与管理学院；刘会闯：武汉大学经济与管理学院。

① ［美］保罗·肯尼迪：《读四大家的书，得知资本命运》，载于《金融时报》（英）2009 年 3 月 13 日。

② ［美］亨特：《经济思想史：一种批判性的视角》，上海财经大学出版社 2007 年版。

③ 刘厚俊、袁志田：《全球公共债务危机与世界资本主义新变化》，载于《马克思主义研究》2011 年第 10 期。

于资本主义的前途，则有诸如"历史终结说"、"制度趋同论"、"自我扬弃自我转型"和"崩溃论"等观点。与此同时，资本主义也被戴上了形形色色的新帽子——"晚期资本主义"、"新帝国主义"、"后资本主义社会"、"福利资本主义"、"调整的资本主义"、"赌场资本主义"、"金融资本主义"等等，不一而足。

这些关于资本主义现状和前景的大讨论，促成现代世界性思潮的一种新动向，即"回到马克思"、"走近马克思"、"追寻马克思"、"保卫马克思"、"重读《资本论》"，凸现了当代思潮的理论召唤、思想取向和理性回归。如今，西方世界很多人又重新捧起了《资本论》，试图从中寻找当前危机产生的根源。德国的一名出版社经理说："马克思再一次成为了时髦。我们又有了对这场金融危机感到恼火的新一代读者，他们认识到新自由主义最终证明是一个虚假的梦。"马克思故居展览馆馆长比特里克斯则说："我记不清听到人们这样讲了多少次：'这个人是对的'。"① 美国学者约翰·卡西迪在谈到马克思时也不得不承认："不管他有什么错误，他确实是一个通晓我们的经济制度的人。只要资本主义继续存在，他的作品就值得拜读"。②

一种理论的正确与否，不在于其产生的时间长短，而在于其能否正确解释现实、指导实践，归根到底在于其能否对人类历史发展趋势作科学把握。正是对现实变化规律和历史发展逻辑的客观把握，马克思主义才在人类社会的历史长河中始终保持着巨大的生命力、感召力和创造力。马克思毕其一生撰写的《资本论》及其手稿是研究资本主义的传世经典和绝响。经典的魅力在于引导人们一次又一次穿越历史时空，从经典中寻找时代对接点、理论闪光点和增长点。《资本论》的当代价值和理论张力在于：一个半世纪以来，已经出现四次"马克思热"，世人力求从中寻求解决资本主义危机的答案，并在解读和反思中不断得到启迪。本文主要探讨当代资本主义的新变化，并从马克思的理论视角对其进行分析和阐释，从而彰显马克思资本主义理论的当代

---

① 《欧洲争论资本主义的出路，马克思〈资本论〉再度畅销》，载于《环球时报》2008 年 11 月 21 日。

② 俞可平：《全球化时代的"马克思主义"》，中央编译出版社 1998 年版，第 10 页。

价值和理论张力。

二、当代资本主义两重性再认识

如何看待资本主义的本质及其两重性？马克思从两个方面作了辩证的解读：在科学地诠释了资本主义社会经济形态本质的基础上，一方面论证了资本主义走向灭亡的历史必然性，"两个必然"论断即"资产阶级的灭亡和无产阶级的胜利是同样不可避免的"，① 揭示了资本主义这一生产方式的本质和必然毁灭的历史发展结局；另一方面，"两个决不会"论断即"以及无论哪一个社会形态，在它所能容纳的全部生产力发挥出来以前，是决不会灭亡的；而新的更高的生产关系，在它的物质存在条件在旧社会的胎胞里成熟以前，是决不会出现的"，以及"资本的文明面"或者"三个有利于"论断，即"资本的文明面之一就是，它榨取剩余劳动的方式和条件，同以前的奴隶制、农奴制等形式相比，都更有利于生产力的发展，有利于社会关系的发展，有利于更高级的新形态的各种要素的创造"，② 实际上阐述了一定历史发展阶段上资本主义存在的必然性和正当性、制度发展的弹性和生命力，以及寄希望于在其内部滋生的资本主义变革因素和否定因素。这就是当代资本主义的两重性。

（一）当代资本主义基本矛盾在生产领域和分配领域新的表现形式

二战后，特别是 20 世纪 70 年代以来，资本主义基本矛盾在生产领域和分配领域呈现出了新的特点和表现形式。

在生产领域：其一，经济全球化的进程大为加快。为了摆脱"滞胀"的危机并维持高额垄断利润，资本主义通过经济全球化来化解基本矛盾。因此，可以认为，经济全球化实际上是资本主义的基本矛盾向全球扩张的过程。经济全球化以跨国公司为主要载体，它带来了资本主义生产方式的全球化，扩

---

① 《马克思恩格斯文集》第 2 卷，人民出版社 2009 年版，第 43 页。
② 《马克思恩格斯文集》第 3 卷，人民出版社 2009 年版，第 592 页。

大了剩余价值的源泉，不仅本国的工人阶级，而且世界工人阶级都在为世界垄断资本提供着剩余价值，垄断资本得以无时空限制地攫取剩余价值。这就必然加强中心对边缘、资本对劳工的剥削，使资本主义的基本矛盾在全球范围内不断积累和加深。其二，经济的金融化。随着科技的不断进步，资本有机构成不断提高，利润率下降的规律对资本增值的作用愈加显著。不断要求增值的资本开始了经济金融化的进程，纷纷从创造剩余价值的生产领域退出并投身于金融市场以获取更高的利润，形成了以金融为核心并支配实体经济的积累和增长体制。金融垄断资本肆意投机和掠夺，并缺乏有效的金融监管，资本主义经济的赌博、投机性质日益明显和强化，这是当代世界经济发展中资本主义矛盾运动的一个重要方面。其三，产业的空心化，或者说是经济的去工业化。与经济金融化相对的是经济的去工业化，这也是资本主义基本矛盾运动的必然结果。当从事实体生产难以获取利润时，逐利的本性使资本绕过产业资本的形式而采取金融资本的形式来获取高额利润。在去工业化进程中，资本主义国家纷纷将生产转移到其他具有较低成本的国家和地区，在全球范围内配置资源。经济的去工业化，使得作为剩余价值载体的物质产品生产总量下降，而逐利的金融资本却要求分割越来越多的剩余价值，从而产生了社会剩余价值总量的有限性与资本增值需求无限性之间的矛盾。随之而来的实体经济发展的长期停滞，也进一步削弱了西方国家应对危机、实现增长的能力。

在分配领域：其一，在所有制关系上推行企业股权分散化，鼓励职工购买本公司的股票或把股票直接以奖金的形式发给职工，使雇员也可以参与股息分享。这在一定程度上缓解了资本私人占有对生产力发展的制约，但工人持有企业股票并没有使他们在企业中赢得任何实质性的经济权力，也不能改变被资本家雇佣和剥削的社会地位。连美国著名经济学家萨缪尔逊都承认："工人们持有几张股票所带来的变化，对于他们自己生活的影响是微不足道的。"① 因此股权分散化并没有削弱垄断资本的统治权，反而加强了资本对劳

---

① ［美］萨缪尔逊：《经济学》，麦格劳－希尔图有限公司 1980 年版，第 66 页。

动的剥削手段与统治力量，使工人对资本的依附性更强了。其二，不断完善社会福利政策。建立了比较完善的社会保障制度，包括失业救济、老年退休金、医疗补助、劳动保护、残废津贴、儿童福利等多项内容，加大了国民收入再分配的比例，分配形式出现兼顾平等的特点。其三，在分配结果上，不平等加剧，贫富分化加重，中产阶级萎缩，社会流动性降低。在金融垄断资本的强取豪夺下，不仅以前的工人阶级和底层群众处于被剥夺的地位，现在中产阶级同样也处于弱势地位。目前在美国，中产阶级衰落已是一个不争的事实。美国著名经济学家斯蒂格利茨如此写道："这塔尖的 1% 控制了 40% 的财富，25 年前，这个数字分别是 12% 和 33%。"① 另一位著名经济学家克鲁格曼则高度评价了"占领华尔街"运动提出的口号："我们是 99%"，认为这个口号了不起，它正确地将问题界定为中产阶级与精英而非穷人的对立。②

　　一方面，资本主义通过经济全球化、经济金融化在全世界范围内攫取剩余价值，金融资本过度膨胀，虚拟经济与实体经济已严重脱离；另一方面，金融部门并不能进行真正的价值创造，而只能进行价值的分配。面对日益严重的贫富分化，为缓和阶级矛盾，缓解有效需求不足，资本主义国家推行了一系列福利措施，并大力发展消费信贷，鼓励民众超前消费，利用各种金融衍生工具多方面分散和转移风险。这种建立在虚假购买力基础上的经济体系，必然会导致把生产和消费的矛盾成倍放大，从而导致经济危机的爆发。而在新自由主义体制下，不合理的并缺乏监管的国际经济和金融秩序则将危机迅速传导到了全世界。

　　此外，资本主义危机多样化的表现形式也显示出资本主义基本矛盾新特征和新的表现形式，其中包括传统的实体经济的相对过剩危机、虚拟经济领域的泡沫危机、公共信用或者公共债务危机、国际货币战争和军事战争，以及政治、经济和社会的综合性危机，等等。资本主义发展史也就是一部经济危机周期波动史，从 1825 年第一次世界性的资本主义经济危机以来，形形色

---

① ［美］斯蒂格利茨：《美国 1% 的"民有、民治、民享"》，载于《环球时报》2011 年 10 月 18 日。

② 于海青：《美国社会平等吗?》，载于《红旗文稿》2013 年第 5 期。

色的危机此起彼伏。而自 2007 年以来，由次贷危机到金融危机、经济危机再到主权债务危机，进而再到主权货币危机愈演愈烈，这一系列的危机都呈现出与以往不同的特点，资本主义国家越来越难以招架和应对了。

上述情况都充分验证了"资本的发展程度越高，它就越是成为生产的界限，从而也越是成为消费的界限，至于使资本成为生产和交往的棘手的界限的其他矛盾就不用谈了"①、"资本不可遏止地追求的普遍性，在资本本身的性质上遇到了限制，这些限制在资本发展到一定阶段时，会使人们认识到资本本身就是这种趋势的最大限制，因而驱使人们利用资本本身来消灭资本"②，亦即"资本本身就是处于过程中的矛盾"③，"资本的限制就是资本自身"④。这是资本主义自身无法解决的基本矛盾。

马克思不仅从生产领域阐述了资本主义的基本矛盾，而且还从资本主义分配形式（这是生产关系的反面）与生产力的根本性矛盾的视角，对资本主义基本矛盾作了新的解读。这就是"斯密－李嘉图－穆勒定律"（简称"李嘉图定律"），是和谐抑或冲突这两条理论路线分歧的一个起点或分水岭。斯密是这一定律的始作俑者，一方面强调劳动价值论和阶级冲突，另一方面则强调效用价值论、社会和谐和"看不见的手"。李嘉图是这一定律的完成者，他是生产力经济学家，并把分配问题作为政治经济学的主题。发展生产力的要求是李嘉图评价经济现象的基本原则。他公开承认资本主义是有利于生产力发展和社会发展的一种生产方式，尽管它是和构成整个这一发展基础的工人群众的利益相矛盾并以牺牲后者的利益为代价。而作为西方经济学第一次大综合完成者的穆勒，把李嘉图的上述观点作为一种"生产规律"和"分配规律"纳入其折衷主义政治经济学体系。总之，社会生产力发展和社会的进步是以牺牲某些阶级或阶层的利益为代价，被称为绝对合理的必然规律。这就是"李嘉图定律"的实质。"李嘉图定律"也是当代资本主义基本矛盾的

---

① 《马克思恩格斯全集》第 30 卷，人民出版社 1995 年版，第 397 页。
② 《马克思恩格斯全集》第 30 卷，人民出版社 1995 年版，第 390～391 页。
③ 《马克思恩格斯全集》第 46 卷（下），人民出版社 1979 年版，第 219 页。
④ 《马克思恩格斯全集》第 46 卷（上），人民出版社 1979 年版，第 410 页。

表现形式，资本主义终其一生始终无法跳出这一定律的阴影，如同资本主义终其一生始终无法跳出经济危机的阴影一样。这就是关于当代资本主义基本矛盾新的解读。

（二）当代资本主义具有有限度的自我调整和变革的制度弹性

资本主义制度及其生产方式并非是一成不变的，随着时代及其主题的变化，西方世界自 20 世纪五六十年代以来已经进入一个新的转折、变革和调整时期。例如，法国萨科奇竞选纲领的主题就是"改变法国"，美国奥巴马发表以"美国的变革"为主题的总统竞选演说。尽管当代资本主义社会经济形态的本性（"一个在价值上建立起自己的生产方式，进而按照资本主义方式组织起来的国家"①）没有因此而改变，但是，为了维护社会正常秩序和社会制度运行的稳定性，迫于工人运动和经济危机的压力，力图跳出"李嘉图定律"的阴影和陷阱，其自我调节、改良和改善功能得以开启。应该充分估计资本主义在一定限度内即在资本主义生产方式行程内自我调整、自我变革的能力，其中包括在生产方式、生产关系和思想理念等方面进行的不同程度的调整和变革，以及在这一历史行程中的"自行扬弃"、"消极扬弃"、"积极扬弃"，从而逐渐孕育出否定性的因素和"新社会的因素"、"新的经济制度的要素"（即"辩证发展过程在资本主义范围内确实就包含着新社会的因素，包含着它的物质因素和精神因素"）②。对于当代资本主义的这种新变化，这种稀释和缓解社会矛盾与非和谐的举措，以及其内部滋生的资本主义变革因素和否定因素的一些有益成分，我们可以完全为我所用，吸收借鉴。具体从以下九个方面加以解读。

（1）通过全球化在全球范围不断地复制其生产力和生产关系，享受生产力红利、全球化红利和制度红利。而全球化尤其经济全球化、信息全球化、金融全球化又使其在时空两个维度上有所拓展，并赢得了转嫁其非和谐因素

---

① 《资本论》第 3 卷，人民出版社 1975 年版，第 963 页。
② 《列宁全集》第 11 卷，人民出版社 1987 年版，第 371 页。

如经济危机的历史契机。并且，技术创新、制造业再造、大规模投资、金融性重组和强化企业治理结构以及市场经济国家化，构成其发展战略的大趋势。但是，建立在价值和剥削之上的狭隘的资本关系必然不能容纳它召唤而来的越来越发达的生产力，先进的生产力必然要摆脱束缚其身的资本关系的桎梏，并召唤先进的生产关系与之相匹配。

（2）关注和扩充软实力与巧实力，在全球范围不遗余力地推行其"普世价值"、垄断话语权，大搞所谓颜色革命。美国大力宣扬盎格鲁－新教文化（如原罪、救赎、慈善文化）、杰斐逊的"人人生来平等"、罗斯福的"四大自由"（言论、信仰、免于贫困及免于恐惧），以及林肯的民有、民治、民享主义。美国著名经济学家斯蒂格利茨讥讽这种洋三民主义为"1%的民有、民治、民享"。①

（3）扩充中产阶级（这种橄榄状社会结构在加强社会系统稳定性的同时，也给资本关系扩展设置了新的社会结构界限）。日本宣布已进入"均质社会"、"全民中产社会"或"1亿中流社会"。美国中产阶级占总人口的77%，入选标准是"白宫中产阶级特别小组"颁布的五大条件："拥有住房、一台车、子女上大学、健康和退休保障以及偶尔的家庭度假。"联合国开发计划署颁布2013年《人类发展报告》指出：世界中产阶级人口中发展中国家国民比例从1990年的26%上升到2010年的58%。但是，这一次金融危机重创长达20年的"泡沫中产"，使中产阶级作为一个社会阶层的脆弱性被彻底暴露。

（4）发展社会保障制度（这是给资本关系扩展设置了新的再分配界限）。西方社会福利保障制度是现代化大生产的必然产物以及各阶层人民的斗争成果，又是一种维护政权稳定与社会和谐、缓解社会矛盾和稀释生产过剩危机的安全网、保护阀和调节剂。许多西方国家以"福利国家"自居，瑞典和奥地利被称之为"杂交型社会主义"。如果说，凸显个人资本转化为社会资本的股份制度，是资本主义生产方式内部滋生出来的否定因素和"新社会因素"，

---

① ［美］斯蒂格利茨：《美国1%的"民有、民治、民享"》，载于《环球时报》2011年10月18日。

那么，凸显个人收入转化为社会收入的社会福利和保障制度也是如此。无疑，这是给资本关系扩展设置了新的再分配界限、束缚和限制。但是，西方国家普遍呈现"福利病"倾向。英国《经济学家》称之为"欧洲21世纪不会被炮火摧毁，但可能会被一张张福利支票压得喘不过气来"。

（5）重视民间非营利组织（NGO），其中包括慈善事业和智库。这是过去20年全球性"结社革命"运动的产物，旨在弥补市场或政府失灵的所谓"第三次分配"或"第三种力量"。民间性和独立性是NGO的重要特征。据统计，美国大大小小的NGO多达160万个，其中智库就有1777家，活动经费占全球的80%，仅仅美国慈善基金就占了其GDP的9%。其中一些非政府组织在推广民主以及各种"颜色革命"中扮演了推波助澜的活跃角色。

（6）强化对企业的微观规制和劳动立法。这其中包括缓解劳资矛盾的企业社会责任标准（这是全球在20世纪末兴起"企业社会责任运动"的产物），并且许多西方国家以"工会国家"自居。全球一些行业、地区，乃至全球性的行业组织和非政府组织也制定了各自的社会责任标准和守则。据国际劳工组织统计，这样的守则已经超过400个。此外，还出台了一些化解失业的政策，例如日本的劳务强制派遣制度和美国的"分享工作"制度。

（7）倡导绿色的新发展论（这表明资本关系已被设置了限制其扩展的人文界限和生态界限）。西方绿色新发展观发端于20世纪60年代的西方生态运动和绿党政治，"科学生态学"、"人文生态学"、生态社会主义、绿色后现代主义、生态政治理论、环境运动团体和绿色政党应运而生。如法国著名经济学家佩鲁（F. Perroux）的《新发展观》、《斯德哥尔摩宣言》（1972年）即《人类环境宣言》、《里约热内卢宣言》（1992年）和《哥本哈根社会发展宣言》（1995年）、"以人为本"的新理念、新公共服务理论、新公共服务型政府角色理论，以及以"绿色GDP"为代表的新国民收入核算方法，是这种绿色新发展论的标志。

（8）西方国家尤以北欧为代表的"民主社会主义"化（混合经济体制、"第三条道路"思潮和工党市场社会主义模式）倾向。这是在资本主义生产方式行程内对原教旨或古典资本主义私人所有制的局部调整和否定，尤其混合经济体制和市场社会主义模式，对中国社会主义市场经济体制的构建有重要借鉴意义。

（9）新兴资本主义发展的经验。21世纪将成为发展的世纪，新兴国家如"金砖五国"、"VISTA五国"、"灵猫六国"、"新钻十一国"展现出强劲的发展潜力。印度特色的经济发展模式的一个重要经验就是，国家经济发展的决定因素正在由资本资源转向知识资源。印度采取了服务业优先增长模式，被称为"外包服务业大国"、"全球软件行业大国"和"世界办公室"。民生与市场并重的巴西模式缔造了一个中产崛起的巴西，中产阶级的比例从2004年的42%升至目前的52%。

三、结语

当代资本主义的新发展和新变化，表明了它已经具有一定的自我调节、自我更新和自我发展的能力，具有了在资本主义根本经济制度的框架内容纳入"新社会因素"的能力。然而它却无法靠自身力量来解决日益加深的社会矛盾。近年来，尤其是金融危机后西方资本主义国家经济持续低迷、公共债务膨胀、贫富分化加剧、大规模骚乱此起彼伏，美国的"占领华尔街运动"和欧洲的主权债务危机，更是牵动了众多发达资本主义国家的神经。这都凸显了当前资本主义国家所面临的经济、政治、文化等方面的全面的危机，并让西方专家和媒体人士对资本主义的反思进入制度层面。他们认为，当前西方资本主义面临的不仅是一场经济危机，更是一场深层次的社会危机乃至制度危机。

对于当前资本主义面临的困境和新变化，我们应该从两个方面来辩证地分析。一方面，它表明了西方资本主义国家在世界体系中的绝对主导地位发生了动摇，自苏联解体和东欧剧变以来，西方极度膨胀的实力自信、模式自信、霸权自信受到了沉重一击。其一，资本主义存在的合理性受到了更大的挑战和质疑。这首先体现在生产方式上，2008年爆发的金融危机，表明资本主义为了追求更大的利润，金融资本过度膨胀，虚拟经济严重脱离实体经济，甚至不惜用投机赌博来代替组织生产。美国寅吃卯粮的消费方式以及向其他国家转嫁危机的做法，备受病诟。在应对危机中，美国政府更是慷慨补贴金融资本，而后者恰恰是危机的始作俑者。这些都突出地表现了金融资本主义的寄生性和腐朽性。随着贫富差距的进一步拉大，失业问题的日益恶化以及对教育、医疗等社会福利支出的进一步削减，底层民众的抗议日益频繁和激烈，资本主义整个体制的合理性也日益受到质疑。其二，资本主义自我调整与创新的能力和空间也在逐步丧失。资本通过金融化狂热逐利，金融寡头大搞"金融创新"的法术，从传统的债权、股票、商品和外汇中炮制出一大批复杂的金融衍生品，这样的"金融创新"突破了任何限制，把虚拟经济的泡沫越吹越大。虚拟经济严重脱离实体经济而变成难以驾驭的魔鬼，资本主义对此难以支配和驾驭了。"占领华尔街"运动就是金融—经济危机向社会领域传导而引发的抗议活动。而欧洲债务危机更令欧洲各国忧心忡忡，迟迟拿不出一个有效的解决方案。正如法国学者哈罗德·詹姆斯所指出的，"美式市场资本主义已被拉下神坛，欧洲福利资本主义也因债务危机难以为继，人们或多或少承认，当前形式的资本主义模式正遭遇前所未有的挑战。与以往不同的是，今天欧美知识界已无人敢像以往那样拿出一个崭新方案，并信誓旦旦地告诉人们这个方案是最佳的。"①

　　另一方面，应当认识到，西方资本主义当前的困境还远不足以导致资本主义"危机总爆发"。现在敲响的恐怕只是资本主义的"警钟"，还远不是丧钟。正如上文所说的，马克思在《政治经济学批判》序言中早就作出了"两个绝不"的深刻剖析。客观地看，当代西方资本主义仍有强大实力的基础：主要资本主义国家仍有很强的科技创新优势，仍具有容纳生产力不断发展的能力和空间，仍然能够通过调整生产关系、分配关系和社会关系来缓解社会矛盾和冲突。它还会通过不断扬弃自身的私有性质，在发展中融入反映社会化发展要求的公有因素和社会主义成分，来进一步拓展自己的生存空间。我们仍处在资本主义占主导地位的时代。

　　世纪之交以来，尤其是后金融危机时代，西方掀起的这股"回到马克

---

　　① 《多国学者讨论：西方资本主义亟须自我调整》，载于《环球时报》2012 年 3 月 13 日。

思"、"重读资本论"的世界性思潮，进一步证明了马克思主义理论的科学性和生命力，马克思所揭示的规律再一次地被当前资本主义的发展现实和趋势所验证。德国政治学家、著名评论家托马斯·迈尔托如此说道："尽管我们并不认识马克思本人，但根据其理论和他对资本主义的批判来看，可以认为马克思直到今天还是我们时代的'诊断家'。"① 马克思正确地揭示了资本主义社会的基本矛盾，这个矛盾不可调和，无法回避：一方面资本主义会在一次次的危机中，调整各种关系，缓和社会矛盾，改变自己的存在形式，并继续肆意扩张；另一方面，资本主义无论如何改头换面，怎样狂飙猛进，却一次次落入危机的魔网。资本主义无法跳出危机的魔网，无法跳出李嘉图定律的阴影，这是由资本主义的基本矛盾决定的。解决危机、缓和矛盾的调整与尝试，可以恢复生产，复苏经济，甚至使生产力取得更大的发展。但由于基本矛盾的决定和制约，这又使矛盾在更深层次和更大范围上发展，资本主义总是以更加严重的病症爆发形式展示其必然灭亡的历史命运。

当代资本主义的这些新变化以及稀释和缓解社会矛盾与非和谐的举措，在客观上却又为资本主义带来了另外一种后果和发展趋势：为资本关系即资本主义生产关系的进一步扩展设置了新的界限、障碍、限制和桎梏，从而进一步促进对资本关系自身规定性及本质的自我背离、自我否定和自我扬弃的进程。资本主义社会的周期性危机尤其这次特大型金融危机和美国占领华尔街运动，就是一个证明。正如英国学者克里斯·哈曼在《僵尸资本主义》中所指出的，"这个制度（资本主义）注定要死亡，并被一种更高级的社会秩序所代替。"② 这就是资本主义生产方式矛盾运动的辩证法。

（原文发表于《理论学刊》2013 年第 9 期）

---

① ［德］托马斯·迈尔：《我们需要复兴马克思吗？》，载于《当代世界与社会主义》2012 年第 6 期。

② 时家贤：《从资本主义制度层面探究世界金融危机的根源——介绍克里斯·哈曼新著〈僵尸资本主义〉》，载于《国外理论动态》2010 年第 2 期。

论新帝国主义的五大特征和特性

——以列宁的帝国主义理论为基础

程恩富　鲁保林　俞使超*

资本主义的历史演进形成了若干个不同的具体阶段。20 世纪初，资本主义由自由竞争阶段发展到私人垄断阶段，列宁称其为帝国主义阶段。帝国主义时代经济政治发展不平衡规律发生作用，为了重新瓜分世界领土和对外扩张，列强结成不同联盟并展开激烈斗争，催生了两次世界大战。20 世纪上半叶，整个欧亚大陆战争连绵，民族民主革命和共产主义运动高潮迭起。第二次世界大战后，一些经济相对落后的国家先后走向社会主义道路，世界上形成资本主义和社会主义两大阵营的对峙。尽管马克思恩格斯在《共产党宣言》中宣布资本主义必然被社会主义替代，并在极少数国家得以实现，但整个资本主义和帝国主义体系长期垂而未死，尤其是 20 世纪 80 年代至 90 年代初以来，经历了新自由主义重构和冷战后的帝国主义发展到新的阶段——新帝国主义阶段。

列宁在《帝国主义是资本主义的最高阶段》一书中阐述了帝国主义的定义和特征："如果必须给帝国主义下一个尽量简短的定义，那就应当说，帝国主义是资本主义的垄断阶段……其中要包括帝国主义的如下五个基本特征：（1）生产和资本的集中发展到这样高的程度，以致造成了在经济生活中起决定作用的垄断组织；（2）银行资本和工业资本已经融合起来，在这个'金融资本的'基础上形成了金融寡头；（3）和商品输出不同的资本输出具有特别重要的意义；（4）瓜分世界的资本家国际垄断同盟已经形成；（5）最大资本

----

　* 程恩富：中国社会科学院大学；鲁保林：福建师范大学经济学院；俞使超：上海财经大学马克思主义学院。

主义大国已把世界上的领土瓜分完毕。帝国主义是发展到垄断组织和金融资本的统治已经确立、资本输出具有突出意义、国际托拉斯开始瓜分世界、一些最大的资本主义国家已把世界全部领土瓜分完毕这一阶段的资本主义。"①在同年 12 月发表的文章中，列宁又指出帝国主义的三大特性："帝国主义是资本主义的特殊历史阶段。这个特点分三个方面：（1）帝国主义是垄断的资本主义；（2）帝国主义是寄生的或腐朽的资本主义；（3）帝国主义是垂死的资本主义。"② 我们以列宁的帝国主义理论为基础，结合当代资本主义的新变化进行分析，可以得出：新帝国主义是垄断资本主义在当代经济全球化和金融化条件下的特殊历史发展阶段，其特征和性质可以综合概括为五个方面。

一、生产和流通的新垄断

列宁指出，帝国主义最深厚的经济基础是垄断。这一论断根源于资本主义竞争的基本演化规律：竞争导致生产集中和资本集中，生产和资本集中达到一定程度必然产生垄断。20 世纪初，资本主义世界经历了两次巨大的企业兼并浪潮，资本集中和生产集中相互促进，生产活动越来越集中于为数不多的大企业，形成跨部门多产品经营的工业垄断组织，垄断联合代替竞争占统治地位。当资本主义的历史车轮前进到 20 世纪 70 年代时，又遭遇了一场长达近 10 年之久的"滞胀"危机，经济衰退和国内市场竞争压力推动垄断资本在海外寻找新的增长机会。在新一代信息通信技术的支撑下，对外直接投资和国际产业转移不断掀起新的高潮，生产和流通的国际化程度远远超过了过去。垄断资本从生产到流通的各个环节在全球重新布局，生产工序分散化、国际化催生了跨国公司组织和管理的全球价值链分工体系和运营网络。跨国公司通过复杂的供应商关系网络和各种治理模式协调全球价值链，在此种链式分工体系下，中间产品和服务的生产及交易被分割且分散在世界各地，投入和产出的交易在跨国公司的子公司、合同伙伴及供应商的全球生产和服务

---

① 《列宁全集》第 27 卷，人民出版社 2017 年版，第 401 页。
② 《列宁全集》第 28 卷，人民出版社 2017 年版，第 69 页。

网络中进行。据统计,全球约60%的贸易为中间产品和服务贸易,全球贸易的80%是通过跨国公司实现的。①

从生产和流通的新垄断来界定,新帝国主义的第一个特征表现为:生产和流通的国际化和资本集中的强化,形成富可敌国的巨型垄断跨国公司。跨国公司是当代国际垄断组织的真正代表,新帝国主义时期巨型垄断跨国公司具有以下特点。

(一)跨国公司数量猛增,生产和流通的社会化、国际化程度更高

20世纪80年代以来,跨国公司作为对外直接投资的载体,逐步成为国际经济交往的主要驱动力量。在80年代,世界范围的投资以前所未有的速度增长,大大快于同期世界贸易和产值等主要经济变量的增速。到了90年代,国际直接投资的规模已经达到空前水平。跨国公司通过对外直接投资,在世界各地建立分公司及附属机构,规模和数量都急剧扩张和增长。1980~2008年,全球跨国公司的数目从1.5万家增至8.2万家,海外子公司数目增长更快,从3.5万家增至81万家。2017年,世界100家最大非金融跨国公司的资产和销售额平均有60%以上在国外,国外雇员也接近60%。② 资本主义生产方式自诞生以来,生产活动集聚、协作以及社会分工的演进导致生产社会化程度越来越高,分散的劳动过程日益走向联合的劳动过程。事实证明,对外直接投资的持续增长,加深了各国之间的经济联系,显著提高了生产和流通体系的社会化、国际化程度,而跨国公司作为微观层面的主导力量在其中发挥了十分关键的作用。生产国际化和贸易全球化几乎重新界定了各国参与国际分工的方式,而参与国际分工的方式又重塑了各国的生产方式和盈利模式。世界绝大多数国家和地区都被整合到跨国公司编织的"密如蛛网"的国际生产和贸易体系之中,成千上万个分布于世界各地的企业则构成全球产业链体系

---

① 参见联合国贸易和发展组织:《世界投资报告2013——全球价值链:促进发展的投资与贸易》,经济管理出版社2013年版,第139页。

② World Investment Report 2018 – Investment and New Industrial Policies,https://unctad.org/en/Pages/DIAE/World%20Investment%20Report/World_Investment_Report.aspx.

上的一个个价值创造节点。在全球经济中，跨国公司成为国际投资与生产的主要承担者、国际经济行为的核心组织者以及全球经济增长的发动机。跨国公司的迅猛发展表明，在资本全球化的新帝国主义阶段，生产和资本的集中程度更高，几万个跨国公司就可以"主导一切"。

（二）跨国垄断资本积累的规模更庞大，形成了跨国公司帝国

当代资本主义的跨国公司虽数量不多，但实力都非常雄厚。由于它们是新技术开发和使用的主力军，控制着营销网络，以及越来越多的自然和金融资源，因而它们垄断了生产和流通的收益权，具有无可比拟的竞争优势。1980~2013 年，受益于市场扩张以及生产要素实际成本降低，全球最大 2.8 万家公司的利润从 2 万亿增至 7.2 万亿，占全球 GDP 的比重也从 7.6% 增至近 10%。[1] 跨国公司不仅与国家权力结盟，而且与全球金融体系联动发展，形成了背后有国家支持的金融垄断组织。垄断资本的全球化、金融化发展，进一步巩固了垄断资本的财富积累。单从销售额这一项指标来看，一些跨国公司的经济规模已经超过了某些发达国家的经济体量。例如，2009 年，丰田汽车的年销售额就超过了以色列的国内生产总值。2017 年，居世界 500 强榜首的沃尔玛公司总营收突破 5000 亿美元，比比利时的 GDP 还要高。其实，如果把当今的跨国公司和近 200 个国家和地区混合在一起，按照产值进行排名，那么，全球 100 个最大的"经济实体"中，国家的数量占比不到三成，其余都是跨国公司。如果这样的发展势头持续下去，全球将会出现越来越多的富可超国的跨国公司。虽然产业全球化导致经济活动较为分散，但是投资、贸易、出口和技术转让等还是主要通过巨型跨国公司及其境外分支机构进行的，并且这些跨国垄断企业的母公司仍然集中在少数几个发达资本主义国家中，所以利润也流向了这些国家。2017 年，美日德法英进入世界 500 强企业数约占全球 500 强企业数的一半。在最大的 100 家跨国公司中，来自这些国家的

---

[1] James Manyika. Playing to Win：The New Global Competition for Corporate Profits，https：//www. mckinsey. com/business – functions/strategy – and – corporate – finance/our – insights/the – new – global – competition – for – corporate – profits.

就占 2/3 以上。

（三）跨国公司在各自行业中居于垄断地位，控制和经营国际生产网络

跨国公司巨头资本雄厚、拥有强大科技力量，在全球生产、贸易、投资、金融和知识产权输出领域占据统治地位。垄断所造成的生产规模化效应，扩大了跨国公司的竞争优势。因为"内部实行分工的工人大军越庞大，应用机器的规模越广大，生产费用相对地就越迅速缩减，劳动就更有效率"。① 跨国公司的高度垄断使得生产集中和市场集中相互促进，加快了资本积累，而竞争和信用作为资本集中的两个强有力的杠杆，又加速了资本积聚和集中的趋势。近 30 年来，各国推进有关促进投资的政策方案，放宽了针对外国直接投资的诸多限制。发达国家对外直接投资的增长，虽然在不同程度上促进了落后国家的资本形成和人力资源开发，提高了这些国家的出口竞争力，但同时也刺激了大规模的私有化和跨国并购交易的发生，加速了这些国家中小企业的破产或被跨国公司兼并的进程，即便是一些大企业同样难逃被并购的厄运。目前，全球很多行业都已形成了寡头垄断市场结构。例如，全球 CPU 市场基本为英特尔与阿彻丹尼尔斯米德兰公司（AMD）完全垄断。据欧洲医疗器械行业协会统计，2010 年，25 家医疗器械公司的销售额合计占全球医疗器械市场销售总额的 60% 以上，前 10 家跨国公司控制了全球药品和医疗产品市场的 47%。2015 年之前，全球种子和农药市场基本为巴斯夫、拜耳、陶氏、杜邦、孟山都、先正达这六家跨国公司所控制，它们控制着全球农药市场的 75%，种子市场的 63% 以及私营部门种子和农药研究的 75%；仅先正达、巴斯夫、拜尔这三家公司就占据了农药市场份额的 51%，而杜邦、孟山都、先正达则占据了种子市场份额的 55%。② 作为中国重要的粮食作物之一的大豆，其产供销链的所有环节已被 5 家跨国公司控制，分别是孟山都、阿彻丹尼尔斯米德兰公司、邦吉、嘉吉和路易·达孚，其中孟山都主导种子和生产所需的其

---

① 《马克思恩格斯文集》第 1 卷，人民出版社 2009 年版，第 736 页。

② ETC Group. Breaking Bad：BigAg Mega－Mergers in Play Dow＋DuPont in the Pocket？Next：Demonsanto？http：//www. etc－group. org/sites/www. etc－group. org/files/files/etc_breakbad_23dec15. pdf.

他原材料投入方面，阿彻丹尼尔斯米德兰公司、邦吉、嘉吉和路易·达孚等 4 家公司主导种植、贸易和加工方面，而且这些跨国公司通常通过从合资、合伙、长期合同协议到其他形式的战略联合，组成林林总总的联盟。① 在以跨国公司为基础的新帝国主义时期，由于越来越多的社会财富被越来越少的私人资本巨头所占有，垄断资本对劳动的控制和剥削加深，形成世界规模的资本积累，从而加剧了全球某些生产能力过剩和贫富两极分化。

在新帝国主义阶段，信息通信技术飞速发展，互联网的出现极大地压缩了社会生产和流通的时间和空间，跨国兼并、跨国投资、跨国贸易浪潮风起云涌。如此一来，更多非资本主义区域被纳入垄断资本主导的积累过程，极大地强化和扩展了世界资本主义体系。可以说，到了 21 世纪的经济全球化资本主义时代，生产和流通的社会化、国际化程度又出现了根本性飞跃，大大强化了《共产党宣言》所描绘的格局："一切国家的生产和消费都成为世界性的了。"② 垄断资本的全球化要求全球经济政治体制同轨，消除横亘于两种体制之间的制度性障碍。但是，当一些国家抛弃原来的政治制度和经济体制，向资本主义市场经济体制转轨后，也并未获得新自由主义经济学家鼓吹的富足与稳定。相反，新帝国主义舞台上演的尽是霸权主义和垄断资本的横行和狂欢。

二、金融资本的新垄断

列宁指出："生产的集中；从集中生长起来的垄断；银行和工业日益融合或者说长合在一起，——这就是金融资本产生的历史和这一概念的内容。"③ 金融资本是银行垄断资本与工业垄断资本融合或混合生长而形成的一种新型资本。20 世纪初是资本主义从一般资本统治向金融资本统治的转折点，在最大的几个帝国主义国家中，银行已经由普通的中介企业变成了势力极大的垄

① 参见王绍光、王洪川、魏星：《大豆的故事——资本如何危及人类安全》，载于《开放时代》2013 年第 3 期，第 87~108 页。

② 《马克思恩格斯文集》第 2 卷，人民出版社 2009 年版，第 35 页。

③ 《列宁专题文集·论资本主义》，人民出版社 2009 年版，第 136 页。

断者。不过在 20 世纪前半叶，由于连绵不断的战争、高昂的信息传输成本，以及贸易保护主义等技术和制度性的障碍，全球投资、贸易、金融、市场的联系还比较松散，经济全球化发育程度尚比较低，阻碍了垄断资本触角的向外延伸。第二次世界大战后，经济全球化在新科技革命的助推下加速发展，到了 20 世纪 70 年代初，石油价格的上涨引爆世界性经济危机，出现了通货膨胀和经济停滞并存这一凯恩斯主义经济学无法解释的怪诞现象。为寻找有利可图的投资机会，深陷"滞胀"泥潭中的垄断资本，一方面把传统产业向海外延伸和转移，继续维持其原有的竞争优势，另一方面加速与传统产业脱钩，并力图在金融领域开辟疆土。资本主义全球化和资本主义金融化相互催化、相互支撑，加速了垄断资本的"脱实向虚"和实体经济的空心化进程。由此，20 世纪 70 年代的那次西方经济大衰退，不仅是垄断资本走向国际化的催化剂，也是产业资本向金融资本大规模急速转型的起始点。自此，垄断资本加速了从一国垄断向国际垄断，从实体产业垄断向金融产业垄断的"华丽转身"。

从金融资本的新垄断来界定，新帝国主义的第二个特征表现为：金融垄断资本在全球经济生活中起决定性作用，形成畸形发展的经济金融化。

（一）为数不多的跨国银行等金融机构控制着全球经济大动脉

谋求垄断性权力是帝国主义的本性，"大企业，尤其是大银行，不仅直接吞并小企业，而且通过'参与'它们的资本、购买或交换股票，通过债务关系体系等等来'联合'它们，征服它们，吸收它们加入'自己的'集团"。"银行管道的密网扩展得多么迅速……把成千上万分散的经济变成一个统一的全国性的资本主义经济，并进而变成世界性的资本主义经济。"① 在新帝国主义阶段，一小撮跨国公司，其中绝大部分是银行，通过兼并、参与、控股等形式，在全球建立了非常广泛而细密的经营网络，从而不仅控制了无数的中小企业，而且牢牢掌控着全球经济大动脉。瑞士三位学者斯特凡·维塔利

---

① 《列宁专题文集·论资本主义》，人民出版社 2009 年版，第 122、123～124 页。

（Stefania Vitali）、詹姆斯·B. 格拉特菲尔德（James B. Glattfelder）和斯蒂芬娜·巴蒂斯顿（Stefano Battiston）的研究证实：为数不多的跨国银行几乎支配了全球经济。他们在分析了全球 43060 家跨国公司和它们之间相互交织的股份关系之后发现：顶端的 737 家跨国公司控制了全球 80% 的产值。当进一步拆解这张复杂关系网，他们得出了一个更加惊人的结论：最核心的 147 家跨国公司控制了近 40% 的经济价值，而这 147 家公司中的 3/4 都是金融中介机构。①

（二）金融垄断资本在全球金融市场纵横驰骋

当帝国主义发展到新帝国主义阶段时，货币战、贸易战、资源战、信息战等接连不断，金融寡头及其代理人罔顾贸易和投资领域的游戏规则，持续发动恣意掠夺全球资源和财富，无所不用其极。新自由主义经济学家扮演着金融寡头的代言人角色，到处鼓吹垄断寡头支配的金融自由化和金融全球化，诱逼发展中国家放开资本项目限制。因为凡是按照这一套理念行事的国家和地区，其金融监管难度加大，金融系统的隐患增多，金融垄断资本就可以寻找机会掠夺它们的财富。在资本市场，管理庞大资产的私人基金公司是国际金融投资巨头②，往往能够攻击发展中国家脆弱的金融防火墙，趁机对它们数十年积累起来的资产进行洗劫。因此，金融的全球化和自由化固然搭建了一个统一开放的全球金融体系，但同时也铺就了"中心"地区汲取落后"边缘"地区资源和剩余价值的"绿色"通道。集中在少数国际金融寡头手里并且享有实际垄断权的金融资本，通过对外投资、创办企业、跨国并购等手段，获得愈来愈多的高额垄断利润，不断地向全球征收贡赋，巩固了金融寡头的统治。

---

① Stefania Vitali, James B. Glattfelder, Stefano Battiston. The Network of Global Corporate Control. PLoS ONE, October 2011.

② 世界十大基金公司为美国的贝莱德、先锋集团、道富环球投资管理、富达投资、摩根大通、纽约银行梅隆公司、资本集团、高盛集团，德国的安联集团，法国的安盛集团，https：//www. willis-towerswatson. com/ - /media/WTW/PDF/Insights/2017/10/The - worlds - 500 - largest - asset - managers - year - end - 2016. pdf.

（三）生产逻辑让位于投机逻辑，经济金融化畸形发展

金融垄断资本由于摆脱了物质形态的束缚，具有高度灵活性和投机性，是资本的最高和最抽象形态。如果不加以管制，极易背离一国产业的发展目标。第二次世界大战后，在国家干预主义理念的引导下，商业银行和投资银行分业经营，证券市场受到严格监管，金融资本的扩张和投机在很大程度上受到制约。20世纪70年代，随着凯恩斯主义的式微，新自由主义开始登台，金融业拉开了去管制化进程的序幕，调节金融市场的基本力量由政府转为市场。在美国，里根政府于1980年颁布《储蓄机构取消管制与货币控制法案》，取消存贷款利率管制，直至1986年彻底实现利率自由化。1994年通过《里格—尼尔银行跨州经营与跨州设立分行效率法》，彻底解除银行经营地域范围限制，允许银行跨州开展业务，此举扩大了金融机构之间的竞争。1996年颁布《全国性证券市场促进法》，大幅取消和放松对证券业的监管。1999年颁布《金融服务现代化法案》，彻底废除实行近70年的分业经营制度。金融自由化的倡导者最初声称，只要政府解除对金融机构和金融市场的监管，就能进一步提高金融资源的配置效率，更好发挥金融刺激经济增长的作用。但是，一旦金融自由化的潘多拉魔盒打开，金融资本就会如同脱缰的野马一样，根本无法驾驭。过度金融化必定会导致经济活动虚拟化和虚拟经济泡沫化。近30年来，伴随金融资本崛起的是持续的"去工业化"进程。因为生产性投资机会匮乏，金融资源逐渐远离实体经济，结果造成冗余资本在虚拟经济领域自我循环、过度膨胀、畸形发展。

第一，大企业的现金流从固定资本投资转向金融投资，利润的获取渠道越来越多地来自金融活动。1982～1990年间，私人实体经济中几乎1/4的工厂和设备投资转向了金融、保险和不动产部门。[①] 例如，全球最大的食品零售商沃尔玛推出了价值2500万美元的私募基金。而从20世纪八九十年代放松

---

① 参见［美］罗伯特·布伦纳：《全球动荡的经济学》，郑吉伟译，中国人民大学出版社2012年版，第218页。

金融管制以来，一些超市开始普遍地向公众提供种类越来越多的金融产品，包括信贷和预付费借记卡，储蓄和支票账户，保险计划甚至家庭抵押贷款。[①] 80 年代后流行的"股东价值最大化"原则导致公司 CEO 的目标短期化，一些 CEO 更愿意把利润用于回购本公司的股票，以推高股价，从而提高自己的薪酬，而不是将利润用于偿还债务或改善公司的财务结构。据统计，449 家在 2003 ~ 2012 年上市的标准普尔 500 指数公司一共斥资 2.4 万亿美元来收购自己的股票，占总收益的 54%，还有 37% 的收益被用于支付股息红利。[②] 2006 年，美国非金融公司的股票回购额高达非住房性投资支出的 43.9%。[③]

第二，金融部门主导了非金融部门的剩余价值分配。非金融企业部门利润中用于支付股息和红利的比重越来越高。20 世纪 60 ~ 90 年代，美国公司部门的股息支付率（红利与经调整的税后利润之比）大幅上升，60 年代平均为 42.4%，70 年代为 42.3%，而在 1980 ~ 1989 年间，股息支付率从未低于 44%。1989 年，虽然公司利润总额下降了 17%，但红利总额却上升了 13%，股息支付率达到了 57%。[④] 到了 2008 年美国金融危机前夕，净红利支出占净税后利润的比重已占公司最终资金分配的 80% 左右。[⑤]

第三，虚拟经济过度繁荣，完全背离了实体经济的支撑能力。实体经济的停滞萎缩与虚拟经济的过度发展相互并存，两者在一定程度上还表现出恶性互促的趋势。一方面，实体经济的价值实现依赖于资产泡沫膨胀、资产价格攀升所创造的虚假购买力。由于贫富差距持续拉大，金融机构在政府支持下不得不依靠花样繁多的金融创新，去支撑居民透支消费和分散金融风险。另一方面，衍生金融品创新和资产泡沫膨胀所产生的巨额收益和财富效应，

---

① Isakson, S. Ryan. Food and Finance: the Financial Transformation of Agro - food Supply Chains. The Journal of Peasant Studies, Vol. 41, No. 5, 2014.

② 参见［美］威廉·拉佐尼克：《只有利润，没有繁荣》，http://www.hbrchina.org/2014 - 09 - 11/2354.html。

③ 参见［美］托马斯·I. 帕利：《金融化：涵义和影响》，房广顺、车艳秋、徐明玉译，载于《国外理论动态》2010 年第 8 期，第 8 ~ 20 页。

④ 参见黄一义：《股东价值最大化由来与发展》，载于《新财经》2004 年第 7 期，第 14 ~ 23 页。

⑤ 参见［美］埃尔多·巴基尔、艾尔·坎贝尔：《新自由主义、利润率和积累率》，陈人江、许建康译，载于《国外理论动态》2011 年第 2 期，第 22 ~ 31 页。

又会吸引更多的投资者涌向虚拟经济。在垄断利润的驱使下，名目繁多的衍生金融产品被创造出来。金融产品创新还可以拉长债务链条，转嫁金融风险。次级住房按揭贷款证券化就是如此，通过层层包装，名曰提高信用等级，实则是把高风险转嫁他人。金融产品的交易越来越脱离生产活动，甚至可以与生产活动没有任何联系，完全就是一种赌博性交易。

三、美元和知识产权的垄断

列宁指出："对自由竞争占完全统治地位的旧资本主义来说，典型的是商品输出。对垄断占统治地位的最新资本主义来说，典型的则是资本输出。"①第二次世界大战后，国际分工的深化和细化将更多不发达国家和地区纳入全球经济网络。从表面看来，全球生产网络格局下，每一国家、每一企业都可以发挥比较优势，即便是最不发达的国家，也能依靠廉价的劳动力和资源优势参与国际分工协作，获取最大利益。但是，垄断资本的真正动机是争夺有利的交易平台，攫取高额垄断利润。特别是由于美元霸权和知识产权垄断的存在，国际交换严重不平等。可见，旧帝国主义时期表现为与商品输出并存而又作为特征的是一般资本输出，而新帝国主义时期表现为与商品输出、一般资本输出并存而又作为特征的是美元和知识产权输出。

从美元和知识产权的垄断来界定，新帝国主义的第三个特征表现为：美元霸权和知识产权垄断，形成不平等的国际分工和两极分化的全球经济和财富分配。从"资本—劳动""资本—资本""国家—资本""国家—国家"四个方面来看，跨国垄断资本和新帝国主义的统治力量在经济全球化、金融自由化条件下得到进一步强化。

（一）在"资本—劳动"关系上，垄断资本的空间扩展使其能够在全球范围内布局产业链，实现"全球劳工套利"

跨国公司通过外包、设立子公司、建立战略联盟等形式把更多国家和企

---

①　《列宁专题文集·论资本主义》，人民出版社 2009 年版，第 150 页。

业整合到其主导的全球生产网络之中。资本的全球性积累之所以可能，就在于其拥有一支规模庞大的低成本全球劳动力大军。根据世界劳工组织的数据，1980~2007年，世界劳动力从19亿增长到31亿，其中73%的劳动力来自发展中国家，仅中国和印度就占了40%。[①] 跨国公司都是有组织的实体，而全球劳动者则不可能有效地联合和维护自己的权利，而且由于全球劳动力后备军的存在，资本能够运用分而治之的策略来达到驯服雇佣工人的目的。几十年来，垄断资本把生产部门向南方国家转移，结果造成全球劳工"逐底竞争"，而跨国公司却从中榨取了巨大的"帝国主义租金"。另外，跨国公司拥有很强的游说能力，可以游说发展中国家的政府制定有利于资本流动与投资的政策。很多发展中国家的政府为换取GDP增长，不仅无视居民社会福利和劳工权益等方面的保护，还会承诺对投资和利润减免税收、给予信贷支持等各种优惠措施，以吸引国际资本投资设厂。因此，生产的全球化使得发达资本主义国家能够在公平贸易的口号下更加"文明"地剥削欠发达国家，而后者为了启动现代化，不得不接受前者的资本输出以及某些不合理的附加条件。

（二）在"资本—资本"关系上，跨国垄断资本支配了全球合作伙伴，金融垄断资本凌驾于产业资本之上

20世纪80年代以来形成的新的国际分工结构仍然延续着旧的不均衡、不平等的结构体系。尽管生产和营销是分散的，但是研发、金融和利润的控制中心仍然是跨国公司。跨国公司通常位于垂直专业化分工链条的最上游，拥有核心部件知识产权，负责制定技术和产品标准，控制着产品的研发设计环节，而它的合作伙伴往往依附于跨国公司，是产品标准和价格的接受者，更多从事劳动密集型的生产加工装配环节的劳动，承担着简单零部件大批量生产的任务。作为跨国公司的代工工厂，这些企业只能赚取微薄的加工利润，

---

① 参见［美］J. B. 福斯特、R. W. 麦克切斯尼、R. J. 约恩纳：《全球劳动后备军与新帝国主义》，张慧鹏译，载于《国外理论动态》2012年第6期，第38~48页。

而且这些企业里的工人工资水平普遍比较低、劳动强度很大、工作时间很长、工作环境较差。尽管产品的价值主要由代工工厂的生产工人创造，但跨国公司利用不平等的生产网络占有了大部分价值增值。据统计，美国公司的海外利润占比已经从 1950 年的 5% 增加到了 2008 年的 35%，海外留存利润占比从 1950 年的 2% 一度增至 2000 年的 113%。日本企业的海外利润比重从 1997 年的 23.4% 上升到了 2008 年的 52.5%。① 跨国公司还常常利用对知识产权的垄断获取巨额回报。知识产权包括产品设计、品牌名称、营销中使用的符号和图像，它们受关于专利、版权和商标的规则和法律保护。联合国贸发会的数字表明，跨国公司的特许权使用费和许可收费已经从 1990 年的 310 亿美元增长到 2017 年的 3330 亿美元。②

随着金融自由化的狂飙突进，金融资本从服务于产业资本转变为凌驾于产业资本之上，金融寡头和食利者居于统治地位。1987 年以后的短短 20 年间，国际信贷市场的债务从近 110 亿美元猛增到 480 亿美元，其增长率远远超出了经济增长率。2007 年，全球衍生金融产品市值达 681 万亿美元，是全球 GDP 的 13 倍，是全球实体经济价值的 60 多倍。③

（三）在"国家—资本"关系上，新帝国主义国家实施新自由主义政策，极力维护垄断资本的利益

20 世纪 70 年代中期以来，因为经济"滞胀"久拖未解，凯恩斯主义被政府弃置不用或少用。现代货币主义、理性预期学派、供给学派等新自由主义经济学，因适应垄断资本全球化金融化拓展的需要，而成了新帝国主义国家的经济理论和政策的宠儿。新自由主义是在金融垄断资本基础上生长起来的上层建筑，从本质上看，它就是维护新帝国主义统治的政策依据和意识形

---

① 参见崔学东：《当代资本主义危机是明斯基式危机，还是马克思式危机？》，载于《马克思主义研究》2018 年第 9 期，第 46～53 页。

② World Investment Report 2018 – Investment and New Industrial Policies，https：//unctad.org/en/Pages/DIAE/World%20 Investment%20 Report/World_Investment_Report.aspx.

③ 参见程恩富、侯为民：《西方金融危机的根源在于资本主义基本矛盾的激化》，载于《红旗文稿》2018 年第 7 期，第 32～34 页。

态。20 世纪 80 年代，美国总统里根和英国首相撒切尔夫人是新自由主义风靡全球的旗手，二人推崇现代货币主义、私有产权学派和供给学派的主张，执政期间推行私有化和唯市场化改革，随意放松政府监管，削弱工会和工人阶级维权的反抗力量。里根就任总统后，立即批准成立了以布什副总统为主任的撤销和放宽规章条例的总统特别小组，该小组主张的法令规章涉及生产安全、劳动保护、消费者利益保护等。里根政府还和大资本家联手打击公共部门与私人部门的工会，解雇工会的领导人和组织者，使得本就处于弱势地位的工人阶级更加被动。所谓的"华盛顿 – 华尔街复合体"（Washington – Wall Street Complex）表明：华尔街的利益就是美国的利益，对华尔街有利的就是对美国有利的，美国政府事实上已成为金融寡头谋取巨额经济政治利益的工具。[①] 因此，能把政府权力关进笼子的根本不是选民的选票，更不是"三权分立"的民主制度，而是华尔街的金融寡头及其军工复合利益集团。财力雄厚的华尔街财团通过提供竞选献金和操纵媒体，影响着美国的政治进程和政策议题。由于被垄断利益集团套上了"紧箍咒"，美国政府在推动经济社会良性发展和改善社会民生方面很难有所作为。年收入几千万美元的华尔街高管和美国政府高官的身份可以相互转换。例如，第 70 任美国财政部长罗伯特·爱德华·鲁宾曾供职于高盛 26 年，第 74 任财政部长亨利·保尔森曾任高盛集团主席和首席执行官，特朗普政府的不少高官都是垄断企业的高管。正是由于"旋转门"机制的存在，即便政府出台相关金融监管政策，也很难从根本上动摇华尔街金融财阀的利益。而且，每当出现金融危机时，政府还要对华尔街垄断寡头提供紧急援助。有美国学者经过调查发现，美联储曾用秘密的应急贷款来满足华尔街大型利益集团的需求，包括大力支持那些列席地区联储银行理事会的银行家。2007 年美国次贷危机爆发，华尔街五大投行中的贝尔斯登被摩根大通收购、雷曼兄弟公司宣布破产、美林公司被美国银行收购，但是高盛却幸免于难。其主要原因：一是政府紧急给予高盛商业银行控股公

---

① 参见鲁保林：《"里根革命"与"撒切尔新政"的供给主义批判与反思——基于马克思经济学劳资关系视角》，载于《当代经济研究》2016 年第 6 期，第 35 ~ 42 页。

司地位，此举使高盛从美联储获得海量救命资金；另一个是美国证券交易委员会禁止做空金融股。①

（四）在"国家—国家"关系上，新帝国主义的霸主——美国依靠美元霸权和知识产权，攫取全球财富

1944 年 7 月，根据美英政府倡议，44 个国家在美国新罕布什尔州的布雷顿森林商讨战后体系，会议通过了《联合国家货币金融会议最后议定书》《国际货币基金组织协定条款》《国际复兴开发银行协定条款》，统称《布雷顿森林协定》。布雷顿森林体系的核心内容之一是构建以美元为中心的国际货币体系。② 美元与黄金挂钩，其他货币与美元挂钩，美元取代英镑在全球扮演世界货币的角色。美元相对其他货币的特殊优势，决定了美国处于和其他国家不同的特殊地位。据统计，美元占全球货币储备的 70%，国际贸易结算的 68%，外汇交易的 80% 以及国际间银行业交易的 90%。③ 由于美元是国际公认的储备货币和贸易结算货币，美国拿着几乎是零成本印刷出来的美元，不仅可以兑换他国实实在在的商品、资源和劳务，维持长期贸易逆差和财政赤字，而且可以进行跨国投资、并购他国企业，新帝国主义的掠夺性本质在美元霸权上体现得淋漓尽致。美国还可以通过输出美元获得国际铸币税收益，并能利用美元和美元资产贬值减轻外债。美国共产党经济委员会委员瓦迪·哈拉比指出，美国国际收支账户中，其中海外净收入 2001 年为 6583 亿美元，2003 年为 8426 亿美元。④ 美元霸权还造成了财富从债权国向债务国转移，即穷国补贴富国的不公正现象。

20 世纪 90 年代中期以来，国际垄断企业控制了全世界 80% 的专利和技

---

① 参见梁燕、唐钰、李萌、王会聪：《"高盛帮"在美国政坛能量有多大》，载于《环球时报》2017 年 1 月 18 日。

② 参见陈建奇：《当代逆全球化问题及应对》，载于《领导科学论坛》2017 年第 10 期，第 3～17 页；何秉孟、刘溶沧、刘树成主编：《亚洲金融危机：分析与对策》，社会科学文献出版社 2007 年版，第 66 页。

③ 参见王佳菲：《美元霸权的谋取、运用及后果》，载于《红旗文稿》2011 年第 6 期，第 15～20 页。

④ 参见余斌：《新帝国主义的白条输出》，引自程恩富主编：《马克思主义经济学研究》，中国社会科学出版社 2015 年版，第 378 页。

术转让及绝大部分国际知名商标，并因此获得了大量收益。据美国国家科学理事会于 2018 年 1 月发布的《2018 年科学工程技术指标》数据显示，2016 年全球知识产权跨境许可收入总规模达到 2720 亿美元，其中，美国是最大出口国，知识产权出口额占全球总量高达 45%，欧盟占 24%，日本占 14%，而中国占比不足千分之五。与此形成鲜明反差的是，中国对外支付知识产权使用费由 2001 年的 19 亿美元攀升至 2017 年的 286 亿美元，知识产权跨境交易的逆差超过 200 亿美元，同期美国对外许可知识产权每年净收入都接近或超过 800 亿美元。[①]

四、国际寡头同盟的新垄断

列宁指出："最新资本主义时代向我们表明，资本家同盟之间在从经济上瓜分世界的基础上形成了一定的关系，而与此同时，与此相联系，各个政治同盟、各个国家之间在从领土上瓜分世界、争夺殖民地、'争夺经济领土'的基础上也形成了一定的关系。""金融资本和同它相适应的国际政策，即归根到底是大国为了在经济上和政治上瓜分世界而斗争的国际政策，造成了许多过渡的国家依附形式。这个时代的典型的国家形式不仅有两大类国家，即殖民地占有国和殖民地，而且有各种形式的附属国，它们在政治上、形式上是独立的，实际上却被金融和外交方面的依附关系的罗网缠绕着。"[②] 当今世界，新帝国主义在经济、政治、文化、军事领域已形成新的各种同盟和霸权关系。

从国际寡头同盟的新垄断来界定，新帝国主义的第四个特征表现为："一霸数强"结成的国际垄断资本主义同盟，形成全球垄断剥削和压迫的金钱政治、庸俗文化和军事威胁的经济基础。

（一）以七国集团为主体的国际垄断资本主义经济和政治同盟

现今新帝国主义的国际性垄断经济同盟和全球经济治理框架是以美国为

---

① 参见杨云霞：《资本主义知识产权垄断的新表现及其实质》，载于《马克思主义研究》2019 年第 3 期，第 15~20 页。

② 《列宁专题文集·论资本主义》，人民出版社 2009 年版，第 163、172 页。

主导，G7（1975 年美、英、德、法、日、意六大工业国成立六国集团，次年加拿大加入形成七国集团首脑会议）及其垄断组织为协调平台，并以其控制的国际货币基金组织、世界银行和世界贸易组织为配合机构的。

　　第二次世界大战后形成的布雷顿森林体系架构下的全球经济治理体系，实质上是一个高级的由美国操纵的，服务于其全球经济政治战略利益需要的资本主义国际垄断同盟。到了 20 世纪 70 年代初，美元与黄金脱钩，布雷顿森林货币体系崩溃，七国集团首脑会议诞生，担当了加强西方共识，抗衡东方社会主义国家和抵制南方欠发达国家要求改革国际经济政治秩序呼吁的重任。[①] 随着新自由主义上升为全球经济治理的主导理念，这些多边机构和平台就成了新自由主义在全球传播和扩展的推动力量。它们根据国际金融垄断寡头及其同盟的意愿，软硬兼施，不遗余力地诱逼发展中国家实行金融脱实向虚的自由化、生产要素的私有化、事先不监管的唯市场化和资本项目下的自由兑换等，以方便国际游资进出，通过制造泡沫经济和金融投机，伺机掠夺和控制他国经济，从中牟取暴利。布热津斯基在《大棋局》中也承认："国际货币基金组织和世界银行，可以说代表着'全球'利益，而且它们的构成成分可以解释为世界性。但实际上它们在很大程度上受美国的左右。"[②] 20 世纪 80 年代至今，国际货币基金组织和世界银行引诱发展中国家推行新自由主义改革，而当这些国家因私有化、金融自由化改革陷入危机或困境时，国际货币基金组织等机构再以提供贷款援助相要挟，附加各种不合理条件，强迫这些国家接受"华盛顿共识"，进一步加大新自由主义改革力度。1978～1992年，有 70 多个发展中国家和前社会主义国家执行了国际货币基金组织和世界银行强加的 566 个结构调整方案。[③] 例如，20 世纪 80 年代初，国际货币基金组织利用拉美债务危机强迫这些国家接受新自由主义改革。1979 年，美联储

---

　　① 参见吕有志、查君红：《冷战后七国集团的演变及其影响》，载于《欧洲》2002 年第 6 期，第 43～49 页。

　　② ［美］兹比格纽·布热津斯基：《大棋局：美国的首要地位及其地缘战略》，上海人民出版社 2007 年版，第 24 页。

　　③ 参见李其庆：《全球化背景下的新自由主义》，载于《马克思主义与现实》2003 年第 5 期，第 4～18 页。

为遏制通货膨胀，便推动短期利率从 10% 上升到 15%，最后升到 20% 以上，由于发展中国家的现有债务与美国利率挂钩，美国利率每上升一个百分点，第三世界债务国一年多付 40 亿 ~ 50 亿美元利息。1981 年下半年，拉丁美洲每周要借入 10 亿美元，大部分用于偿还债务利息；1983 年拉丁美洲差不多拿出口收益的一半来偿还债务的利息。① 拉美国家迫于还贷压力不得不接受国际货币基金组织所开的新自由主义改革"药方"，其主要内容是推行国有企业私有化以及贸易金融自由化，厉行压缩民生福利的经济紧缩政策，减少垄断企业税收，削减政府开支和社会投资。在 1997 年亚洲金融危机中，国际货币基金组织在向韩国提供援助时附加了很多条件，其中包括允许外资持有股份由 23% 放宽到 50%，到 1998 年 12 月进一步放宽到 55%，允许外国银行在韩国自由设立分行和分支机构。②

（二）以北约国家为主体的国际垄断资本主义军事和政治同盟

北约集团是一个在冷战时期美国首先发动成立和主导的、其他帝国主义国家参与的国际资本主义垄断军事同盟。冷战期间，北约是美国用来主动遏制和抗衡苏联东欧国家，影响和控制西欧国家的主要工具。冷战结束后，华约解散，北约成为美国实现全球战略目标的军事组织，"一霸数强"型资本主义寡头垄断同盟形成。美国前国务卿克里斯托弗说："只有美国才能充当领导者的角色。""发挥美国的领导作用需要我们有值得信赖的武力威胁作为外交的后盾。"③ 1998 年 12 月美国推出的《新世纪国家安全战略》毫不隐讳地声称，美国的目标是"领导整个世界"，决不允许出现向它的"领导地位"提出挑战的国家或国家集团。④ 2018 年 12 月 4 日，美国国务卿蓬佩奥在布鲁塞

---

① 参见［美］杰弗里·弗里登：《20 世纪全球资本主义的兴衰》，杨宇光等译，上海人民出版社 2017 年版，第 343 ~ 346 页。

② 参见何秉孟、刘溶沧、刘树成主编：《亚洲金融危机：分析与对策》，社会科学文献出版社 2007 年版，第 84、91 页。

③ 转引自刘振霞：《北约新战略是美国霸权主义的体现》，载于《山西高等学校社会科学学报》1999 年第 3 期，第 1 ~ 3 页。

④ 参见刘振霞：《北约新战略是美国霸权主义的体现》，载于《山西高等学校社会科学学报》1999 年第 3 期，第 1 ~ 3 页。

尔出席"马歇尔基金会"的演讲时明确宣称:"美国没有放弃其全球领导地位,是在主权国家而非多边体系的基础上重塑二战后的秩序……在特朗普总统的领导下,我们不会放弃国际领导地位和我们在国际体系中的盟友……特朗普正让美国恢复传统的世界中心领导者地位……美国想要领导世界,从现在直到永远。"①

为了称霸全球、领导世界,美国极力推动北约东扩,扩展势力范围,以控制中东欧,压缩俄罗斯战略空间。在美国的操纵下,北约已然成为其实现全球利益的理想军事工具。1999年3月,以美国为首的北约多国部队向南斯拉夫联盟发起大规模空中袭击,这是北约成立50年来第一次对一个主权国家发动军事打击。1999年4月,北约在华盛顿举行首脑会议,正式通过北约的"战略新概念",其核心内容:一是允许北约对防区以外"涉及共同利益的危机和冲突"进行集体军事干涉。这实质上是把北约由"集体防御"性军事组织变成一个所谓"捍卫共同利益和共同价值观"的进攻性政治军事组织。二是北约的军事行动无须取得联合国安理会的授权。②

除了北约之外,美国通过双边联盟条约形成的军事盟友主要包括日本、韩国、澳大利亚、菲律宾等国,在其军事盟友国家里都建有美国的军事基地,成为新帝国主义军事同盟的重要构成部分,在全球各地区形成军事威胁和挑衅,导致不少"热战""温战""凉战""新冷战",加剧新的军备竞赛。而新帝国主义的"国家恐怖主义"行径和反恐双重标准,又造成其他形式的恐怖主义盛行。

(三) 以西方普世价值观为主导的文化霸权

除了经济同盟及其霸权和军事同盟及其霸权之外,新帝国主义的特征还表现为以西方普世价值观为主导的文化霸权主义。约瑟夫·奈强调"软实力"就是通过吸引而非强迫或收买的手段来达己所愿的能力,而国家的软实力主

①《蓬佩奥扬言美国正建立全球新秩序,对抗中俄伊》,https://www.Guancha.cn/internation/2018_12_05_482182_s.shtml。

② 参见刘振霞:《北约新战略是美国霸权主义的体现》,载于《山西高等学校社会科学学报》1999年第3期,第1~3页。

要来自三种资源：文化（在能对他国产生吸引力的地方起作用）、政治价值观（当它在海内外都能真正实践这些价值观时）及外交政策（当政策被视为具有合法性及道德威信时）。① 西方发达国家特别是美国，利用其资本、科技和市场优势对其他弱势国家和地区进行文化渗透，提出"以美国价值观为价值观"的一系列文化"新干涉主义"理论。美国通过向其他国家尤其是发展中国家输出美国的价值观念和生活方式，占领对方的文化市场和信息空间，把美国文化塑造成世界的"主流文化"。② 文化霸权主义或文化帝国主义通过控制国际舆论场，输出西方的普世价值观，实施和平演变和"颜色革命"，以达到尼克松所说的"不战而胜"之战略目的。苏联和东欧社会主义国家的演变就是非常典型的案例。众所周知，价值观的渗透通常是缓慢的、长期的和潜移默化的，其传播途径往往潜藏在学术交流、文学作品和电影电视之中。例如，好莱坞就是"美国霸权主义政策的传声筒"，"好莱坞的电影在向世界各地炫耀着美国的优势，并试图通过这种渠道达到其文化征服的目的"。③ 曾任美国中央情报局高级官员的艾伦·福斯特·杜勒斯说："如果我们教会苏联的年轻人唱我们的歌曲并随之舞蹈，那么我们迟早将教会他们按照我们所需要他们采取的方法思考问题。"④ 基金会和智库也是新自由主义向外传播的重要推动力量，像福特基金会、洛克菲勒基金会、朝圣山学社、美国国际私营企业中心等通过资助研讨会和学术组织的方式，积极参与推广新自由主义价值观。

列宁曾指出，作为整个 20 世纪初期特征的已经不是英国独占垄断权，而是少数帝国主义大国为分占垄断权而斗争。⑤ 而冷战结束以来，全球资本主义的特征是美国"独占垄断权"，其他强国和大国无意亦无力与美国全面抗衡，个别国家如日本等曾试图在经济和科技上挑战美国的"垄断权"，但最终一败

---

① 参见王岩：《文化软实力指标体系研究综述》，载于《马克思主义文化研究》2019 年第 1 期。

② 郝书翠：《让中国特色社会主义文化在当代世界文化百花园里吐蕊争芳——访全国政协常委、民族和宗教委员会主任王伟光教授》，载于《马克思主义文化研究》2018 年第 1 期。

③ 《伊朗官员抨击好莱坞电影　称其为美霸权主义"传声筒"》，http：//www. Chinadaily. com. cn/hqJs/JsgJ/2012－02－03/content_5075641. html。

④ 转引自肖黎：《美国政要和战略家关于对外输出意识形态和价值观的相关论述》，载于《世界社会主义研究》2016 年第 2 期，第 90～100 页。

⑤ 参见《列宁专题文集·论资本主义》，人民出版社 2009 年版，第 194 页。

涂地，后来欧元的出现，也未能动摇美国霸权。在军事方面，海湾战争、科索沃战争、阿富汗战争、伊拉克战争、利比亚战争、叙利亚战争等更加助长了美国的单边主义和霸权主义气焰。借助于经济、军事、政治寡头垄断同盟以及文化软实力，美国在全球推销普世价值观，煽动别国街头政治和颜色革命。通过制造发展中国家的债务危机和金融危机，打开他国金融开放的大门。而当其主导的全球治理体系遭遇挑战时，美国就发动贸易战、科技战、金融战和经济制裁，甚至威胁或实际发动军事打击。其中，美元、美军与美国文化是美帝国主义实施霸权的三大支柱，并形成互相配合利用的"硬实力""软实力""强实力"（经济制裁）、"巧实力"。① 要言之，"一霸数强"结成的国际垄断资本主义同盟，成为内外垄断剥削和压迫的金钱政治、庸俗文化和军事威胁的经济基础，也大大增强了美国作为新帝国主义霸主的地位。

五、经济本质和大趋势

列宁指出，帝国主义是垄断和掠夺的、寄生和腐朽的、过渡和垂死的资本主义。在经济全球化的新帝国主义阶段，当代资本主义经济基本矛盾表现为经济的不断社会化和全球化，与生产要素的私人所有、集体所有和国家所有的矛盾，与国民经济和世界经济的无政府状态或无秩序状态的矛盾。② 新帝国主义排斥国家和国际社会的必要调节，推崇私人垄断资本自我调节，维护私人垄断资本的利益，导致一国和全球的各类矛盾时常激化，经济危机（包括金融危机、财政危机等）、社会危机和生态危机成为"流行病"，社会矛盾激化造成危机频发，各种危机与资本积累交织并行，形成当代资本主义垄断性和掠夺性、腐朽性和寄生性、过渡性和垂危性的新态势。

从经济本质和大趋势来界定，新帝国主义的三大特性表现为：全球化资本主义矛盾和各种危机时常激化，形成当代资本主义垄断性和掠夺性、腐朽

---

① 参见程恩富、李立男：《马克思主义及其中国化理论是软实力的灵魂和核心》，载于《马克思主义文化研究》2019 年第 1 期。

② 参见程恩富：《新时代将加速民富国强进程》，载于《中央社会主义学院学报》2018 年第 1 期，第 51~58 页。

性和寄生性、过渡性和垂危性的新态势。

（一）新帝国主义是垄断和掠夺的新型资本主义

新帝国主义就其经济实质来说，是建立在巨型跨国公司基础上的金融垄断资本主义。跨国公司生产垄断和金融垄断是从发展到更高阶段的生产和资本集中生长起来的，其垄断程度更深更广，以至于"几乎所有的企业都集中到越来越少的人手中"。以汽车业为例，汽车行业的 5 大跨国公司几乎占据世界汽车生产份额的一半，而前 10 大企业的生产份额占全球汽车生产的 70%。[1]国际金融垄断资本不仅控制了全球的主要产业，而且垄断几乎所有的原材料来源、各方面的科技人才和熟练体力劳动力，霸占交通要冲和各种生产工具，并通过银行和各种金融衍生品以及种种股份制，支配和占有更多的资本进而掌控着全球的各种秩序。[2] 如果以市价总值、公司收入及资产等衡量，世界各地的经济集中度都在上升，百强公司尤甚。2015 年全球百强公司的市值是排名最后 2000 家公司的 7000 多倍，而 1995 年只有 31 倍。[3] 根据 2018 年 7 月19 日《财富》世界 500 强公布数据统计，2017 年，世界 500 强（不含中国公司）的 380 家企业的营收达到 22.83 万亿美元，相当于全球 GDP 的 29.3%，总利润则达到创纪录的 1.51 万亿美元，利润率同比增加了 18.85%。[4] 利润份额和利润率两项指标的上升集中体现了新帝国主义的掠夺性。由于经济全球化、金融化与新自由主义政策对劳工构成了三重挤压，利润相对于工资迅速增长。[5] 1982~2006 年间，美国非金融公司部门生产工人的实际工资增长率

---

① 参见［美］约翰·贝拉米·福斯特、罗伯特·麦克切斯尼、贾米尔·约恩纳：《21 世纪资本主义的垄断和竞争》（上），金建译，载于《国外理论动态》2011 年第 9 期，第 5~15 页。

② 参见李慎明：《金融、科技、文化和军事霸权是当今资本帝国新特征》，载于《红旗文稿》2012 年第 20 期，第 7~9 页。

③ 参见《贸易和发展报告 2017》，https：//unctad.org/en/PublicationsLibrary/tdr2017_ch.Pdf。

④ 参见《2018 年财富世界 500 强排行榜》，http：//www.fortunechina.com/fortune500/c/2018 - 07/19/content_311046.htm。

⑤ 李翀的研究也证明了剩余价值率的上升。据他测算，在 1982~2006 年间，美国企业的可变资本从 15056.6 亿美元增加到 60474.61 亿美元，增加幅度为 301.66%。而剩余价值从 6747.06 亿美元增加到 36152.62 亿美元，增加幅度为 435.83%。参见李翀：《马克思利润率下降规律：辨析与验证》，载于《当代经济研究》2018 年第 8 期，第 5~15 页。

仅为 1.1%，不仅远低于 1958～1966 年的 2.43%，而且低于 1966～1982 年经济下行时期的 1.68%。工资萎缩转化为公司的利润，推动利润份额在此期间上升了 4.6 个百分点，对利润率回升的贡献率高达 82%。可以肯定地说，"劳动挤压"对利润率回升起到了关键性作用。[①] 而且，自 2009 年经济开始复苏以来，美国经济的平均利润率水平虽然低于 1997 年的峰值，但还是明显高于处于低谷时的 20 世纪 70 年代后期到 80 年代早期的水平。[②] 新帝国主义的本质就是控制和掠夺，其"掠夺式积累"特性不仅体现在剥削国内劳工，更体现在对其他国家的疯狂掠夺上。其形式和手段主要包括以下几种。

第一，金融掠夺。垄断寡头"通过金融化的方式控制国际大宗商品的价格进而影响原材料生产国和进口国，攫取巨额暴利；或通过资本的大规模流入和流出，制造金融泡沫和危机，影响他国经济和政治稳定；或通过金融制裁的手段达到不战而屈人之兵的目的"。[③] 新自由主义的金融创新导致金融衍生品泛滥，而政府监管滞后又助长了非生产性投机交易浪潮。一小撮处于金字塔顶端的金融寡头和跨国公司受益于金融资产价格膨胀，并从中攫取了与其数量不成比例的社会财富。

第二，公共资源和国有资产的私有化。自"撒切尔—里根主义"成为很多国家制定经济政策的主导理念以来，最近 40 年全球经历了一场大规模的私有化（民营化）运动，很多欠发达国家的公共资产落入私人垄断资本和跨国垄断企业手中，全球财富不平均水平亦因此飙升。最新发布的《世界不平均报告 2018》显示：自 20 世纪 70 年代以来，各国私人财富普遍增长，与国民收入之比从 200%～350% 增长至 400%～700%。相反，公共财富几乎都呈下降趋势。美国与英国的公共财富在近年下降至负数，日本、德国和法国的公共财富也仅仅略高于零。有限的公共财富限制了政府调节收入差距的

---

① 参见鲁保林：《劳动挤压与利润率复苏——兼论全球化金融化的新自由主义积累体制》，载于《教学与研究》2018 年第 2 期，第 68～77 页。

② 参见［荷］古里尔莫·卡尔凯迪、［英］迈克尔·罗伯茨：《当前危机的长期根源：凯恩斯主义、紧缩主义和马克思主义的解释》，张建刚译，载于《当代经济研究》2015 年第 4 期，第 41～52 页。

③ 谢长安：《金融资本时代下国际竞争格局演变研究》，载于《世界社会主义研究》2019 年第 1 期，第 39～47 页。

能力。①

　　第三，强化"中心—外围"格局。新帝国主义国家利用其在贸易、货币、金融、军事和国际组织中的优势地位强化"中心—外围"格局，并借此不断榨取外围国家和地区的资源和财富，从而巩固自己的独占或寡占地位，保证其发展和繁荣。剩余价值国际转移率对一般利润率具有正效应。② 环顾全球，只有霸权国家才能借助自身的经济、政治和军事实力将不发达国家创造的部分剩余价值转变为自己的国民财富。因此，新帝国主义垄断资本积累的结果，不仅在美国、法国等国内表现为垄断剥削的贫富两极分化和民生受损（波及80个国家的"占领华尔街"国际运动抗议"1%与99%"贫富对立、波及多国的"黄背心运动"等均为表现），而且在全球表现为一极是中心国家总财富和洁净（生态环境财富）等的积累，另一极是众多外围国家相对贫穷、污染等的积累。2017年作为中心国家的七国集团国内生产总值高达36.73万亿元，占全球的45.5%。③ 瑞信发布的《全球财富报告2013》显示，世界上最富有的85人所拥有的财富，相当于世界上底层35亿人的资产总和，也就是半数人类的总财富。④

（二）新帝国主义是寄生和腐朽的新型资本主义

　　列宁指出："帝国主义就是货币资本大量聚集于少数国家……于是，以'剪息票'为生，根本不参与任何企业经营、终日游手好闲的食利者阶级，确切些说，食利者阶层，就大大地增长起来。帝国主义最重要的经济基础之一——资本输出，更加使食利者阶层完完全全脱离了生产，给那种靠剥削几个海外国家和殖民地的劳动为生的整个国家打上了寄生性的烙印。"⑤ 新帝

---

① 参见《世界不平均报告2008（执行摘要）》，https：//wir2018. wid. world/files/download/wir2018 – summary – chinese. pdf。

② 参见王智强：《剩余价值国际转移与一般利润率变动：41个国家的经验证据》，载于《世界经济》2018年第11期，第3~24页。

③ The World Bank. GDP ranking，https：//datacatalog. worldbank. org/dataset/gdp – ranking。

④ 参见瑞信：《全球财富报告2013》，https：//publications. credit – suisse. com/tasks/render/file/？fileID＝BCDB1364 – A105 – 0560 – 1332EC9100FF5C83。

⑤ 《列宁专题文集·论资本主义》，人民出版社2009年版，第186页。

国主义时代，食利者阶层人数剧增，食利国的性质更加严重，极少数资本主义国家寄生和腐朽的态势进一步加深。具体表现在以下几个方面。

　　第一，美国依靠美元、军事、知识产权、政治和文化霸权等掠夺全球特别是发展中国家的财富，是全球最大的寄生性和腐朽性国家。以中美之间的贸易为例，中国把利用廉价劳动力、土地、生态资源生产出来的商品卖给美国，美国无须生产这些商品，只需印钞票即可。然后，中国赚来的美元又只能去购买美国国债等虚拟资产，为美国的借贷消费和对外扩张融资。美国输出到中国的是不能保值增值的有价证券，而中国输出到美国的主要是实体性商品和劳务。中国科学院国家健康研究课题组发布的《国家健康报告》显示：美国是全球获取霸权红利最多的国家，中国是全球损失霸权红利最多的国家。2011 年，美国霸权红利总量 73960.9 亿美元，占 GDP 的比例达到 52.38%，平均每天获取的霸权红利为 202.63 亿美元。而中国总计损失 36634 亿美元，若按劳动时间计算，中国劳动者有 60% 左右的工作时间是在无偿为国际垄断资本服务。①

　　第二，军事开支增长，人民负担加重。新帝国主义主导下的世界大规模刺激先进武器的科技研发和军工产业不断扩张，因而"垄断资本所支持的军工综合体以及在殖民主义基础上形成的文化霸权，促使西方国家任性地干涉他国事务"。② 由此，新帝国主义成了地区动荡和局势不稳定的始作俑者和战争的发动机，在过去 30 年，美国在 13 场战争中花费了 14.2 万亿美元，③ 而美国人民的医疗保障等民生改善问题因财力不足而受阻。高昂的军费开支成为国家和人民沉重的负担，而寄生于军火产业的垄断企业却因此而发财致富。根据英国国际战略研究所统计，2018 年美国军费支出为 6430 亿美元，2019年将达到 7500 亿美元，超过紧跟其后的 8 国军费总和。冷战后，美国先后发动或参与了海湾战争（1991 年）、科索沃战争（1999 年）、阿富汗战争

---

　　① 参见杨多贵、周志田等：《国家健康报告第 1 号》，科学出版社 2013 年版，第 217 页。

　　② 韩震：《西方社会乱局的制度性根源》，载于《人民日报》2016 年 10 月 23 日。

　　③ 参见《马云：过去的全球化由 6500 个跨国公司来控制》，http：//finance.qq.com/a/20170119/000649.htm。

（2001 年）、伊拉克战争（2003 年）、利比亚战争（2011 年）、叙利亚战争（2011 年至今）共六场战争，[①] 这是垄断导致经济政治腐朽和寄生于战争的一种表现，是反文明、反人道、反人类命运共同体的野蛮行径，表明新帝国主义是战争频发的首要根源。

第三，财富和收入更加集中于少数拥有金融资产的阶层，形成 99% 和 1% 的贫富对立。新帝国主义阶段，生产的社会化、信息化、国际化程度空前提高，人类创造财富的能力比旧帝国主义时期不知要高出多少倍，但是，作为人类共同财富的生产力进步却主要造福于金融寡头，"大部分利润都被那些干金融勾当的'天才'拿去了"。[②] 例如，在 2001 年，美国 1% 的最富有人口所持有的金融财富（不包括其房产权益）比 80% 的最贫穷人口所拥有的金融财富多 4 倍。美国 1% 的最富有人口拥有价值 1.9 万亿美元的股票，这与其他 99% 的人口所持有的股票价值大致相当。[③]

第四，垄断阻碍了技术创新及其较快推广。贪婪和寄生决定了金融垄断资本对待技术创新具有二重性：一方面，垄断资本需要并依赖技术创新维持垄断地位；另一方面，垄断地位带来的高额利润意味着其在创新的速度上具有一定惰性。例如，在农药研发领域，1995 ~ 2005 年，农药研发成本上涨了 118%，但绝大多数的研发支出却花在了维持那些专利即将到期的旧化工产品的销售上。由于参与研发的公司数目减少，全球农用化学品的发展都在减速。[④] 又如，手机的多项先进功能即使在当年研发成功，但手机生产的垄断企业也要分几年来推广和应用，以促使消费者不断购买新功能手机，年年汲取更多的高额垄断利益。

第五，垄断资产阶级及其代理人制造民众运动中的腐化现象更加严重。

---

① 参见朱同根：《冷战后美国发动的主要战争的合法性分析：以海湾战争、阿富汗战争、伊拉克战争为例》，载于《国际展望》2018 年第 5 期，第 117 ~ 135 页。

② 《列宁专题文集·论资本主义》，人民出版社 2009 年版，第 117 页。

③ 参见［美］约翰·贝拉米·福斯特：《资本主义的金融化》，王年咏、陈嘉丽译，载于《国外理论动态》2007 年第 7 期，第 9 ~ 13 页。

④ ETC Group. Breaking Bad：BigAg Mega – Mergers in Play Dow + DuPont in the Pocket？Next：Demonsanto？http：//www. etc – group. org/sites/www. etc – group. org/files/files/etc _ breakbad _ 23dec15. pdf.

列宁早就指出："在英国，帝国主义分裂工人、加强工人中间的机会主义、造成工人运动在一段时间内腐化的这种趋势，在 19 世纪末和 20 世纪初以前很久，就已经表现出来了。"① 新帝国主义利用苏联解体东欧剧变的时机，分化工人阶级队伍，打击和削弱各国工会，用垄断利润收买个别人的人心，培植工人运动和各种民众运动中的机会主义和新自由主义势力，从而造成工人运动和各种民众中出现腐化趋势，导致世界社会主义运动的低潮，以及崇拜或惧怕新帝国主义势力的倾向更为明显和严重。

（三）新帝国主义是过渡和垂危的新型资本主义

列宁发表的《帝国主义是资本主义的最高阶段》揭示垄断资本主义具有过渡性或垂死性，已有 100 多年。然而，似乎令许多人感到困惑的是，迄今为止，除了极少数国家属于社会主义以外，绝大多数资本主义国家并没有灭亡，而且还获得了不同程度的发展并将继续下去。这就提出了一个十分重要的问题，即如何去判断当代资本主义的过渡性或必亡性发展趋势？遵循历史唯物主义的分析方法，新帝国主义的过渡性是指：第一，同世界上任何事物一样，新帝国主义制度也是变化着的。它在人类历史上具有暂时性，不具有永恒性。第二，它的变化发展同样遵循从低级向高级的路线，新帝国主义最终必然通过多种形式的革命而转向社会主义。在新帝国主义时代，发达资本主义经历了许多重要的技术和制度变革，这在一定程度上为资本主义的进一步发展提供了基础，并延缓了资本主义的灭亡。有资料表明，资本主义国家的工业平均增长速度，在自由竞争的资本主义阶段只有2%左右，而在垄断资本主义阶段，却达到了3%左右。这种速度或快或慢地继续下去，使得列宁所说的它在腐朽状态中保持的时期大大地延长了。这是因为，资本主义国家对生产关系和上层建筑作了不少的调整，如一定程度的宏观经济调控、分配制度和社会保障的改良、金钱政治和家族政治的时好时坏某种调节等等。尤其是经济全球化对于发达资本主义国家来讲，毫无疑问利要大于弊。因为，在

---

① 《列宁专题文集·论资本主义》，人民出版社 2009 年版，第 192 页。

经济全球化进程中，实力雄厚的发达资本主义国家占据着绝对的主导地位。凭借着这种主导地位，发达资本主义国家就可以获得尽可能多的利益。私人垄断资本通过扩大世界市场等经济全球化途径来进行"资本修复"，延续更长的生命周期。"近两年来，特朗普政府鉴于国内危机的加深逆全球化历史潮流，坚持'美国优先'的方针政策，挑起国际经济贸易争端，力图向外摆脱和转嫁国内的危机。"① 美国采用某些保护主义的逆全球化措施的目的，就是企求在经济全球化中缓解国内困境和危机而汲取更多的霸权利益。

不过，新帝国主义和资本主义在一定时期内的发展与其最终必然灭亡这两者之间并不存在矛盾。列宁所说的帝国主义是垂死的资本主义，讲的只是资本主义必然灭亡并由社会主义所取代的趋势，我们不能简单地理解为新帝国主义或所有资本主义国家将顷刻消失。实际上，马克思主义经典作家并没有给出资本主义和帝国主义灭亡的具体时间表。列宁给出的是科学判断："帝国主义是衰朽的但还没有完全衰朽的资本主义，是垂死的但还没有死亡的资本主义。"② 列宁充分地预见到了这个垂死的资本主义很可能还会"拖"一个相当长的时期，甚至也不排斥，在这个垂死的阶段中，资本主义还会得到一定程度的发展。比如，列宁在讲到帝国主义的腐朽性时说："如果以为这一腐朽趋势排除了资本主义的迅速发展，那就错了。不，在帝国主义时代，某些工业部门，某些资产阶级阶层，某些国家，不同程度地时而表现出这种趋势，时而又表现出那种趋势。整个说来，资本主义的发展比从前要快得多。""它可能在腐烂状态中保持一个比较长的时期（在机会主义的脓疮迟迟不能治好的最坏情况下），但终究不可避免地要被消灭。"③

那么，新帝国主义和当代资本主义新变化为什么不会改变它必然灭亡的历史发展趋势呢？这是因为，资本主义基本矛盾仍然存在并继续发展，资本主义积累规律仍然存在并继续发展，资本主义经济危机仍然存在并继续发展。

① 刘明国、杨珺珺：《警惕新一轮更为深重的金融危机——美国后危机时代的经济态势分析》，载于《海派经济学》2019 年第 1 期。

② 《列宁全集》第 29 卷，人民出版社 2017 年版，第 479 页。

③ 《列宁专题文集·论资本主义》，人民出版社 2009 年版，第 210、212 页。

所以，以 19 世纪末 20 世纪初基本形成垄断资本主义为标志，列宁便揭示和宣布：作为垄断资本主义的帝国主义具有寄生性或腐朽性、过渡性或垂死性（必死性），世界处于帝国主义和无产阶级革命的时代，而帝国主义时代的经济政治发展不平衡规律使革命有可能在一国或数国首先胜利。在《共产党宣言》判断资本主义必然灭亡、《资本论》宣布资本主义私有制的丧钟就要敲响了的数十年后，由于列宁领导的无产阶级政党实施正确的战略策略，因而 1917 年爆发的十月革命就很快"敲死"了军事封建帝国主义国家的沙俄。接着，毛泽东领导的无产阶级政党实施正确的战略策略，"敲死"了国民党统治的半殖民地半封建社会（毛泽东指出，第二次世界大战后中国呈现为封建的、买办的国家垄断资本主义状态）。20 世纪 15 个共产党领导的社会主义国家存在的历史，充分印证了上述理论，而戈尔巴乔夫、叶利钦领导的苏联共产党主动背叛马克思列宁主义，导致苏联和东欧社会主义国家倒退到资本主义社会（白俄罗斯另当别论），表明社会主义及其经济制度发展的曲折性和艰难性，但改变不了大时代的性质和总趋势。

1984 年 10 月，邓小平指出："国际上有两大问题非常突出，一个是和平问题，一个是南北问题。还有其他许多问题，但都不像这两个问题关系全局，带有全球性、战略性的意义。"1990 年 3 月，邓小平又说："和平与发展两大问题，和平问题没有得到解决，发展问题更加严重。"[1] 可见，邓小平强调"和平与发展"是当今时代所要解决的两大问题或主题，与列宁说的"战争与革命"两大问题是互相转化和辩证统一的，[2] 并没有否定资本主义和新帝国主义趋向社会主义的大时代性质。

因此，依据上述新帝国主义特征和特性的分析，我们认为，新帝国主义既是资本主义从自由竞争、一般私人垄断、国家垄断发展到国际垄断的新阶段，是国际垄断资产阶级的新扩张，也是极少数发达国家主导世界的新体系，是经济政治文化军事霸权主义的新政策；从现阶段国际正义力量和国际阶级

---

① 《邓小平文选》第 3 卷，人民出版社 1993 年版，第 96、353 页。
② 参见李慎明：《对时代和时代主题的辨析》，载于《红旗文稿》2015 年第 22 期，第 4～9 页。

斗争的曲折发展来判断，21 世纪是世界劳动阶级和广大人民进行伟大革命和维护世界和平的新时代，是社会主义国家进行伟大建设和快速发展的新时代，是进步的文明国家共同构建人类命运共同体的新时代，是新帝国主义和全球资本主义逐渐向全球社会主义过渡的大时代。

（原文发表于《马克思主义研究》2019 年第 5 期）

数字经济与资本主义生产方式的重塑

——一个政治经济学的视角

乔晓楠　郗艳萍[*]

当前，以数字技术为核心的科技革命与工业革命呈现出加速发展的趋势。根据历史经验，新技术革命及其所引领的工业革命，不仅能够提高劳动生产率，推动生产力发展，而且也必然深刻地改变经济社会的生产方式，乃至影响世界经济格局。对此，一些文献已经从数字劳动、非物质劳动、互联网资本主义、平台资本主义、认知资本主义等不同方面进行了初步的探讨，而全面考察数字技术、数字经济对资本主义生产方式影响的研究尚不多见。本文则试图以马克思主义政治经济学作为理论基础，在充分吸收已有研究成果的基础上，厘清数字经济的内涵与范畴，并从价值创造、价值分配、价值实现以及资本主义基本矛盾等维度展开分析，进而加深对数字经济时代资本主义新发展、新变化、新特点的理解。

一、数字经济的含义

根据《G20 数字经济发展与合作倡议》，数字经济被定义为以使用数字化的知识和信息作为关键生产要素、以现代信息网络作为重要载体、以信息通信技术的有效使用作为效率提升和经济结构优化的重要推动力的一系列经济活动。虽然这一概念将数字经济归结为一类"经济活动"，但其实数字经济还具有更为丰富的内涵。

第一，数字经济是由一系列数字技术的发展与应用所推动的，所以正确

---

　* 乔晓楠：南开大学经济学院；郗艳萍：南开大学经济学院。

理解数字经济首先需要厘清与其相关的各种技术。具体而言，主要包括信息通信技术（ICT）、物联网（IoT）、大数据（Big Data）、人工智能（AI）、机器人以及3D打印等技术。在上述技术的带动下，经济发展的数字化、网络化、智能化、平台化、模块化的特征将不断加深。当然，数字经济的发展离不开数字技术的进步，但是理解数字经济却不能仅从技术层面去观察，还需要结合生产关系进行剖析。

第二，数字经济下各种经济活动的开展，需要以数字基础设施的普及作为基础，以数字化投入作为前提。只有通过互联网以及各种终端设备对经济社会建立起广泛且多层次的联系结构，数字经济才有可能实现快速发展。[①] 换言之，正是由于"数字化生存"，[②] 数字经济才成为"利用比特而非原子"的经济。[③] 数字经济是一种人类生产生活的状态，这种状态与以往相比，最为重要的特征就是人和人、人和物、物和物都实现了更为紧密的网络联系，并且这种网络联系推动生产方式发生了巨大的变革。

第三，为了便于对数字经济进行统计与分析，还必须将其与当前国民经济核算中的产业划分联系起来。此时，需要注意的是数字经济不仅与制造业有关，而且还涉及服务业。[④] 与数字经济相关的制造业主要包括计算机及其周边产品、通信设备、半导体等电子产品、其他电气电子产品、视频机器、音频机器、计算器、医用电子机器、半导体制造机器、工业机器人以及3D打印

---

① Mesenbourg T. L. Measuring the Digital Economy [R]. US Bureau of the Census, Suitland, MD, 2001. DBCD. Advancing Australia as a Digital Economy：An Update to the National Digital Economy Strategy [R]. Canberra, 2013；European Commission. Expert Group on Taxation of the Digital Economy [R]. Brussels, 2013；European Parliament. Challenges for Competition Policy in a Digitalized Economy [R]. Brussels, 2015. 赛迪顾问. 2017 中国数字经济指数（DEDI）[R]. 2017.

② 尼葛洛庞蒂：《数字化生存》，海南出版社 1997 年版。

③ Tapscott D. The Digital Economy：Promise and Peril in the Age of Networked Intelligence [J]. Innovation Journal, 1999, 19 (5)：156 – 168.

④ Knickrehm M. , Berthon B. , Daugherty P. Digital Disruption：The Growth Multiplier, Accenture, Dublin, 2016. Digital Disruption：The Growth Multiplier [R]. Accenture, Dublin, 2016. Bukht R. , Heeks R. Defining, Conceptualising and Measuring the Digital Economy [R]. University of Manchester, 2017.

等产业。① 与数字经济相关的服务业则可以进一步划分为两类：第一类是一些以数字服务作为核心业务的服务业，主要包括通讯、计算机、信息等服务业；第二类是借助信息通讯技术使其可以脱离实际场所而开展且与数字经济相关的潜在服务业（Potentially ICT - Enabled Services，简称 PICTE），主要涉及金融、保险、文化、娱乐、知识产权特许使用等。② 显然，制造业和服务业具有明显的差异。制造业中的资本雇佣劳动进行生产进而榨取工人创造的剩余价值，而投资于某些服务业中的资本则自身并不创造价值，而是依靠分割产业资本占有的一部分剩余价值来赚取利润。鉴于数字经济涉及产业的多样性，对其分析也不能一概而论。

综上所述，数字经济既是一种信息技术深度发展与全面应用的结果，又是一种由网络化构建起来的普遍联系的经济社会形态，更是一种继农业经济、工业经济之后更高级的经济发展阶段。③

二、数字经济与资本主义价值创造

从价值形成的角度来看，商品的价值包括两个部分，即生产资料所包含的原有价值的转移以及由活劳动所创造的新价值。从资本构成的角度来看，资本可以划分为不变资本与可变资本。其中，不变资本即转化为生产资料的资本，由于这部分资本在生产过程中仅能够转移自身价值而无法带来新增价值，因此被称作不变资本。可变资本则是购买劳动力商品的那部分资本，因为劳动力的使用价值可以创造出比自身价值更大的价值，也就是可以使价值增殖，所以被称为可变资本。当然，在活劳动创造的全部新价值之中，支付给劳动力的部分仅是其在必要劳动时间所创造的价值，而剩余劳动时间内创造的价值则转化为利润，并最终被资本家无偿占有，进而构成剥削。上述马

---

① 主要参考 OECD 对 ICT 产品的定义、电子信息技术产业协会（JEITA）的电子工业出口商品目录、WTO 信息技术协议（ITA）产品目录、联合国贸易和发展会议（UNCTAD）信息经济报告以及日本贸易振兴促进会（JETRO）对数字经济相关产品的定义。

② 主要参考联合国贸易和发展会议（UNCTAD）信息经济报告。

③ 主要参考中国信息通信研究院：《中国数字经济发展白皮书 2017》，2017 年 7 月。

克思主义政治经济学理论为研究数字经济时代的价值创造提供了基本的框架，具体而言需要从"两个结构"入手展开分析。这"两个结构"是指"生产资料与活劳动之间的结构"与"不同类型活劳动之间的结构"。并且，上述两个结构也决定了"不变资本与可变资本的结构"与"可变资本内部的结构"。

生产资料与活劳动之间的结构突出反映了机器和工人的关系，体现了特定技术条件下的生产力发展水平。不变资本与可变资本的结构实际上就是资本有机构成，即反映资本技术构成的价值构成。数字经济时代，人工智能（AI）、机器人以及3D打印等技术的应用，都将导致资本的技术构成发生变化。马克思认为机器的本质就是"人的手的创造物"，[①]　即被物化了的人类劳动，其作用在于"大工业把巨大的自然力和自然科学并入生产过程，必然大大提高劳动生产率"。[②]　因此，制造并且应用机器的作用就在于推动生产力的发展，其具体的方式表现为以机器替代劳动，即"劳动资料取得机器这种物质存在方式，要求以自然力来代替人力，以自觉应用自然科学来替代从经验中得出的成规。"[③]　当然，在以往的工业革命中，机器主要替代人类的体力劳动，而在数字经济时代，生产逐渐智能化，这意味机器还将进一步替代人类的脑力劳动。如果将大数据、信息通讯以及人工智能所有拥有的实现感知、记忆、适应、分析、决策以及学习等功能应用于生产过程之中，将促进生产制造、公共事业、批发零售、金融保险、物流运输、健康医疗、共享经济等多个领域劳动生产率的提升。[④]　劳动生产率的提升将导致单位时间内生产出来的使用价值数量增加，并且单位使用价值所包含的价值量降低。其中，应用机器替代人所导致价值增值的具体度量，可由以下机制决定，即"只要机器所费的劳动，从而机器加到产品上的价值部分，小于工人用自己的工具加到劳动对象上的价值，这种差额就一直存在。因此，机器的生产率是由它代替人类劳动力的程度来衡量的。"[⑤]　并且，伴随着上述机器对劳动的替代过程，

---

①②　《资本论》第1卷，人民出版社2004年版，第444页。

③　《资本论》第1卷，人民出版社2004年版，第443页。

④　乔晓楠、郗艳萍：《人工智能与现代化经济体系建设》，载于《经济纵横》2018年第6期，第81～91页。

⑤　《资本论》第1卷，人民出版社2004年版，第449页。

资本有机构成也将随之提升。

除了提高劳动生产率之外,数字经济给资本主义生产与价值创造带来的以下两点变化也值得关注。第一,数据对于价值创造变得越发重要。那么数据的作用是如何体现的呢? 人工智能的应用包括三个组成部分,即提供了计算能力与存储能力的物质载体、具有深度学习功能的算法以及大数据。通常所讲的芯片、存储设备等都属于应用人工智能的物质载体,而算法则是实现智能化的具体方式,即以特定计算方法让机器真正具备判断识别与优化决策的能力。但是,更为重要的是如果仅有物质载体与算法,没有足够丰富的数据作为计算与学习的基础,那么依然无法实现智能化。斯坦福大学人工智能与伦理学教授、《人工智能时代》一书的作者卡普兰(Kaplan)曾通过一个例子来对比人类学习与机器学习的差异,即告诉一个 3 岁孩子什么是猫,这仅需要一张猫的图片,但是让机器学会识别猫则可能需要 100 万张猫的图片。[1] 因此,人工智能的发展离不开大数据。第二,3D 打印的兴起使得满足人们对于使用价值的个性化需求变得更加容易,因此这将对在第二次工业革命时期所形成的,以标准化、大规模、低成本生产为特点的福特制构成冲击。

不同类型劳动之间的结构将影响可变资本内部的结构,在数字经济时代可以将劳动进一步区分为工业劳动与数字劳动。"工业劳动"指机器大工业时代的典型劳动,该种劳动是马克思研究的重点,它以雇佣关系为前提,以工作日为边界,区分为必要劳动与剩余劳动,充分体现了资本主义生产关系的本质。需要注意的是工业劳动在数字经济时代依然广泛存在,并且非常重要。正如前文所述,数字经济既包含制造业,又涉及服务业。因此,在与数字经济相关的制造业中,工业劳动具体生产出计算机、通信设备、电子产品、机器人等使用价值,并且由劳动所创造的价值也必然凝结于上述各种产品之中。对于这类劳动的性质以及功能,理论界并不存在争议。与"工业劳动"相比,更加需要深入分析的是"数字劳动"。这一概念的提出,主要源自马克思主义与传播学的融合发展。"数字劳动"并非从事数字经济生产的劳动,而是一类

---

[1] 卡普兰:《人工智能的本质是大数据》,载于《上海科技报》2016 年 6 月 22 日。

特殊的劳动。可以将其概括为人类利用自身的时间、脑力以及体力，在网络或者终端设备上，系统化地表述或者组织管理人类的知识、信息、经验、情绪以及社会关系等内容，进而为资本带来利润的免费劳动。[1] 例如人们在社交媒体等网络平台上发布信息、分享感受或者上传视频等行为，这些内容为网络平台提供了内容或者素材，进而吸引网民点击浏览，增加了网络平台的浏览量，但是网络平台却并没有为此支付劳动报酬。[2] 这种劳动就属于典型的数字劳动，甚至有的学者在此基础上还进一步提出了"玩劳动"。[3] 当然，并非所有生产知识、文化、创意的劳动等都属于数字劳动，例如资本也会雇佣专门从事上述工作的劳动并向其支付报酬。此类劳动显然不同于数字劳动，需要注意区分。并且，针对被资本雇佣且从事知识、文化、创意生产的这类劳动，还有一种观点认为，在生产过程中所付出的脑力劳动由于无法和劳动者本身分离，因此不能被资本剥削，进而这些人不属于工人阶级，而成为"知产阶级"。[4] 这种观点显然抹杀了劳动对资本的依附，因为导致劳动被剥削并非劳动与劳动者本身是否可分，而是资本对生产资料的私人占有。已有研究已经对该观点进行了批判，[5] 更不应以这种错误的观点去认识数字劳动。

马克思指出劳动过程包括三个要素，即"有目的的活动或劳动本身，劳动对象和劳动资料"。[6] 在劳动过程中，通过对劳动力的使用，并借助劳动资料使劳动对象发生变化，进而导致劳动与劳动对象结合在一起，并凝结于其中，生产出具有一定有用性的劳动产品。因此，劳动过程就是产品生产过程

---

① 该定义由笔者概括，持有类似的观点文献可以参见 Fuchs, C. What is Digital Labor? What is Digital Work? What's their Difference and Why Do these Questions Matter for Understanding Social Media. tripleC, 2013, 11 (2): 237 – 293; Fuchs, C. Digital Labor and Karl Marx. New York: Routledge Press, 2014.

② Terranova T. Free Labor: Producing Culture for the Digital Economy. Social Text, 2000, 18 (2): 33 – 57.

③ Kucklich J. Precarious Playbour: Modders and the Digital Games Industy. Fibreculture Journal, 2005 (5).

④ Boutang Y. M. Cognitive Capitalism. Translated by E. Emery. Cambridge: Polity Press, 2011.

⑤ 蔡万焕：《认知资本主义：资本主义发展阶段研究的新进展》，载于《马克思主义研究》2018年第8期，第49～57页。

⑥ 《资本论》第1卷，人民出版社2004年版，第208页。

与价值创造过程的统一。基于上述三个要素，可以对数字劳动展开分析。数字劳动本身也需要花费时间，这一点与工业劳动没有区别。即使是所谓的"玩劳动"，也需要花费个人的时间。并且，数字劳动本身也需要消耗劳动者的体力与脑力，特别是脑力付出构成数字劳动的主要特点。同时，需要注意的是上述体力与脑力的消耗也需要通过劳动力再生产来加以弥补。数字劳动的对象主要是人类的知识、信息、经验、情感以及思想。数字劳动的劳动资料主要为互联网、物联网、云服务器以及电脑、手机等终端设备。此外，尤其需要注意的是，数字劳动是一类免费劳动，或称无酬劳动，并且其劳动结果通常是非物质性的。① 马克思认为，资本主义劳动过程具有两个特点：其一是工人的劳动属于资本家，工人在资本家的监督下劳动；其二则是产品是资本家的所有物，而不是工人的所有物。在数字经济时代，前者发生了变化，数字劳动者未必与资本家有直接的雇佣关系，资本家不必向其支付工资，劳动过程无需在资本家的监督下进行，但是后者却没有发生变化，数字劳动的成果却依然被资本家占有。这也意味着数字经济并未改变资本主义生产关系的本质。虽然，数字劳动的概念范畴还存在着一些不同的界定，但是可以确定的是数字经济时代数字劳动对经济发展的作用变得越发重要。

鉴于数字劳动的特殊性，还有必要对数字劳动是否创造价值以及数字劳动是否可以被资本剥削等问题进行重点说明。第一，数字劳动是非物质劳动。哈特（Hardt）将非物质劳动界定为生产"服务、知识或者沟通等"的一类劳动。② 拉扎拉托（Lazzarato）则指出："非物质劳动被界定为生产商品的信息内容与文化内容的劳动"。③ 因此，数字劳动显然是非物质劳动。第二，数字劳动是一种非生产性劳动。马克思认为，区分生产劳动与非生产劳动的关键

① Lazzarato M. Towards an Inquiry into Immaterial Labor, http：//www. geocities. ws/immate rialla-bour/lazzarato－immate－rial－labour. Html. Hardt, Michael. Radical Thought in Italy：A Potential Poli-tics. University of Minnesota Press, 1996. Hardt M. Immaterial Labor and Artistic Production. Rethinking Marx-ism, 2005, 17（2）：175－177.

② Hardt M. Affective Labor. Boundary 2, 1999, 26（2）：89－100.

③ 毛里齐奥·拉扎拉托：《非物质劳动》（上），高燕译，载于《国外理论动态》2005 年第4期，第41～44 页。

是生产关系，即劳动的社会属性。一方面剩余价值并不必然表现在某种物质产品上。例如，"演员所以是生产劳动者，并不是因为他们生产戏剧，而是因为他们增加自己老板的财富。但是，进行的是何种劳动，从而劳动以什么形式物化，——这对这种关系是无关紧要的。"① 另一方面，只有能够产生剩余价值，使资本增值的劳动才是生产劳动；非生产劳动虽然没有创造价值，但却可以与收入交换。"如果亚当·斯密完全自觉地、始终一贯地坚持他实质上已有的那种对剩余价值的分析，即认为剩余价值只有在资本同雇佣劳动的交换中才会创造出来，那么，他就会发现，只有同资本交换的劳动才是生产劳动，而同收入本身交换的劳动绝不是生产劳动。"② 因此，"生产劳动只是生产资本的劳动"，换言之，"劳动只有在它生产了它自己的对立面时才是生产劳动。"③ 于是，据此可以推断数字劳动属于非生产性劳动，且不创造剩余价值。从劳动者的角度来看，其劳动的目的并非为了获得收入以维持劳动力的再生产；从平台资本家的角度来看，也没有与数字劳动者形成雇佣关系，并榨取其创造的剩余价值。在数字经济时代，即具备了利用数据的物质载体与算法之后，数据可以帮助机器进行深度学习，进而实现智能化，促进劳动生产率的提升。但需要注意的是，数据本身并非一种生产资料。就如同技术一样，虽然技术进步可以提升了劳动生产率，但是马克思却并未将其视为生产资料。这是因为数据或者技术，在很多方面都显著区别于作为物化劳动的生产资料。例如，生产资料总是在一期或者若干期中将自身的价值转移到新产品之中，但是数据或者技术却并非如此。正是因为不能将数字劳动作为一种生产生产资料的劳动来认识，所以这也就进一步明确了数字劳动作为非生产劳动的性质。第三，数字劳动可以给平台资本带来利润。莱博维奇（Lebowitz）认为只有存在雇佣关系并且工人从事了生产性劳动，才可以实现资本对劳动的剥削。④ 对于数字劳动而言，其既没有被资本雇佣，又

① 《马克思恩格斯全集》第46卷（上），人民出版社1980年版，第291页。
② 《马克思恩格斯全集》第26卷（上），人民出版社1980年版，第264页。
③ 《马克思恩格斯全集》第46卷（上），人民出版社1980年版，第264页。
④ Lebowitz M. A. Too Many Blind Spots on the Media. Studies in Political Economy, 1986 (21): 165 – 173.

不属于生产劳动，因而传媒性质的平台资本自然也就无法对其进行剥削。既然无法进行剥削，那么其利润又是如何产生的呢？其原因在于平台资本的利润不是来自于自身对数字劳动的剥削，而是从其他资本通过物质生产所获得的剩余价值中转移一部分而来。并且，这种剩余价值的转移在很大程度上又依赖于数字劳动。特别是当零散的、个别的"数据"变成"大数据"之后，其也可以被用来出售。综上所述，数字劳动既具有非物质性，又具有非生产性；既不涉及雇佣关系，又不支付劳动报酬；虽然能够形成有数据资源，促进生产效率提升，但却不创造价值；虽然不创造剩余价值，但却可以给平台资本带来利润，因此是一类极为特殊的劳动。

三、数字经济与资本主义价值分配

价值分配既涉及到劳动与资本之间的分配，又涉及到不同类型资本之间的分配。

针对劳资之间的分配，可以从劳动时间、工资以及机器对劳动的替代三个方面展开分析。首先，马克思认为剩余价值量与劳动力价格的比例关系（即剩余价值率）可以反映劳资之间的分配关系，而剩余价值率又会受到工作日长度、劳动强度以及劳动生产率等因素的影响。给定劳动强度和劳动生产率水平，一定长度的工作日总是创造出相同的价值量，其中必要劳动时间与剩余劳动时间此消彼长。因此，若要榨取更多的绝对剩余价值通常需要延长工作日的劳动时间，若要榨取更多的相对剩余价值则需要缩短工作日内的必要劳动时间。在数字经济时代，新技术使得工作时间与生活时间不再泾渭分明，人们在工作之余也有大量时间用于上网，进行信息交换、购物消费、情感分享、社会交往等行为，而这些行为不仅为网络平台贡献了内容，同时留下了海量的数据痕迹，从而有助于平台资本利用这些数据资源以转移剩余价值的方式获得利润。这既不同于对绝对剩余价值的剥削，又不同于对相对剩余价值的剥削，而是通过占有非工作时间的无酬劳动所实现，进而反映出平台资本与数字劳动关系的复杂性。同时，大数据的应用也会促进劳动生产率的提高，而这又进一步降低了劳动力的价值，即维系劳动力再生产所需要的价值，于是导致必要劳动时间缩短而剩余劳动时间延长，进而有利于资本榨取更多的相对剩余价值。其次，马克思认为工资是资本家向工人购买劳动力所支付的价格，即可变资本。在数字经济时代，为平台资本带来利润的既包括被雇佣的有偿劳动 Vm，又包括不存在雇佣关系的无酬劳动 Vd。于是基于上述两类劳动的结构也可以将可变资本改写为 V = Vm + Vd。此时的剩余价值率将被记为 M/V = M/（Vm + Vd）。显然，当数字劳动愈发重要，并且在实际中生产知识、文化、创意的劳动更多地表现为无酬劳动时，必然导致剥削率的提升。最后，马克思指出："同机器的资本主义应用不可分离的矛盾和对抗是不存在的，因为这些矛盾和对抗不是从机器本身产生的，而是从机器的资本主义应用产生的。"① 随着技术进步与机器的应用，工厂所使用的工人不仅相对数量在减少，而且绝对数量也会减少，进而造成相对人口过剩。以人工智能为例，目前已经有大量研究显示，它的应用与普及将对就业构成冲击。弗雷和奥斯本（Frey & Osborne）考察了技术进步给美国就业带来的替代效应。他们根据工作岗位被人工智能替代的程度，区分高、中、低三种风险等级，进而对替代效应进行评估。估算结果显示，美国47%的就业岗位属于高风险类别，这些岗位可能在10年左右实现完全的自动化，从而导致劳动被替代，就业需求减少。② 欧洲工会研究院（European Trade Union Institute）利用类似的方法对欧盟国家就业市场受到人工智能的冲击进行评估。估算结果显示欧盟平均54%的劳动者将显著受到技术进步替代效应的影响。③ 受此影响，数字经济时代的资本主义贫富分化将进一步加剧。

不同类型资本之间的分配也是资本主义价值分配的重要方面。正如马克思分析了产业资本与商业资本、银行资本之间的分配关系一样，在数字经济时代有必要针对平台资本及其同产业资本的关系进行深入讨论。平台资本是

---

① 《资本论》第1卷，人民出版社2004年版，第508页。

② Frey C. B. , Osborne M. A. The Future of Employment：How Susceptible are Jobs to Computerisation? 2013，https：//www. Oxfordmartin. Ox. Ac. uk/downloads/academic/The_Future_of_Employment. Pdf.

③ European Trade Union Institute. Digitalisation of the Economy and its Impact on Labor Markets. 2016，http：//www. Etui. org/Publications2/Working – Papers/Digitalisation – of – the – economy – and – its – impact – on – labour – markets.

一种专门提供网络基础设施或者中介性服务的资本形态，它可以通过分割产业资本的剩余价值而获得收益。目前典型的平台类型包括商品交易型平台（如 Amazon）、社交媒体型平台（如 Facebook、Twitter）、用户生成内容型平台（如 YouTube）、共享经济型平台（如 Uber）、搜索引擎型平台（Google）、工作众包型平台（如 TaskRabbit、Upwork）、资金众筹与 P2P 融资型平台（如 Kickstarter、Indie-gogo）等。① 这些平台资本的崛起使得它们逐渐掌握了市场、信息与数据，使得产业资本不得依靠其创造价值并实现价值，进而也就不得不向其让渡一部分剩余价值。正如斯尔尼赛克（Srnicek）指出尽管广告是"最老土"的盈利模式，但是其在数字资本主义时代却依然十分重要。② 例如，观看平台上的视频就需要接受其中插入的广告，或者利用搜索引擎搜索某种商品的时候，哪些企业的产品会优先弹出。由于平台通常处于垄断地位，所以就进一步加剧了产业资本对平台资本的依附。③ 经济学中有一个概念被称作"网络外部性"（network externality），即联接到某一网络或者参与使用某一平台的用户数量越多越能够提升该网络或者平台的吸引力，进而导致用户对其的依赖性增强，因此不同用户之间的互补性将导致网络或者平台具有规模经济的特点。④ 例如，如果你的朋友都使用 Facebook，那么为了更加便利地进行社交，你也会选择使用 Facebook。于是，网络外部性更多地赋予了平台以"先行者优势"或者"赢者通吃"的色彩，进而强化了其垄断地位。因此，以往是资本的集中和集聚造就了垄断，而数字经济时代则是平台发展与资本的集中和集聚彼此强化。并且，垄断地位决定了这些平台得以通过垄断高价获得超过平均利润的垄断利润，进而导致社会总利润在不同类型资本之

① Langley P., Leyshon A. Platform Capitalism: The Intermediation and Capitalization of Digital Economic Circulation [J]. Finance and Society, 2017, 3（1）：11–31.

② Srnicek N. Platform Capitalism [M]. Cambridge：Polity Press, 2017.

③ R. W. 麦克切斯尼，J. B. 福斯特：《互联网与资本主义》（上），载于《国外理论动态》2012年第3期，第1~11页；R. W. 麦克切斯尼，J. B. 福斯特：《互联网与资本主义》（下），载于《国外理论动态》2012年第4期，第15~22页。

④ Katz M. L., Shapiro C. Network Externalities, Competition, and Compatibility [J]. American Economic Review, 1985, 75（3）：424–440；Economides N. The Economics of Networks [J]. International Journal of Industrial Organization, 1996, 16（4）：675–699.

间的分配不均。

四、数字经济与资本主义价值实现

价值实现是资本运动过程中的一个重要环节。获得价值增殖是资本的根本目的。马克思指出："生产剩余价值或赚钱，是这个生产方式的绝对规律。"[1] 同时，商品又具有价值和使用价值两个因素。其中，"物的有用性使物成为使用价值。……使用价值只是在使用或消费中得到实现。不论财富的社会形式如何，使用价值总是构成财富的物质内容。在我们所要考察的社会形式中，使用价值同时又是交换价值的物质承担者。"[2] 这意味着从资本的目的出发，仅仅生产出使用价值并不能带来价值增殖，只有将产品卖出去，才能够实现其价值和剩余价值。因此，对于资本家而言，"他的产品对他来说仅仅是交换价值"。[3] 可是，在资本主义社会化大生产的条件下，"每个人都用自己偶然拥有的生产资料并为自己特殊的交换需要而各自进行生产。谁也不知道，他的那种商品在市场上会出现多少，究竟需要多少；谁也不知道，他的个人产品是否真正为人所需要，是否能收回它的成本，到底是否能卖出去。社会生产的无政府状态占统治地位。"[4] 因此，价值实现才具有非常大的不确定性，即"商品价值从商品体跳到金体上，……是商品的惊险的跳跃。这个跳跃如果不成功，摔坏的不是商品，但一定是商品占有者。"[5]

数字技术的应用，对于商品的价值实现能够产生积极作用。例如，消费者可以通过在某个大型网络商城进行购物，在购物之前对商品进行搜索，并且留下查看各类商品的数据痕迹。当这些数据不断积累，其实就可以针对消费者对不同类型使用价值的需求加以分析，而该分析结果将可以为企业的投资与生产提供重要的指导性信息，进而在一定程度上克服社会化大生产的盲目性。又如，消费者可以根据自己的特定需求在网络购物平台上下订单，然

---

① 《资本论》第1卷，人民出版社2004年版，第714页。
② 《资本论》第1卷，人民出版社2004年版，第48～49页。
③⑤ 《资本论》第1卷，人民出版社2004年版，第127页。
④ 《马克思恩格斯选集》第3卷，人民出版社1995年版，第745页。

后生产者再根据订单组织生产，此类定制化的生产显然大大降低了价值实现的风险，并且可以让生产企业实现零库存。同时，当商品生产出来即被销售出去，也加速了资本的周转速度，即通过迅速的价值实现来促进在一定时期内的多轮次资本循环，进而提高利润率。再如，当消费者在网络购物平台上搜索商品并进行购物时，网站会根据该消费者以往的搜索记录与购物记录，向其推送一些同类或者相关的商品，这种引导性信息的提供有可能就促成了消费者的购买行为，进而也有利于促进商品的价值实现。

然而，与此同时也必须认识到决定商品价值能否实现的条件是多方面的。虽然数字技术的应用可以促进生产更加准确地对接需求，并且让消费者更加便捷地了解各种商品的讯息，但是只要资本主义生产关系不发生变化，就不能改变工人阶级在价值分配中的弱势地位，进而也就无法避免由购买力不足导致的相对生产过剩。所以，从这个角度来看，数字技术被异化为赚取利润的工具，则必然加重工人的相对贫困化，进而对于价值实现也具有消极作用。甚至伴随着机器对劳动进一步的替代以及剩余价值率的提高，数字经济反而会增加价值实现的难度。因此，数字技术的应用对价值实现的影响具有两面性，需要辩证地看待。其中，与积极作用相比，在资本主义经济制度下消极作用必然是决定性的。此外，讨论数字技术应用对商品价值实现的影响，还有必要结合资本主义金融化进行一些说明。自20世纪70年代末80年代初，美国等资本主义发达国家呈现出明显的去工业化与金融化特征。对此，一些学者指出正是由于产业资本遭遇了利润率危机，才使其被迫转向海外进行产业转移，或者放弃实体领域的制造业生产，转而投资金融等虚拟经济领域。[1]也正是由于劳资对立、生产过剩以及价值实现的困难，才会导致利润率危机的发生。同时这也是美国20世纪70年代经济滞胀期间的真实写照。为了缓和上述矛盾，资本主义开始向工人阶级提供贷款，鼓励家庭部门以加杠杆的方式扩大消费，进而帮助实现市场出清，完成商品的价值实现。虽然就短期

———————————

[1] 布伦纳：《全球动荡的经济学》，中国人民大学出版社2012年版；高峰：《金融化全球化的垄断资本主义与全球性金融－经济危机》，载于《国外理论动态》2011年第12期，第39～45页。

而言，借钱变得更容易、更方便了，将有利于弥补劳资对立之下的工人家庭支付能力不足，但是长期来看，这种"寅吃卯粮"式的信贷消费终究不是解决过剩商品价值实现的长久之计。如果无法从根本上破解资本主义的基本矛盾，那么工人家庭迟早会发生债务违约。当然，金融资本为了转移这种风险，又进一步推动银行转型，即从以商业银行业务为主转向以投资银行业务为主。其核心是将工人家庭的抵押贷款债权通过资产证券化的方式销售出去。于是，以抵押贷款凭证（CDO）以及信用违约掉期（CDS）为代表的一批金融衍生品应运而生。可是，资产证券化只能在不同金融资本之间将局部风险进行转移，但却无法消除不断累积的系统性风险。最终在利率提高的冲击下，工人家庭贷款违约率大幅攀升，抵押贷款证券化产品及其相关的一系列金融衍生品价格暴跌，造成金融危机。纵观 21 世纪以来资本主义金融化的发展，互联网等数字技术的应用起到了关键性作用。不仅传统的金融机构其业务开展逐渐数字化、网络化，而且一批在设立之初就定位于在网络之上进行金融活动的新型金融企业也逐渐涌现。这些以网络作为平台的金融活动不依赖于固定的场所，不需要面对面的沟通，且很多属于场外交易、跨国交易，很大程度上规避了金融监管，甚至成为网络上的真空地带，加剧了金融波动，累积了金融风险。因此，数字技术与金融资本主义的结合仅仅是缓解了价值实现的短期压力，但从长期看也为"金融—经济危机"埋下了种子。

五、数字经济与资本主义基本矛盾

前文从价值创造、价值分配、价值实现三个维度，分别对数字经济时代资本主义生产方式的重塑进行了分析，然而要进一步理解资本主义的基本矛盾，则需要将上述三者联系起来统一考察。对此，马克思有一段重要的论述，即"直接剥削的条件和实现这种剥削的条件，不是一回事。二者不仅在时间和地点上是分开的，而且在概念上也是分开的。前者只受社会生产力的限制，后者受不同生产部门的比例关系和社会消费力的限制。但是，社会消费力既不是取决于绝对的生产力，也不是取决于绝对的消费力，而是取决于以对抗性的分配关系为基础的消费力；这种分配关系，使社会上大多数人的消费缩小到只能在相当狭小的界限以内变动的最低限度。其次，这个消费力还受到追求积累的欲望，扩大资本和扩大剩余价值生产规模的欲望的限制。……这个内部矛盾力图用扩大生产的外部范围求得解决。但是生产力越发展，它就越和消费关系的狭隘基础发生冲突。在这个充满矛盾的基础上，资本过剩和日益增加的人口过剩结合在一起是完全不矛盾的；因为在二者结合的情况下，所生产的剩余价值的量虽然会增加，但是生产剩余价值的条件和实现这个剩余价值的条件之间的矛盾，恰好也会随之而增大。"[1] 剩余价值的生产与剥削发生在价值创造的过程之中，而剩余价值的最终实现则发生在价值实现的过程之中。前者属于生产领域，后者属于流通流域，二者不仅在时空上分离，而且彼此冲突。一方面提高剥削率将有利于在生产领域榨取更多的剩余价值，可却增加了流通领域商品价值实现的难度；另一方面降低剥削率虽然缓解了流通领域价值实现的压力，可又导致生产领域资本获得的利润率水平下降。由此不难发现，剩余价值率构成了矛盾的焦点，其本质反映出资本主义经济制度下劳资之间价值分配的对抗性。

至此，结合前文的分析，可以发现数字技术的应用毫无疑问可以促进生产力的发展，提高劳动生产率，但是与数字技术结合的资本主义其生产关系的本质并没有发生变化，社会化生产与资本主义私人占有形式的不相容这一基本矛盾也依然存在。马克思在《共产党宣言》中写道："资产阶级在它的不到一百年的阶级统治中所创造的生产力，比过去一切世代创造的全部生产力还要多，还要大，自然力的征服，机器的采用，化学在工业和农业中的应用，轮船的行驶，铁路的通行，电报的使用，整个大陆的开垦，河川的通航，仿佛用法术从地下呼唤出来的大量的人口。过去有哪一个世纪能够料想到有这样的生产力蕴藏在社会劳动里呢？"[2] 这充分说明，资本主义为了获取剩余价值，从不会排斥对新技术的应用，甚至会为此成为技术革命与工业革命的推动者。但是，在资本主义生产关系之下，这些新技术最终都被异化成为资本

---

[1] 《资本论》第3卷，人民出版社2004年版，第272~273页。
[2] 《马克思恩格斯选集》第1卷，人民出版社1995年版，第277页。

攫取利润的工具或者手段。"生产力的任何增长——例如科学、发明、劳动的分工和结合、交通工具的改善、世界市场的开辟、机器等等——都不是使工人致富，而只会使资本致富，也就是只会使支配劳动的权力更加增大，只会使资本的生产力增长。"① 因此，在资本主义及其主导的世界体系之中，数字技术的研发与应用也不会成为例外。

当然，资本不仅要获取利润，而且还要获取更多的利润。这就要求经济不能仅进行简单再生产，而且也要持续地扩大再生产。扩大再生产一方面表现为经济增长，另一方面也突显了资本积累的重要性。对于数字经济而言，由于数据本身对价值创造与价值实现具有重要意义，因此资本积累的一个重要组成部分就是获取并占有更多的数据资源，并且积累数据资源的方式也有别于以往。在机器大工业时代，资本积累主要是资本家利用一部分剩余价值购买生产资料与劳动力，进而扩大生产规模。在数字经济时代，除了上述常规方式之外，为了占有数字资源还有很多其他的方式也值得关注。此处，仅以云技术的应用为例加以说明。目前主要的云服务包括云存储和云计算，即购买了云服务的用户可以将自己所需要的软件、硬件以及数据都放到提供云服务的网络平台上，这样用户就不需要在自己的终端设备上安装这样的软件、保存需要的数据，甚至连实现计算与存储的硬件设备都不需要，只要能够联接网络，访问云服务器即可，于是用户就可以在任何时间、任何地点完成数据读取与计算工作。这样的云服务只需要用户缴纳较少的服务费，与自己购置软件、硬件相比，明显可以降低成本。但是，实际上对于提供云服务的网络平台而言，即使受到数据保密协议的约束，但至少也为其掌握用户计算与存储行为相关数据提供了便利。此外，为了在更大范围内占有数据资源，为了更多榨取数字劳动所创造的价值，数字经济时代，跨国的资本积累也需要格外关注。例如，Apple 公司、Amazon 公司以及 Alphabet 公司②各自在美洲的销售额只占其总销售额的42.1%、67.7%以及47.3%，并且长期以来在研发、

---

① 《马克思恩格斯全集》第 30 卷，人民出版社 1995 年版，第 267 页。
② Alphabet 公司由 Google 重组而成，是 Google 的控股公司，旗下还包括 YouTube 等公司。

生产、销售与服务等领域积极进行海外投资，扩大业务范围。以上分析说明，数字经济时代的资本积累具有数字化与全球化的特征。这至少带来两个方面显著的影响：其一，以更低的成本甚至是无成本的方式占有数据资源，获得剩余价值，将进一步加剧资本主义基本矛盾；其二，数字经济时代全球化的资本积累与劳动剥削不仅强化了资本对世界经济的控制力，而且也将资本主义基本矛盾进一步拓展至资本主义世界体系之中，固化"中心—外围结构"，扩大了发展的不平衡性。

　　结合资本积累，还需要对数字劳动进行一点补充说明。高夫（Gough）、谢克和托纳克（Shaikh & Tonak）、莫恩（Mohun）对生产劳动和非生产劳动的理论与划分进行了深入研究，进而为分析非生产劳动对资本积累与经济增长的影响奠定了基础。[①] 罗塔（Rotta）认为，非生产性劳动一方面会提高劳动生产率，促进资本积累，另一方面也会对剩余价值进行分割，从而抑制资本积累。他将知识和信息的生产以及不生产剩余价值的经济活动视为非生产劳动，并利用 VAR 和 VEC 的方法评估了 1947 年至 2011 年美国的生产性资本积累与非生产性资本积累，可以发现非生产劳动对生产性资本积累的间接促进作用大于对利润的挤压作用。换言之，非生产性资本积累虽然消耗了生产劳动带来的剩余，但是对生产性积累仍具有积极影响。由此可以认为在短期内生产性资本积累和非生产性资本积累是相互加强的。[②] 姬旭辉等将零售业、金融业、房地产业等不创造价值的行业视为非生产部门，利用 1995 年至 2011 年世界上 39 个经济体的面板数据进行计量分析，发现非生产劳动规模的过度扩张对资本积累率和经济增长率具有负面影响。[③] 邱海平和姬旭辉还进一步利用中国 1995 年到 2009 年的投入产出数据探讨非生产劳动对经济增长的影响，

　　① Gough I. Marx's Theory of Productive and Unproductive Labour. New Left Review，1972，I/76：47 – 72. Shaikh A.，Tonak A. Measuring the Wealth of Nations：The Political Economy of National Accounts. New York：Cambridge University Press，1994. Mohun S. Productive and Unproductive Labor in the Labor Theory of Value. Review of Radical Political Economics，1996，28（4）：30 – 54.

　　② Rotta T. N. Productive Stagnation and Unproductive Accumulation：An Econometric Analysis of the United States. Green-wich Papers in Political Economy，2015.

　　③ 姬旭辉、邱海平、冯志轩：《非生产劳动与经济增长——基于 39 个国家面板数据的实证分析》，载于《经济学家》2016 年第 1 期，第 22～32 页。

并指出虽然当前中国的非生产劳动与美国等西方发达主义国家相比仍处于一个较低水平，但过度的非生产劳动增加也将对经济增长产生负面影响。[1] 奥尔森（Olsen）将非生产劳动纳入马克思主义经济增长模型，通过模拟发现引入非生产劳动之后，经济增长率会有所下降，若在非生产劳动的增长模型中加入技术变革又会促进经济增长率重新上升。其中生产部门内部的非生产劳动可以起到增加工人工作强度与促进技术创新等方面的积极作用，进而有利于增加相对剩余价值，从而促进增长。[2] 综合上述研究可以发现，从社会总劳动的角度来看，非生产劳动的比例过高或者过低都将对经济增长产生不利影响，只有保持在一个适当的比例之上，才能够发挥其提高效率的作用，从而促进生产资本的积累与扩大再生产。这一结论对于数字经济时代的数字劳动也具有重要的启示，虽然数据资源愈发重要，但是经济社会的运行与发展终究是需要建立在物质生产的基础之上，因此在重视发展数字经济的同时，也必须规避数字劳动对生产劳动时间的过度挤压和以数字经济作为噱头的投机泡沫出现。

六、结语

数字技术内容涉及之广、对经济社会发展影响之大，注定了数字经济时代资本主义生产方式必将发生深刻的变革。虽然马克思对资本主义生产关系的剖析与批判主要针对机器大工业时代，但是其理论体系对于当今资本主义经济的数字化研究依然具有无可置疑的适用性与解释力。基于唯物史观，伴随着信息通信技术、物联网、大数据、人工智能、机器人以及3D打印等技术的广泛应用，社会生产力发展水平将得到极大的提升，但是无论新型机器对人类脑力劳动的替代，还是平台资本对利润的攫取，都将导致劳资之间的对立关系进一步加深，生产相对过剩与劳动相对过剩的问题势必进一步加剧。

---

[1]　邱海平、姬旭辉：《论非生产劳动与经济增长——以中国1995年–2009年为例》，载于《马克思主义研究》2016年第3期，第83～94页。

[2]　Olsen E. K. Unproductive Activity and Endogenous Technological Change in a Marxian Model of Economic Reproduction and Growth. Review of Radical Political Economics, 2015, 47 (1): 34–55.

并且，由于数据之于生产力的发展变得愈发重要，资本通过多种新技术手段竭力去占有数据资源，这种数字资源的积累不仅对扩大再生产、提高劳动生产率具有重要作用，而且也提升了资本的集中程度，增强了资本的垄断性，调整了社会总利润在不同类型资本之间的分配结构。因此，数字技术的应用并没有触动或者改变资本主义生产关系的本质，数字经济中依然蕴含着不可调和的资本主义基本矛盾。当然，新技术革命与新工业革命还在不断发展，数字经济时代的资本主义生产方式也还尚未定型，未来仍需持续关注研究。但是，结合资本主义基本矛盾去把握资本主义生产方式演进的特点，将构成理解资本主义发达国家经济政策选择、资本主义经济危机以及资本主义全球化等重大现实问题的理论基础，同时对中国更好更快地发展数字经济，建设现代化经济体系，实现第二个百年目标也具有重要的启示意义。

（原文发表于《当代经济研究》2019 年第 5 期）

平台经济全球化的政治经济学分析

谢富胜 吴 越 王生升*

以数字化、智能化和网络化为核心特征，人类社会正迎来新一轮工业革命。在资本主义发达国家，随着云计算、大数据、物联网、机器学习等数字技术体系的发展，各种基于互联网的商业模式和产业形态重组了社会生产与再生产的各个过程。例如，人们点击智能手机就可在优步（Uber）上预约车辆出行，在爱彼迎（Airbnb）上预约民宿租住，在巧手匠（Handy）上预约房屋清洁服务；企业不仅可由通用电气的工业云平台 Predix 实时监控流水线和库存，还可以通过亚马逊网络服务（Amazon Web Service）平台的虚拟服务器功能，进行数据的计算和存储。这场正在迅速发展的经济组织变革，引起了学术界的广泛关注。学者们分别基于不同的视角，以"共享经济"、"分享经济"、"零工经济"、"平台经济"、"数字经济"等新的经济范畴加以概括和分析。

在西方传统经济学界，有的学者聚焦于以优步为代表的共享经济，认为这种经济组织形式引发了资本主义从私人占有转向资源共享与共同创造的革命，着重分析它在提升资源配置效率、拓展社会劳动组织形式、推进环境保护等具体方面的积极作用。[①] 有的将具有间接网络效应的企业，视为一种居于企业和市场之间的新型经济主体即平台，并基于罗歇和梯若尔的双边市场理

---

* 谢富胜：中国人民大学经济学院；吴越：中国人民大学经济学院；王生升：南开大学马克思主义学院。

① 参见 B. Botsman，R. Rogers. What's Mine is Yours：The Rise of Collaborative Consumption. New York：Harper Business，2010. A. Sundararajan. The Sharing Economy：The End of Employment and the Rise of Crowd – Based Capitalism. Cambridge：The MIT Press，2016.

论①考察平台的竞争策略、价格结构和反垄断问题。② 国外管理学界的学者从计算机科学中，借鉴意为"作为多种相关产品基础的组件集合"③ 的"平台"一词，描述搭建技术体系的模块化架构，或进行竞争和创新的组织单元，从平台的经济特性、平台竞争和创新策略等方面进行技术性分析。④ 国内经济学及管理学界对双（多）边平台的竞争和管理策略进行了详细介绍，并作了一些有益的拓展。⑤ 此外，国外传播政治经济学有学者考察数字时代，社会生活的商品化进程和各类数字劳动者的不稳定化生存状况。⑥ 法学界的学者着重讨论互联网新经济范畴中，平台的法律地位和劳动关系类型的认定等问题。⑦ 在国外政治经济学研究的一些学者重视数字技术条件下，社会网络的核心组织形式平台的兴起，并以"平台经济"或"平台资本主义"对新经济范畴加以概括。在此基础上，他们或考察平台兴起的技术背景，预言这种组织方式将带来经济总体的革命性重组；⑧ 或着眼于数据的重要作用，探讨平台的起源与

---

① J. C. Rochet, J. Tirole. Platform Competition in Two-Sided Markets. Journal of the European Economic Association, vol. 1, no. 4, 2003：990-1029.

② 参见 M. Armstron. Competition in Two-Sided Market. The RAND Journal of Economics, vol. 37, no. 3, 2006：668-691；戴维·埃文斯：《平台经济学：多边平台产业论文集》，周勤等译，经济科学出版社2016年版。

③ 参见 D. Garlan, D. Perry. Introduction to the Special Issue on Software Architecture. IEEE Transactions on Software Engineering, vol. 21, no. 4, 1995：269-274.

④ 参见安娜贝拉·加威尔、迈尔克·库苏麦诺：《平台领导：英特尔、微软和思科公司如何推动行业创新》，袁申国、刘兰凤译，广东经济出版社2007年版；A. Gawer. Platforms, Markets and Innovation. Cheltenham：Edward Elgar, 2009；杰奥夫雷·G. 帕克、马歇尔·W. 范·埃尔斯泰恩、桑基特·保罗·邱达利：《平台革命：改变世界的商业模式》，志鹏译，机械工业出版社2017年版。

⑤ 参见徐晋、张祥建：《平台经济学初探》，载于《中国工业经济》2006年第5期；华中生：《网络环境下的平台服务及其管理问题》，载于《管理科学学报》2013年第12期。

⑥ 参见 C. Fuchs. Digital Labour and Karl Marx. New York：Routledge, 2013. U. Huws. Labor in the Global Digital Economy：The Cybertariat Comes of Age. New York：Monthly Review Press, 2014.

⑦ 参见 B. Rogers. Employment Rights in the Platform Economy：Getting Back to Basics. Harvard Law & Policy Review, vol. 10, no. 2, 2016：479-520；蒋大兴、王首杰：《共享经济的法律规制》，载于《中国社会科学》2017年第9期。

⑧ 参见 M. Kenney, J. Zysman. The Rise of the Platform Economy. Issues in Science and Technology, vol. 32, no. 3, 2016：61-69；K. E. Kushidaetal. . Cloud Computing：From Scarcity to Abundance. Journal of Industry, Competition and Trade, vol. 15, no. 1, 2015：5-19.

运行逻辑，特别是数据攫取逻辑支配下平台间竞争的发展趋势；① 或讨论平台的垄断倾向，以及平台企业和风险资本间的关系问题。② 国内马克思主义学者还反思了数字经济带来的生产过剩和过度金融化问题。③

对于这场正在兴起的新科学技术革命，从不同方面跨学科的研究，促进了人们对数字技术体系下新经济组织形式的认识，但远未形成科学和统一的分析框架。多边市场理论认知双（多）边平台型企业不同于传统企业，但如马克思指出的，简单地使用归纳法，会错误地"把构成发展的差别抛掉，使一切都归结为某种现实的经济关系"。④ 管理学学者着眼于技术和组织革新，但对社会经济总体在新技术条件下发生的变革缺乏研究。已有的政治经济学研究虽刻画了数字技术下新经济组织形式的兴起，但从数字技术变革条件下社会再生产的总体角度，对这种经济组织形式的认识存在不足。为了深化对数字技术条件下新经济组织形式的认知，需要在辨析各种新经济范畴的基础上，依据马克思主义政治经济学原理，回答涉及资本主义生产方式的一系列问题，如这种新组织形式的本质是什么、有何特性、将会怎样发展等。本文分析表明，这种生产与再生产的新组织形式，仍然是数字技术体系下因应资本积累的需要而产生的。它们在推动资本主义生产发展的同时，也蕴含着其不可避免的内在矛盾。以下分为四个方面阐述：（1）平台经济特征，（2）平台经济的组织间关系导致的动态不完全竞争，（3）平台经济的劳动与资本间关系，（4）资本积累过程中的平台经济矛盾，最后是结论。

---

① 参见尼克·斯尔尼塞克：《平台资本主义》，程水英译，广东人民出版社 2018 年版；S. West. Data Capitalism：Redefining the Logics of Surveillance and Privacy. Business & Society，vol. 58，no. 1，2019：20 – 41.

② 参见 A. Schwarz. Mastering One's Domain：Some Key Principles of Platform Capitalism. Tinius Trust，vol. 1，no. 1，2016：65 – 70；P. Langley，A. Leyshon. Platform Capitalism：The Intermediation and Capitalisation of Digital Economic Circulation，Finance and Society，vol. 3，no. 1，2017：11 – 31.

③ 参见夏莹：《论共享经济的"资本主义"属性及其内在矛盾》，载于《山东社会科学》2017年第 8 期；王彬彬、李晓燕：《互联网平台组织的源起、本质、缺陷与制度重构》，载于《马克思主义研究》2018 年第 12 期。

④ 《马克思恩格斯全集》第 30 卷，人民出版社 1995 年版，第 205 页。

一、平台经济：范畴、特性与类型

目前由西方学术界传播的、用于概括数字技术体系基础上新组织形式的范畴，主要有"共享经济"、"分享经济"、"零工经济"、"数字经济"和"数字资本主义"等。究竟哪一种更确切地适合概括这种新的组织形式呢？下面从多角度辨析它们的内涵，进而主张"平台经济"概念可能最适合概括其表征。

（一）新业态或新组织形式的相关概念辨析

"共享经济"（sharing economy）起源于21世纪初新兴的互联网开源项目和社区自发的互助拼车行为，最初主要指基于闲置资源共享利用、协同生产和社区互助的社会经济活动。[①] 直到2010年后，以优步和爱彼迎为代表的硅谷新组织形式大量出现，"共享经济"才作为一种富有希望的商业模式，迅速进入国内外主流媒体和学术界的视野。现在，"共享经济"已发展为大规模出租闲置资源和空闲劳动时间的中介服务代名词。"分享经济"（share economy）最初是指"20世纪80年代美国经济学家为解决国内滞胀问题，提出的将工资与企业利润关联的理论"，[②] 用它来描述当前的组织形式纯属误用。这种误用多是由英语中"share"一词具有"分享"与"共享"的双重含义引起，目前无论是在社会生活还是学术研究中，"分享经济"都已成为"共享经济"的同义词。"零工经济"（gig economy）中的"零工"（gig）一词，起源于20世纪初的美国，最初指"雇佣音乐家演奏的某一特定曲目或仅持续一晚的演出"，[③] 后来被用于指代仅为完成某一特定任务的非正式计件工作。互联网时代的"零工经济"，系指数量众多的劳动者作为"独立承包人"，通过互联网

---

① 参见 Y. Benkler. Sharing Nicely: On Shareable Goods and the Emergence of Sharing as a Modality of Economic Production. The Yale Law Journal, vol. 114, no. 2, 2004: 273 – 358.

② 参见丁晓钦、程恩富：《共享发展：中国特色社会主义政治经济学的新话术——兼论分享经济、劳动与资本的双修复》，载于《理论导报》2016年第7期。

③ 参见 G. Friedman. Workers without Employers: Shadow Corporations and the Rise of the Gig Economy. Review of Keynesian Economics, vol. 2, no. 2, 2014: 171 – 188.

企业的中介自主地提供计件工作的经济形式。"数字资本主义"（digital capitalism）的概念由传播政治经济学学者丹·希勒提出，用以概括 20 世纪末展示的新形势，指电脑网络空间"在拓展市场有效范围的同时……正在扩大资本主义经济中的社会与文化的范围"。① 随着数字互联网技术的发展与应用，"数字经济"和"数字资本主义"，逐渐成为基于数字技术体系日益庞大的新经济形式的总括概念。

可以看出，以上几种概括都仅聚焦于新经济组织形式的某一方面特征，并非从社会生产和再生产的角度，全面认识这种组织形式的特征。"共享经济"专注于闲置资源共享利用和协同生产的表面描述，缺乏对社会生产力进步下参与"共享"的不同主体间经济关系的分析。"零工经济"看到了劳动雇佣方式的新变化，但忽视了这是社会生产与再生产过程发生组织变革的结果。"数字经济"和"数字资本主义"强调这种新组织形式的物理存在形式以数字技术为基础，但对于这种组织内部的分工与各方经济关系缺乏分析。它们都仅着眼于数字技术发展条件下，社会生产和再生产的数字化和集中化趋势在交换关系、劳资关系、技术形式等方面的某些映像，存在"盲人摸象"般的不足。

值得注意的是，着眼于经济体中主导性组织形式，斯尔尼塞克提出了"平台资本主义"（platform capitalism）② 这一极为深刻的概括。在某种程度上，不同的经济社会形态的确可以由主导性的组织形式来概括。但平台企业和平台体系目前尚未发展成形，或许在不远的将来可能成长为如过去近百年福特主义那样占主导地位的组织，至少在目前"平台资本主义"还不是恰当的概括。

（二）平台经济及其特性

要对这种新经济组织形式进行恰当概括，首先需要分析数字技术的变革，

---

① 丹·希勒：《数字资本主义》，杨立平译，江西人民出版社 2001 年版，第 12 页。
② 尼克·斯尔尼塞克：《平台资本主义》，程水英译，广东人民出版社 2018 年版。

以及它对社会生产和再生产过程的重塑。新生的数字技术体系，以发达的数据采集和传输系统（各种智能传感器网络和搭载其上的软件系统）为基础，使得将现实物理世界中越来越多种的信息，标准化为海量的二进制可编程数字信息成为可能。但更为重要的是，飞速提升的计算机硬件与先进的云计算技术相结合，为全社会提供了巨大、廉价且普及的算力。这种算力推动基于人工智能等强大算法的应用程序体系运转，针对需求进行着海量数字信息的处理。处理的结果再次通过响应，向接入网络的人与物传递，实现对部分生产与再生产活动的模拟和控制，或使某些目的性活动直接实现。发达的数字技术体系，对现实世界的信息实现了数字化的抽象同构，进行数字信息的快速处理和传递，造就了广泛集成社会生产、分配、交换与消费关系的能力。其具体应用包括，通过云计算为全社会集中提供最底层的互联网硬件和软件，为产品和服务的跨地区和跨品类交易提供一般性的数字场所，以及提供全球化数字社交的媒介设施，等等。

我们将这种可以收集、处理并传输生产、分配、交换与消费等经济活动信息的一般性数字化基础设施，称为数字平台，它为数字化的人类生产与再生产活动提供基础性的算力、数据存储、工具和规则。那些运营和维护数字平台，并依赖数字平台参与社会经济运行的新型企业组织，可称为平台组织。这种新生的组织形式在竞争中对社会生产和再生产活动，进行了基于数字化逻辑的革命，除与平台直接相关的各种社会活动外，原有的产业和产业组织活动也会被重塑并整合纳入平台的运行逻辑。平台组织在经济的循环和周转过程中，与经济中其他主体所形成的各种经济联系的总体，就是平台经济。平台经济以敏感的数据采集和传输系统、发达的算力和功能强大的数据处理算法为基础，以数字平台为核心，可以跨时空跨国界跨部门地集成生产、分配、交换与消费活动的信息，促进社会生产与再生产过程顺利进行。

数字平台具有巨大的规模效应和网络效应。数字技术体系使得不同地域和部门中具有相似逻辑的经济活动，都集成到同一数字平台上进行。这意味着，同一套硬件、软件和管理组织取代了原来分散的经济组织，用户的增加意味着初始投入成本的直接摊薄，即具有供给方的规模效应。由于数字技术的高度抽象性和流动性，地理时空界限和企业内部管理能力局限，对数字平台供给方规模效应的作用范围所施加的上限，远高于传统工业和商业企业。数字平台的网络效应兼具直接和间接两类。直接网络效应系指某一产品或服务的使用者数量的增多，会提升其使用价值。例如，作为熟人社交的数字化基础设施，脸书网（Facebook）的用户越多，就越能充当熟人社交的数字媒介。间接网络效应是指产品或服务的某一类使用者增多，会提升它对于其他类使用者的使用价值。如亚马逊网上商城作为商品交易的数字化基础设施，买家增多可使卖家的商品销量更大、出售更迅速，卖家增多又可使买家更容易买到需要的商品。网络效应使得平台用户的平均付费意愿，随用户规模的增长而增加，因此也称为需求方的规模效应。[①]

此外，数字技术体系通过记录生产、分配、交换与消费活动而产生的数据，可以被一般性地用于生产过程的改良，通过技术革新促进劳动生产率的提高；也可被一般性地用于社会需要的研究与开发，以改善产品和服务，更能适应社会需要。这种使用价值的一般性，既缘于人类社会生产与消费活动的一般性，也缘于数据可以被无限复制、被多个主体同时使用的低成本或零成本。我们将这种潜在的使用价值称为数据的潜在生产力，通常运用大数据技术进行开发。

（三）平台组织和平台经济的类型

已有研究通常根据平台组织所出售的产品或服务类型，或用户通过平台组织的中介所进行的互动类型，对平台组织进行粗略分类。我们认为，平台组织是通过集成社会生产与再生产活动参与总体经济运行的，应当根据它们在社会生产与再生产中的角色与功能进行分类。由于少数互联网巨头企业占有大多数数字平台，同一平台企业可能拥有几种不同类的平台组织。平台经济运行的核心是平台组织本身，平台经济也可以根据其核心平台组织的类型

[①]　参见杰奥夫雷·G. 帕克、马歇尔·W. 范·埃尔斯泰恩、桑基特·保罗·邱达利：《平台革命改变世界的商业模式》，机械工业出版社 2017 年版，第 19 页。

进行分类。

第一类平台组织促进商品和劳务的流通，通过提供产品和服务的线上交易中介服务，向卖方收取服务费或从交易金额中抽成。美国的亚马逊公司是典型的产品线上交易中介。它运营的网站允许世界各地的卖家通过文字描述和图片展示商品，而世界各地的买者可以进行商品检索和筛选，购买商品。谷歌和苹果各自运营的应用程序商店，则是应用程序线上交易中介的典型代表。它们制定了搭载应用程序的操作系统和应用程序的开发规则。美国的爱彼迎、优步和巧手匠等企业组织，是服务的线上交易中介的代表，这种交易的逻辑和形式也与前两类相似。后两种组织都认为，与服务提供者之间不存在雇佣关系，不需为其提供劳动资料和社会保障。

第二类平台组织便利信息传递和社会交往，提供免费的社交媒体和搜索引擎服务，通过出售广告位获取收入。社交媒体最具代表性的，是脸书公司运营的脸书网。它在数据库中为用户创造了一个虚拟身份，用户可以选择在自己和他人的虚拟身份间形成"好友"关系，通过该网站或程序的功能，与朋友进行网上互动。搜索引擎的典型代表是谷歌搜索。它通过开发搜索与排序算法和部署服务器，为用户提供通过关键词和运算符检索公开网页的功能，并对检索到的网页进行智能排序。

第三类平台组织为整个平台经济的运行，提供数字化的物质技术基础，向使用者出租互联网硬件和软件，收取租金费用。这类平台在技术上可分为"将基础设施作为服务"和"将平台作为服务"两类。（1）将基础设施作为服务，把"处理、存储、网络以及基础计算资源"，[①] 通过技术手段封装成可模块化调用的服务，供用户使用。其中最典型的是亚马逊网络服务，为各类互联网企业提供弹性云计算、云存储等服务。这类服务本质上是对硬件（算力、存储空间等）的出租。（2）将平台作为服务系指提供应用程序的运营环境，让用户可以"使用服务提供者所支持的编程语言、资源库、服务和工

---

① 参见 P. Mell，T. Grance. The NIST Definition of Cloud Computing. Gaithersbug：US National Institute of Standards and Technology，2011.

具"，① 开发自己的应用程序。其中最典型的是谷歌应用引擎和通用电气工业互联网平台。谷歌应用引擎提供一系列可直接调用的应用程序编程接口，允许用户编程调用库中的方法，或"通过应用程序编程接口使用谷歌应用程序引擎提供的服务"。② 通用电气工业互联网平台的运行逻辑与此类似，它提供的服务针对的是工业的数字化需求。

作为拥有、运营和维护数字平台的经济实体单元，平台组织无论类型如何，都借助对关键数字化基础设施的垄断，引导甚至决定产品及信息生产与交换的走向。拥有数字平台也就意味着，占有了用户在数字平台上产生的数据。马克思揭示，工人"协作发挥的劳动的社会生产力表现为资本的生产力"，③ 被雇佣他们的资本家所占有。平台数据的潜在生产力也会被数字基础设施所有者占有。

近年来，以平台组织为核心的平台经济，正随着平台组织的发展而迅速壮大。目前，各国并没有发布以平台经济范畴进行统计的官方机构权威数据。美国商务部经济分析局的数字经济估算，包括数字使能基础设施（digital-enabling infrastructure）部门、电子商务部门和数字媒体部门，④ 与本文平台经济范围较为接近。我们以该数字经济数据对美国平台经济作近似估计。2006～2016 年美国数字经济年均增长率达 7.8%，同期美国 GDP 增长率仅为1.5%。⑤ 到 2017 年美国数字经济产值占 GDP 的比重已达 6.9%，所贡献的就业占总就业人口的 3.3%。⑥ 截至 2019 年 4 月 12 日，美国前五大数字平台公司苹果、微软、亚马逊、谷歌、脸书网的市值总额已达 4.14 万亿美元，2018

---

① 参见 P. Mell, T. Grance. The NIST Definition of Cloud Computing.

② 参见刘鹏主编：《云计算》，电子工业出版社 2015 年版，第 79～80 页。

③ 《马克思恩格斯全集》第 44 卷，人民出版社 2001 年版，第 388 页。

④ 参见 U. S. Bureau of Economic Analysis. Defining and Measuring the Digital Economy. 2018 – 03 – 15，https：//www. bea. gov/research/papers/2018/defining – and – measuring – digital – economy，2019 – 05 – 15。

⑤ 参见 U. S. Bureau of Economic Analysis. Measuring the Digital Economy. 2019 – 04 – 01，https：//www. bea. gov/media/5481，2019 – 05 – 15。

⑥ 参见 U. S. Bureau of Economic Analysis. Digital Economy Accounted for 6. 9 Percent of GDP in 2017. 2019 – 04 – 04，https：//www. bea. gov/news/blog/2019 – 04 – 04/digital – economy – accounted – 69 – percent – gdp – 2017，2019 – 05 – 15。

财年的净收入总额达 1413.74 亿美元。①

二、平台经济中的组织间关系：动态的不完全竞争

马克思写道，在资本主义市场经济中，企业组织"不承认任何别的权威，只承认竞争的权威，只承认他们互相利益的压力加在他们身上的强制"。② 各种不同形式的数字平台组织在现有生产力水平下的优势地位，是在市场竞争过程中建立的。平台经济中各类组织形式之间的竞争关系，以数字平台的规模效应、网络效应以及数据的潜在生产力为基础，具有天然的垄断倾向。但平台组织仍需依赖非平台组织完成价值增殖的循环；社会需要和数字技术的迅速变动，为小平台的创立和成长提供了可能性和必要性，大小平台始终处于动态的嵌套型层级结构和竞争中；大型平台之间则基于不断发展的平台体系进行着持久的垄断竞争。

（一）平台组织与非平台组织之间的竞争：支配－依赖关系

平台组织通常并不直接参与物质资料生产过程，它主要依赖非平台组织来完成价值增殖的循环。但是，平台组织控制了生产与交换所必需的数字化基础设施和数据的潜在生产力，这种依赖关系又以平台对非平台的支配为主要特征。

就同行业内的竞争而言，这种支配性表现为平台组织在许多领域挤出了非平台组织。以商品的一般流通领域为例，亚马逊等全球性网上商城取消了中间商的层层加价，扩展了市场范围和交换深度。亚马逊平台上大规模的"真实用户评价"和"一系列实用的用户和运营分析工具"，还可以帮助卖家提炼用户的核心需要，帮助"产品的具体化分析与研发"。③ 为第三方卖家提

---

① 数据来自美国证券交易委员会官方网站（www.SEC.gov）内各公司提交的 2018 年 10－K 文件，以及 Wind 数据库中各公司 2019 年 4 月 12 日的市值数据。

② 《马克思恩格斯全集》第 44 卷，人民出版社 2001 年版，第 412 页。

③ 参见《大卖家现身说法：如何实现 300% 年销售额提升》，2017－07－25，https://gs.amazon.cn/amazon－business/seller－success－3.html，2019－05－15。

供仓储配送一体服务的亚马逊物流服务，也使得卖家可以实时查看整体库存状况和销量统计，加快了平台线上商品价值的实现。相对于各地实体店经销商，亚马逊网上商城因而具有压倒性优势，导致前者在许多领域的中小商业组织大规模灭亡，及其大型商业组织的价值损失。

就上下游的竞争而言，平台组织虽然依赖于非平台组织完成价值增殖的循环，但因为垄断了数字化基础设施和数据的潜在生产力，因而控制着非平台组织。这可以由苹果公司和它的供应商之间的支配—依赖关系得到说明。2004~2012年，苹果的税前利润率从4.47%逐年上升到了35.63%，此后一直在30%上下波动。[①] 而作为苹果的主要外包生产商之一的富士康，税前利润率从2004年的6.54%下降到2011年的2.97%，之后的逐渐回升仅至4%左右。[②] 狭窄的利润空间使得富士康不得不"经常试图偷工减料，或者用便宜的替代品代替昂贵的化学制品……迫使工人做得更快、工作时间更长"。[③] 通用电气的工业云平台对使用它的工厂也形成类似的支配—依赖关系。作为一个"可用于任何工业设备的、搭载特定应用程序的平台"，[④] 它向工业互联网软件的第三方开发者和使用者开放。凭借对工业程序开发和发行的垄断，它可从交易中抽取利润。更为重要的是，它还能借此掌握大量制造业工厂的实时生产信息，用于不断优化其工业互联网平台的软硬件设施。这使得非平台的工业组织日益依赖通用电气的工业云平台等，进行生产的组织和管理。

（二）大小平台间的竞争：动态的嵌套型层级结构

平台组织间竞争关系的最显著特征，是大平台对于小平台的相对控制。

---

① 数据由苹果公司2004~2016财年年报计算得出，苹果公司年报参见 https：//investor. Apple. com/investor‐relations/sec‐filings/default. aspx，2019‐05‐15。

② 数据由鸿海科技集团2004~2016年年报计算得出，鸿海科技集团年报参见 http：//www. foxconn. com. tw/Investors/Service_Information. html？index＝3，2019‐05‐15。

③ 参见纽约时报中文网编辑部：《苹果经济学》，浙江出版集团数字传媒有限公司2015年版，第36页。

④ 参见 N. Agarwal, A. Berm. Strategic Business Transformation through Technology Convergence：Implications from General Electric's Industrial Internet Initiative. International Journal of Technology Management, vol. 67, nos. 2‐4, 2015：196‐214.

全球大大小小的平台企业组织，在产品与服务的提供上互为上下游，在股权投资关系上互为投资方和被投资方，形成了控制与依赖紧密维系的"嵌套型层级结构"。[①] 这种竞争关系的形成，既是数字平台技术特性带来的自然垄断倾向的结果，也是现代产业－金融体系运行逻辑的产物。

高度抽象与灵活的数字平台引发的巨大规模效应、网络效应和数据的潜在生产力，使得平台组织具有天然的垄断倾向。这首先导致平台组织以基于数字技术体系所整合的经济部门为限，形成嵌套型的不完全竞争格局。提供基础算力和数据存储的平台组织位于最底层；提供各类型开发工具的平台组织位于较上一层；提供实际应用软件的平台组织位于最上层；提供各层面规则和交易场所的平台组织则穿插其中。每一层中的每一种经济类型，通常为少数几个平台组织所垄断。这种自然垄断倾向，不仅体现为大平台对于服务器计算和存储能力、算法、操作系统等实体的垄断，也体现在它们通过数字化基础设施构建的、对生产和再生产过程的垄断控制。例如，脸书公司在一系列社交应用内，对新兴应用的广告推荐力度，极大地影响了其接触者和使用量，在某种程度上决定了新兴应用的发展速度，甚至发展前景。

大平台对小平台的相对控制，也是现代产业—金融体系运行逻辑的结果。网络效应和转移成本的存在，意味着初创平台必须发现新的有潜力的技术，或新的需要实现模式，才能突破大平台的封锁。但是，新的技术和模式又必须依赖既有的大平台进行生产、提供和推广。大平台本身具有模仿初创平台的技术或需要实现模式的强大能力，对小平台施加着强大的竞争压力。开拓新领域的小平台，在创立初期通常缺乏平台扩张的资本金。而大型平台的垄断地位使其拥有充盈的流动资金，可以对小平台进行大规模的投资和并购。这就造成了初创小平台多被少数大型平台收购，或被纳入由后者大比例参股的嵌套型层级结构。

在这种情况下，集中和垄断成为必然趋势。但是，这种集中和垄断实际上并没有排斥垄断平台的更替，甚至依赖于平台更替来维持整个平台经济的

① A. Schwarz. Mastering One's Domain：Some Key Principles of Platform Capitalism.

积累体系。这是因为随着大型平台对社会生产和再生产控制权的集中，大型平台往往难以迅速开发和应对新的社会需要、革新技术和组织。而市场规模的扩大和交换深度的拓展，带来的不确定性和潜在竞争压力，又迫使大型平台不得不采取某些措施应对上述挑战，以维护对数字化基础设施、数据和生产与再生产过程的垄断权。对已经具有一定规模的小平台进行投资或收购，是一种能兼顾上述两方面的措施，为小平台不断产生和迅速成长提供了可能性和必要性。马克思分析了资本积累规律的活动形式，单个资本间的"互相排斥"，包括"从原资本上会分出枝权来，作为新的独立资本执行职能"。① 否则，资本的积聚和集中，"如果没有相反的趋势总是在向心力之旁又起离心作用，这个过程很快就会使资本主义生产崩溃"。② 优步、爱彼迎等新领域的小平台，在各自擅长的领域谋求垄断，巩固之后便可以继续通过融资、上市等方法支持投资、研发和并购。如果战略制定和执行得当，它们仍有可能逐渐成长为大型平台，是相关领域中原有大型平台的潜在竞争对手。

（三）大型平台间的垄断竞争：基于平台系统的创新竞争

通过一系列相互兼容、补充和依赖的数字平台，大型平台可以构建一个平台系统。平台系统急剧增加了用户在不同大型平台的产品间切换的转移成本，利于大型平台垄断地位的维护，因此成为大型平台相互进行垄断竞争的基础。大型平台垄断竞争的赢家，必须不断技术创新，才能对未来生产与交换施加影响。

平台系统的垄断性可以由苹果公司的产品加以说明。苹果公司推出的智能手机、个人电脑、智能手表等产品系列，搭载有苹果专属操作系统、苹果应用程序的专属发布平台，以及长期累积的各种苹果专属的应用程序，构成了以苹果手机、电脑为核心的平台系统。相较于单个平台，平台系统内不同平台的交互与配合创造出新的使用价值，消费者转移成本的提高，阻碍用户

---

① 《马克思恩格斯全集》第44卷，人民出版社2001年版，第721页。
② 《马克思恩格斯全集》第46卷，人民出版社2003年版，第275页。

在多个平台系统之间的选择和转移，加强了苹果公司的垄断地位。

基于数字控制的大型平台间竞争，不仅垄断现在的生产与再生产过程，更在于引领和控制未来的生产与再生产过程和创新方向。平台数据及对生产与再生产的影响力，通常仅在相近领域间具有较大的转化能力。平台系统抢占先机并保持垄断影响的努力，表现为不断新建和发展相互补充和依赖的数字平台的努力，也就表现为构建更大更广泛的平台系统的努力。亚马逊公司是维护平台系统垄断最典型的成功案例。它依赖自身的在线购物平台推出了面向第三方的交易市场和物流服务，随着自身数据计算量的上升，开始向各类型互联网企业提供云计算、云存储等服务，随后还通过并购和研发，开发了可以搭载第三方应用程序的智能音箱和智能语音助手等。凭借不断增多和发展又相互补充及依赖的各类平台，平台系统使亚马逊在 2018 年，成为继苹果公司后第二个市值超过一万亿美元的公司。

构建数字平台并在社会生产与再生产中进行推广的过程，是众多平台组织相互竞争，直至建立少数几家大公司寡头垄断地位的过程。其间大多数平台被市场淘汰，大多数投资丧失价值；非平台组织更被大规模地挤出了市场，或也开始采取基于平台的组织形式。同时，开创新领域的小平台不断涌现和成长，大型平台间的组织竞争日益尖锐，形成的动态嵌套型平台层级结构，与少数几家不断发展和对抗的巨型平台系统一起，形成了平台经济下组织间的动态不完全竞争格局。

三、平台经济的劳资间关系：就业不稳定化与劳动力再生产过程的形塑

作为适应数字技术体系的社会生产和再生产新组织形式，平台经济缩短了商品生产的社会必要劳动时间，便利了商品价值的实现，极大地提高了商品周转速度和货币流通速度，在资本积累驱动下造就的产业后备军越来越庞大。平台组织依靠广泛采集和传递信息的数字平台，得以重组劳动过程，使知识劳动、传统劳动和新纳入的社会劳动对资本的形式隶属，日益向实际隶属转变。这种隶属的典型表现就是日益加深的就业不稳定化（precarious）趋势。借助数字平台强大的信息渗透能力和"产消者"（prosumer）活动的发

展，劳动力再生产过程被进一步纳入资本积累的逻辑，以不断扩大的社会需要保证资本积累的稳定进行。

（一）知识劳动的不稳定化："众包"革命与技能退化

随着数字平台兴起并趋于集中化，知识劳动者正经历工匠劳动者曾经历的退化和贬值，逐步陷入工作和收入不稳定化的境地。通过平台进行的数据标准化采集和处理，减化和降低了大多数从事统计和管理工作的劳动者技能及其需求；基于数字互联网逻辑对知识劳动进行的科学分解和重组，使得大型平台企业可以便捷地使用"众包"（crowdsourcing）、离岸外包等方式，降低雇佣知识劳动者的成本。

在知识劳动领域，平台企业引领的"众包"革命，使资本持续获得高技能知识劳动者的无酬努力。软件开发行业是一个典型案例。苹果公司和谷歌公司为首的应用程序商店，出售的应用程序通常来自众多的第三方软件开发者。他们与平台签订协议，以平台运营的操作系统为基础，自主开发应用程序，在应用程序商店线上发行。用户购买并下载所需软件，向开发者提供一定的数据使用权限。平台从用户向开发者支付的费用中抽成，并取得一部分统计数据。

相关研究表明，"众包"模式下的软件开发者往往表现出"强大的自我控制、自我商品化和自我理性化"能力，[1] 因为他们的收入完全来自购买或使用软件的用户。他们在市场上完全自负盈亏，独立安排、监督和管理自己的工作活动，需要持续更新已有的知识技能。激烈的竞争压力，迫使他们主动选择越来越高的劳动强度和越来越长的劳动时间。在软件开发的全过程中，平台并不直接监督和控制"众包"开发者的劳动过程，只是不断教诲他们"个人的成功取决于个人能力的提高，这种提高会增加他们的就业能力"。[2] 内化

---

① 参见 B. Bergvall - Kreborn, D. Howcroft. The Future's Bright, the Future's Mobile: A Study of Apple and Google Mobile Application Developers. Work, Employment and Society vol. 27, no. 6, 2013: 964 - 981.

② 参见 F. S. Previtali, C. C. Fagiani. Deskilling and Degradation of Labour in Contemporary Capitalism: The Continuing Relevance of Braverman. Work Organisation, Labour & Globalisation, vol. 9, no. 1, 2015: 76 - 91.

了这种个人主义价值观的软件开发者，被迫日益模糊自己工作和生活之间的时空界限。

劳动与资本的关系从形式隶属向实际隶属的转变是辩证发展的。马克思指出，"第一种形式总是第二种形式的先驱，尽管第二种更发达的形式又可能成为在新的生产部门中采取第一种形式的基础。"[1] 过去30年间，软件开发行业劳动者最初的确具有一定技能上的垄断权力，但随着信息技术扩散导致的劳动退化和平台企业引领的"众包"革命，面对不稳定的工作和收入，他们处于转向实际隶属于资本的过程中。而苹果公司和谷歌公司作为应用软件的发行平台，通过对数字基础设施的垄断，便取得了巨额利润。

（二）传统劳动的不稳定化：外包普遍化和工人的频繁流动

除了对知识劳动者实行自我控制的规训，平台组织还将许多运营活动外包，使资本积累具有更大的地缘灵活性。在信息通讯大幅便利的背景下，企业的服务和生产活动皆可以成为外包的对象，于是传统的劳动过程被重塑。

数字平台推动的新一轮标准化和模块化，使传统劳动的外包更为普遍和深化。一方面，作为外包或承包商的供应链下游企业，面临着平台企业垄断数字化基础设施平台和数据潜在生产力的压力，只能接受极低的利润率，压低工资支付。另一方面，数字信息技术造成的去技能化，在世界范围造就规模日益庞大的产业后备军，为资本对剩余劳动的剥削提供了更大的博弈空间。这种变化导致"通过新的信息化技术、生产的自动化控制和自主性工作集体来增强工作紧致度"[2] 的新福特主义发展，其典型特征表现为外包企业工人频繁流动的不稳定就业。

服务外包的不稳定就业，可以呼叫中心为例。对一家跨国呼叫公司的调查显示，[3] 由于在与客户的利润博弈中处于弱势，该公司借助员工的大规模流

---

① 《马克思恩格斯全集》第48卷，人民出版社1985年版，第5页。

② 参见 H. Gottfried. Developing Neo‐Fordism：A Comparative Perspective. Critical Sociology，vol. 21，no. 3，1995：45.

③ 参见 J. Sallaz. Permanent Pedagogy：How Post‐Fordist Firms Generate Effort but not Conscent. Work and Occupations. vol. 42，no. 1，2015：3–34.

动，实施后福特主义的间接管理体系。它将新员工直接投入一线呼叫响应工作，利用他们缺乏准备而产生的不安，逼迫员工进行呼叫响应技能的自我学习，付出的学习成本得不到任何奖励，直到新员工发现无法达到工作要求，或者工作前景黯淡而离去。但会有大量新员工陆续加入，整个工作场所始终处于动态平衡中。制造业外包的不稳定就业，可以富士康为例。由于在与苹果等数字平台公司的利润博弈中处于弱势，富士康的利润率长期低迷，面临极其尖锐的劳资冲突。富士康采取"机器换人"、"体验改善"、迁移等措施，试图降低原材料和劳动力成本，缓解劳资冲突。但面对狭窄的利润空间，"即使富士康真诚地希望加强劳动者的认同，经济上的限制也使其根本无法实现"。① 富士康不得不以频繁的换工为代价，维持由员工"被同意"的强制管理模式。

（三）按需劳动的不稳定化：平台包买商和零工经济

数字平台提供的广泛且即时的信息采集、传输与匹配，使得按照需求组织劳动的大规模"众包"成为可能。在此基础上，资本复活了包买商及计件工资制度，把退出生产过程的生活资料重新作为自备的固定资本，以及把退出生产过程的劳动者空闲时间，都吸入了新剩余价值的生产和实现过程。其具体经济表现形式是按需（on-demand）劳动的不稳定"众包"，所谓的零工经济与共享经济。

零工经济平台的典型代表是群体流动者（crowd flower）、巧手匠等，以及提供服务"众包"的平台企业。消费者在零工经济平台线上下单，在平台上注册的劳动者根据自身技能在平台上接单，并在给定时间内完成相应工作。在这些平台上发布的工作，包括上门组装家具、清扫房间、代取快递等。正如群体流动者网的首席执行官所说，"有了技术，你就真的可以找到这样的人（即零工劳动者），付给他们微量的薪水，然后就可以在不再需要的时候摆脱

---

① 参见 X. Feng. Manufacturing Conflict：The Experience of a World Factory in a Changing China. Modern China，vol. 43，no. 6，2017：590 – 619.

他们"。① 计件工资作为"最适合资本主义生产方式的工资形式",② 在数字时代以零工经济形式再现了。

以优步和爱彼迎为代表的所谓共享经济企业,实际上相当于数字时代的包买商。它们为自备生产资料从事计件工作的劳动者,提供出卖剩余劳动力的平台,并以平台使用费、维护费等名义向交易双方抽取费用。以爱彼迎为例,平台上的房主使用自己的房屋作为生产资料,为消费者提供按天短租房屋服务,平台中介按比例抽成。这两家平台企业最初都打着"资源共享"旗号广为宣传,实际上是"用利益的杠杆强制人们将自己的休息时间,转变为创造剩余价值的时间"。③ 可以说,"共享经济已经从'我的就是你的'慷慨,变成了'你的就是我的'自私"。④

通过数字平台,经营零工经济和共享经济的平台企业,实现了按需劳动的大规模"众包",既节约了生产资料的投资和折旧,又避免了长期契约的劳动保障支出,将风险和成本全部转嫁给了劳动者。凭借对这种交易途径的垄断,平台可将交易金额的一部分占为利润,并取得个人出行、租住等隐私的大规模数据。随着平台垄断优势的建立,劳动者除了出卖劳动力别无选择,日益陷入就业不稳定化的困境之中。

(四) 数字"产消者"与劳动再生产过程的形塑

平台经济不仅通过技术变迁重组了直接劳动过程,使得劳动对于资本的隶属加深,还将劳动力再生产过程进一步纳入资本增殖的循环中。这主要是借助"产消者"在平台上的数字活动完成的。在平台经济中,大型平台垄断了劳动力再生产过程中大部分商品和劳务的消费、社会交往等所必需的数字

---

① 参见 M. Z. Marvit. How Crowdworkers Became the Ghosts in the Digital Machine. 2014 – 02 – 05, https: //www. thenation. com/article/how – crowdworkers – became – ghosts – digital – machine/, 2019 – 05 – 15.

② 参见《马克思恩格斯全集》第44卷,人民出版社2001年版,第640页。

③ 参见夏莹:《论共享经济的"资本主义"属性及其内在矛盾》,载于《山东社会科学》2017年第8期。

④ 参见汤姆·斯利:《共享经济没有告诉你的事》,涂欣译,江西人民出版社2017年版,第193页。

基础设施。用户使用这些平台进行劳动力的再生产，同时提供了平台上绝大部分的数据和内容。作为消费者，用户同时又是平台数据和内容的生产者。① 数字"产消者"的活动主要通过以下两种方式，被纳入资本积累过程。

第一类数字"产消者"活动，生产可供研究个人需要以便推销广告的数据。例如，用户在使用谷歌网站搜索信息，或在脸书网与朋友互动、站内点击和阅读时，都将在平台上产生可被用于推断个人需要或社会关系的个人数据。平台组织利用海量用户数据，可更加精确地定位广告的目标受众。第二类数字"产消者"活动，生产可为平台吸引更多用户的数字内容。例如，谷歌母公司下属的视频网站 YouTube 上可供观看的视频，绝大多数都由用户自行制作。平台用户出于兴趣爱好而创作的内容，成为平台持续获取新用户，及其扩大对生产和再生产过程影响权力的关键。

随着社交媒体平台越来越成为社会信息传播和个人信息获取的重要渠道，通过"产消者"的数字活动，对劳动力再生产过程进行引导和塑造，变得越来越容易。企业可在用户众多的社交媒体平台上投放商业广告。用户在浏览广告后进行点赞、评论或转发，都在传播这条信息和自己对此的态度。这不仅扩大了接受广告信息的用户数量，也形塑了信息传播过程中大众对广告商品的态度。用户既是广告的目标受众和消费者，又是具有自主性的、使广告信息广泛传播的平台载体。平台通过垄断用户的数据以及信息传播与获取的渠道，为资本提供基于"产消者"活动、更深入且不易察觉的渠道，形塑劳动力的再生产。平台"积极引导、制作和编码信息的流通过程"，② 帮助社会需要的扩大和商品价值的实现。其间劳动者日益面临不稳定就业的困境，劳动对资本的形式隶属不断向实际隶属转变。

四、平台经济的解放潜能与资本积累过程的矛盾

数字技术体系高度抽象化的信息存在形式及其传输处理的技术形式，以

---

① 参见 G. Ritzer, N. Jurgenson. Production, Consumption, Prosumption: The Nature of Capitalism in the Age of the Digital 'Prosumer'. Journal of Consumer Culture, vol. 10, no. 1, 2010: 13 – 36.

② 参见 P. Langley, A. Leyshon. Platform Capitalism: The Intermediation and Capitalisation of Digital Economic Circulation. 2017, 3 (1): 19.

及其高度发展的物理基础，正在逐步消除各种类型信息采集、传输和标准化利用的障碍，超越了自然地理空间的界限，缩短了信息传播和作用的时间。依托于大数据、云计算、算法革命与物联网等新技术，人类可以实现对现实世界的同构与模拟，第一次可能控制社会再生产过程中部分活动的实时运行，带来了前所未有的促进社会再生产运行的能力。这种再生产组织形式的潜能代表了先进生产力的新发展，呼唤对社会生产关系从而全部社会关系基于数字化逻辑的变革。

第一，平台经济各种类型信息的收集、储存、传输以及标准化利用，使信息传播可以迅速突破时空界限，各个分立的生产生活领域和相应的经济部门，根据活动逻辑的抽象相似性，被跨国界跨部门地集成到一起。平台根据消费者的个人数据，使产销敏捷对接，缩短商品流通时间，节省流通费用。数字平台"用时间去消灭空间"，[①] 开拓了社会发展的新天地。

第二，平台经济在数字技术体系基础上，推动了全球化发展。它通过改造劳动过程，将传统劳动的控制与效率建立在外包工人的频繁流动中，使工人在不同行业就业的流转及培训中，劳动能力得以被动地向全面性发展。平台经济用"兴趣"和"参与意识"，将分散在全球各个角落的各类劳动者的创新欲望和知识，都调动起来，融入社会化大生产中，并将为使用价值生产的传统生产方式，转变为以交换价值为目的的生产。这种转变使一般劳动分化为专业劳动，成为直接依赖世界市场的片面劳动，创造出产业链创新链人才链教育链等搭建的、广布全球的社会分工体系。

第三，平台经济使社会生产与再生产过程各个环节之间的界限模糊化，将更多的社会经济活动纳入社会化大生产，急速提高了生产社会化程度。任何社会生产与再生产环节中的活动，现在都可以成为"数据"，被数字平台加以整合。许多过去处于生产过程之外的劳动和资源，现在都可用来进行社会剩余价值的生产。平台组织通过将固定资产去组织化、去地域化，在差异与多样化的社会空间内寻求各种类型的个体动员。平台经济正"将信息产业的

---

① 参见《马克思恩格斯全集》第30卷，人民出版社1995年版，第538页。

社会化大生产推到工厂流水线、电讯服务业和小商铺以外的时空，推到我们的书房和任何可以手机上网的地方，推到我们的闲暇空余时间"。①

基于数字技术体系的平台经济，带来了协调社会再生产发展比例关系的巨大潜能。但是，正如哈维所言，"历史上很多事物看似蕴含着解放的可能性，结果却是资本主义剥削的支配性实践的回归。"② 在资本主义社会中，受生产社会性与生产资料私人占有基本矛盾的制约，平台经济社会形式仍然是服务于资本积累过程的组织，资本积累的矛盾仍然是推动这种新社会形式发展变化的内在动力。

首先，矛盾表现为资本主义条件下平台经济具有的内在垄断倾向。资本主义条件下，数字平台的技术特性导致少数几家大型平台企业，占据绝大多数数字基础设施。这对产业资本和金融资本都产生了直接影响。一方面，平台可以借助与社会生产与再生产相关的关键性信息，对大量产业资本实施直接影响和控制。另一方面，支付平台的出现对传统以银行为核心的金融资本提出了直接挑战。苹果公司近期成功进入了信用卡发行领域，同高盛集团联名发布内置于苹果手机的电子信用卡。这意味着，大型平台可以控制以往垄断性产业组织难以完全实现一体化的金融货币资本。平台经济的出现预示了一种更大规模的垄断性组织发展。

其次，垄断性平台的兴起将大量非垄断性过剩资本挤出市场，以致推向毁灭，使资本积累的平衡发展因而得以短暂修复，但同时导致中小资本和新增资本的普遍过剩，无数风险投资丧失了价值，从而以更大的规模加剧了资本积累过剩的矛盾。"在任何情况下，平衡都是由于一个或大或小的资本被闲置下来，甚至被毁灭而得到恢复"；被大型垄断平台排挤出传统领域的大量中小资本，除少数通过创新采取平台经济运行逻辑外，其余"被迫走上冒险的道路：投机、信用欺诈、股票投机、危机"。③ 大型平台垄断地位带来的巨额垄断利润，面对贫富分化的社会大众，造成了新的资本生产过剩。垄断竞争

---

① 参见邱林川：《新型网络社会的劳工问题》，载于《开放时代》2009 年第 12 期。

②③ 大卫·哈维：《跟大卫·哈维读〈资本论〉》第 2 卷，谢富胜等译，上海译文出版社 2016 年版，第 249 页。

的激化，迫使垄断平台组织不断扩大再生产，大力推行消费主义，借助软件和硬件的快速更新迫使客户负债提前消费。例如，苹果和三星的软件升级甚至故意减慢手机的运行速度，以销售更多的时尚新手机。但这些都不能从根本上阻止周期性的生产相对过剩。2019 年第一季度，苹果公司智能手机的营业收入同比下降了 17%，三星智能手机的营业收入下降了 40%。①

最后，矛盾表现为平台经济对劳资关系的影响。在平台经济下，工作性质被重塑，导致劳动者就业日益不稳定。平台经济赋予垄断组织资本积累的高度灵活性，吸纳遍布全球的产业后备军，资本对劳动的剥削程度大大加深了。对于知识劳动者，平台通过"众包"革命将其创造性劳动纳入了资本增殖过程。对于直接依赖平台的外围劳动者，平台依仗对关键市场信息的垄断，以及单次劳动的微薄收入，强迫劳动者"自愿"地延长劳动时间。垄断资本依赖平台经济的高度灵活性，成功规避了正式的劳动雇佣关系。平台经济所支撑的国际信息网络，造成一国劳动成本的国际逐底竞争。平台经济跨时空跨国界跨阶级的劳动动员，抑制了工会有组织的劳工抵抗。劳动者的工作模式日益不稳定，体现为工作机会和薪酬的不稳定化，以及兼职劳动者、临时工及自雇者比例的上升。这些矛盾和冲突已成为世界关注的新热点。②

总之，基于数字技术体系发展的平台经济社会形式，导致资本积累过程扩展到社会生产和生活的各个方面，资本主义世界市场的规模和深度展现出前所未有的扩张，进而使马克思揭示的资本积累一般规律向全球各个角落渗透。这些巨大变化为人类转向新经济社会形态的变革，进一步奠定了物质基础。马克思指出，"人的依赖关系"、"以物的依赖性为基础的人的独立性"和"建立在个人全面发展和他们共同的、社会的生产能力成为从属于他们的社会财富这一基础上的自由个性"，是生产力和人类发展的三大社会形式。只是在第二大社会形式下，通过广泛的社会分工，基于交换价值的社会化大生

---

① 参见《苹果三星业绩比惨：iPhone 营收降 17%，三星手机运营利润降 40%》，2019 – 05 – 01，https：//www. sohu. com/a/311330800610300，2019 – 05 – 15。

② 参见世界银行：《2019 世界发展报告——工作性质的变革》，2018 – 10 – 15，http：//www. worldbank. org/content/dam/wdr/2019/WDR – 2019 – CHINESE. pdf，2019 – 05 – 15。

产，"才形成普遍的社会物质变换、全面的关系、多方面的需要以及全面的能力的体系"，① 同时也将形成向第三大社会形式转变的物质条件和精神条件。

马克思强调，从第二大社会形式向第三大社会形式的转变，"不是自然的产物，而是历史的产物"。② 生产者个人相对于社会化生产条件的异己性和独立性，是前者向后者实现历史跨越的根本历史鸿沟。在第三大社会形式下，"由联合起来的个人对他们的总生产实行控制"，全面发展的个人的社会关系，作为他们自己的共同的关系，"也是服从于他们自己的共同的控制的"。③ 而在第二大社会形式下，"劳动只有通过交换才能被设定为一般劳动"。④ 生产和消费的普遍联系与全面依赖，"以生产者的私人利益完全隔离和社会分工为前提"，"这种矛盾导致危机"。⑤ 马克思进一步指出，"所以随着这种异化的发展，在它本身的基础上，人们试图消除它"。⑥ 当时通过行情表、汇率、通讯电报等在普遍的供求作用压力下发展起来的统计与通信形式，"每一单个人可以获知其他一切人的活动情况，并力求使本身的活动与之相适应"，"而这种了解又对供求产生实际影响"。⑦ 这里的描述与平台经济"产消者"今天活动的性能何其一致。正如马克思接着指出，"虽然这一切在现有基地上并不会消除异己性，但会带来一些关系和联系，这些关系和联系本身包含着消除旧基地的可能性"。⑧ 在资本主义限度内，当今全球平台经济向世人展现的，正是其基本矛盾发展的最新形式。

结语

21 世纪初的数字技术体系的发展及其应用表明，发达资本主义国家社会生产和再生产形式正遭遇远未完成的历史性转变。经济学、比较劳动法学、传播政治经济学和政治学等学派的学者面对未来的发展，遇到了一系列理论

---

① 以上详见《马克思恩格斯全集》第 30 卷，人民出版社 1995 年版，第 107～108 页。
② 《马克思恩格斯全集》第 30 卷，人民出版社 1995 年版，第 112 页。
③ 《马克思恩格斯全集》第 30 卷，人民出版社 1995 年版，第 108、112 页。
④ 《马克思恩格斯全集》第 30 卷，人民出版社 1995 年版，第 122 页。
⑤ 《马克思恩格斯全集》第 30 卷，人民出版社 1995 年版，第 108、111 页。
⑥⑦⑧ 《马克思恩格斯全集》第 30 卷，人民出版社 1995 年版，第 111 页。

困境。例如，平台经济形式下各个生产部门的跨界融合，以及社会生产与生活边界的消融，是否造成新的垄断；"众包"、外包和按需劳动产生的劳动者工作关系如何认同；全球化条件下，平台组织生产性资产的虚拟性，以及第三方移动支付对国家税收能力的限制；消费者数据的生产及其确权和隐私保护，等等。我们能在理论上，对正在发生的变革过程及历史含义有大致的把握吗？本文从马克思的总体性逻辑和资本积累规律出发，基于数字技术体系的发展和应用，从相互联系的角度探讨基于资本主义生产方式的平台组织，及其主导下竞争过程和劳资关系的新形式。分析表明，平台经济预示了数字技术革命所推动的社会经济组织形式的变革方向，这必然会引起资本主义国家经济矛盾的加深，以及劳动者经济社会地位的恶化，对发达资本主义国家的社会稳定、制度合理性以及全球秩序构成了严峻挑战。2019 年世界银行发展报告认为，更好的成人学习机会、不与就业挂钩的最低社会保障支持、全民基本收入都是未来可能的选择之一，其指向是逐渐普及以社会保障体系为核心的社会契约。①

作为发展中的社会主义大国，中国经济发展进入了新时代，创新是实现高质量发展的基本驱动力。党的十九大制定了面向新时代的发展蓝图，提出要建设网络强国、数字中国、智慧社会，推动互联网、大数据、人工智能和实体经济深度融合，实现新型工业化、信息化、城镇化、农业现代化同步发展。习近平总书记指出，"新科技革命和产业变革是一次全方位变革，将对人类生产模式、生活方式、价值理念产生深刻影响。公平和效率、资本和劳动、技术和就业的关系成为国际社会的共同课题。"② 平台经济正在按照数字逻辑从根本上塑造着全球的生产和再生产过程，必然对我国生产、分配、交换和消费各个环节发挥深远影响，也是中国特色社会主义建设实现经济高质量发展的新驱动力和重要支撑。在大力发展平台经济的过程中，我们必须坚持唯

---

① 参见世界银行：《2019 世界发展报告——工作性质的变革》，2018 - 10 - 15，http：//www. Worldbank. org/content/dam/wdr/2019/WDR - 2019 - CHINESE. pdf，2019 - 05 - 15。

② 习近平：《同舟共济创造美好未来——在亚太经合组织工商领导人峰会上的主旨演讲（2018 年 11 月 17 日）》，载于《人民日报》2018 年 11 月 18 日，第 2 版。

物史观。正如习近平指出的，"应该审时度势、科学决策，引领新科技革命和产业变革朝着正确方向发展"，①"网信事业要发展，必须贯彻以人民为中心的发展思想"。② 从满足人民群众美好生活需要的高度发展平台经济，使之服务于人民群众综合素质的提升和生活质量的改善，根本改变核心关键技术受制于人的局面，建设网络强国，是"三步走"《国家信息化发展战略纲要》（以下简称《纲要》）制定的中国信息化发展战略目标。③《纲要》要求，以信息化驱动现代化为主线，让信息化造福人民，为实现中华民族伟大复兴的中国梦奠定坚实基础。泛在先进的基础设施是信息化发展的基石。要加快构建陆地、海洋、天空、太空立体覆盖的国家信息基础设施，统筹规划建设国家互联网大数据平台。中央网络安全和信息化委员会负责这一领域重大工作的顶层设计、总体布局、统筹协调、整体推进、督促落实。社会主义中国正在对基于资本主义生产方式的平台经济进行"积极扬弃"，加快构建高速、移动、安全、泛在的新一代信息基础设施，统筹规划政务数据资源和社会数据资源，完善基础信息资源和重要领域信息资源建设。社会主义制度是走中国特色信息化发展道路的根本保障。

（原文发表于《中国社会科学》2019 年第 12 期）

---

① 习近平：《同舟共济创造美好未来——在亚太经合组织工商领导人峰会上的主旨演讲（2018 年 11 月 17 日）》，载于《人民日报》2018 年 11 月 18 日，第 2 版。

② 习近平：《在网络安全和信息化工作座谈会上的讲话（2016 年 4 月 19 日）》，载于《人民日报》2016 年 4 月 26 日，第 2 版。

③ 《中办国办印发〈国家信息化发展战略纲要〉》，载于《人民日报》2016 年 7 月 28 日，第 1 版。

逆全球化的政治经济学论析

鲁明川[*]

近年来，全球化的始作俑者——美欧等发达资本主义国家逐渐掀起一股"逆全球化"的浪潮。全球化与逆全球化在历史上是如何演进的？促使其演进的内在逻辑和根本原因是什么？人类如何才能走出当前的迷雾，在未来之路上继续前行？厘清这些问题，是我们正确认识和分析当前"逆全球化"思潮的理论前提和现实基础。

一、"周期性运动"：全球化与逆全球化的历史演进

从广义上说，全球化是指人类交往和联系日益扩大的趋势和状态。在这个意义上，全球化进程与人类历史进程同步。从狭义来说，全球化是指在科学技术发展的基础上，商品服务贸易日益增加，资本的跨国流动日益扩大，进而推动人们经济、社会、文化等领域的交往和联系日益扩大和密切的趋势和状态。我们现在所说的一般是指狭义上的全球化，其核心是经济全球化。逆全球化则是一个与全球化相反的趋势，"它包含了由全面开放退回到有条件开放，甚至封闭的过程"。[①]

"世界贸易和世界市场在16世纪揭开了资本的现代生活史。"[②] 一般认为，现代意义上的全球化发端于1492年哥伦布发现新大陆，因为这次地理大发现使人类的贸易范围得到大幅扩展。迄今为止，每一次全球化浪潮的推进都伴随着逆全球化力量的掣肘，并随着全球化问题和矛盾的积累而逐渐掀起逆全

---

[*] 鲁明川：浙大城市学院。

[①] 佟家栋、刘程：《"逆全球化"浪潮的源起及其走向：基于历史比较的视角》，载于《中国工业经济》2017年第6期。

[②]《马克思恩格斯文集》第5卷，人民出版社2009年版，第171页。

球化浪潮，在矛盾和问题得到缓解后，再次进入全球化的通道之中，这种全球化与逆全球化之间的交替演变呈现为一种"周期性运动"。

习近平总书记认为，经济全球化大致经历了三个阶段：一是殖民扩张和世界市场形成阶段，二是两个平行世界市场阶段，三是经济全球化阶段。[①] 经济全球化是全球化的核心，全球化与逆全球化的历史演进正是按照经济全球化的这三个阶段逐步展开的。

从哥伦布发现新大陆到第一次世界大战之前是第一次全球化，而随后直到第二次世界大战结束则是第一次逆全球化。美洲新大陆的发现，世界贸易的空间范围进一步扩大。需求的增加引起了生产领域的技术革命——工业革命。奴隶不仅成为国际贸易的一种商品，更是为国际贸易提供了生产商品的劳动力。概言之，这次全球化的特点有：（1）贸易壁垒逐渐减少，商品贸易迅速扩大。1820 年欧洲内部各国乃至跨大西洋的大宗商品价格差降到不足30%，1840 年至 1901 年世界运输价格下降了 70%。[②] 1820～1850 年，贸易额以大约年均 2.3% 的速度增长，1850～1870 年间的增长速度大约为 5%，整个19 世纪的贸易增长快于世界收入的增长。1870～1914 年间的贸易强度（以贸易量来衡量）大约每年增长 3.5%，而同期世界实际产出的增长大约是2.7%。[③]（2）主要推动者是民族国家，并且是以西方国家为主导。1648 年的《威斯特伐利亚和约》肯定了国家主权、领土和独立等原则，民族国家逐渐成为国际关系的主角，西方国家政治上的暴力殖民为经济上的商品贸易扩张保驾护航，逐渐形成了一个高度等级化的国际结构体系。（3）科技革命为此次全球化提供了动力。两次工业革命促使人类历史从"人力时代"进入"蒸汽时代"和"电气时代"，商品生产的效率得到极大的提高，世界市场空间也随着交通工具的发展而更加扩大。"到 1913 年，共有 155 个地区参与了国际贸

---

① 《习近平谈治国理政》第 2 卷，外文出版社 2017 年版，第 211 页。
② 佟家栋、刘程：《"逆全球化"的政治经济学分析》，载于《经济学动态》2018 年第 7 期。
③ 戴维·赫尔德：《全球大变革：全球化时代的政治、经济与文化》，杨雪冬等译，社会科学文献出版社 2001 年版，第 217～218 页。

易，而在 19 世纪早期这个数字还不到 1913 年的一半。"① （4）建立了以金本位为主体的国际货币制度。19 世纪 70 年代确立的金本位制，以黄金为本位货币来确定各国货币的价格，建立起一个稳定的国际支付系统，这种金融制度为国际资本和商品的流动打通了筋脉。（5）初步形成了全球化的思想理论。随着西方全球贸易的扩张，"自由贸易"的思想逐渐兴起并得到普遍认同。无论是斯密的绝对比较优势原理还是李嘉图的相对比较优势原理，均为自由贸易提供了理论支撑。

在第一次全球化浪潮兴起和发展的同时，阻碍全球化的力量也日益显现并不断增强，第一次逆全球化浪潮随之形成，主要表现在以下几个方面：（1）殖民地国家的民族解放运动。面对"全球化的灾难"，殖民地国家发起了一次一次的全球化抵制和反抗运动，表现为反殖民的民族解放运动，这种抵制和反抗运动从 18 世纪开始一直持续到二战以后。（2）资本主义国家之间的贸易战、货币战。由于西方资本主义国家实力强弱不同，相对收益不均衡，尤其是当遇到经济危机的时候，彼此之间的矛盾会更加激化。1929 至 1933 年的世界经济危机期间，英美等国提高关税税率，高筑关税壁垒和非关税壁垒，展开了对外贸易的倾销战和关税战。在金融领域，各国相继放弃金本位制，实行货币贬值，并相继形成了"英镑集团"和"美元集团"，以及后来的"英镑区"、"美元区"、"法郎区"等。（3）爆发了席卷世界主要国家的两次世界大战。贸易战、货币战是西方资本主义国家之间矛盾激化较为温和的表现形式，世界战争则是最为激烈的表现形式，实质上是对第一次全球化秩序的调整进而实现利益的重新分配。1914 年爆发的第一次世界大战标志着第一次全球化浪潮的结束，两次世界大战则将逆全球化推向高潮。（4）初步形成了逆全球化思潮。盛行于 16 至 18 世纪的重商主义一方面促进了资本主义初期商品货币关系和工商业的发展，另一方面又为贸易保护主义提供了理论基础。凯恩斯主义对重商主义大加赞赏，主张政府应该干预对外贸易，古典的自由

---

① 戴维·赫尔德：《全球大变革：全球化时代的政治、经济与文化》，杨雪冬等译，社会科学文献出版社 2001 年版，第 218 页。

贸易理论已经过时了，提出超保护贸易理论，高度重视贸易顺差。

从第二次世界大战结束到冷战结束是第二次全球化，期间伴随着逆全球化思潮的不断涌现。两次世界大战的逆全球化使人类遭受严重摧毁，战后人类吸取教训并重新开启全球化进程。冷战形成了以美苏为首的资本主义和社会主义两大阵营，产生了"两个平行的世界市场"，形成了两个相对独立的平行的全球化体系（有人将这种状况称为"半球化"），美苏是推动这两个全球化体系的核心力量。"马歇尔计划"奠定了美国成为资本主义全球化体系的核心地位，国际货币基金组织、世界银行（时称"国际复兴开发银行"）、世界贸易组织（时称"关税与贸易总协定"）构成了这个全球化体系的主要运行框架。这个全球化体系主要遵循资本主义市场经济的运行规律，内部成员相互之间降低关税、消除贸易壁垒，美国更是在 1948 至 1994 年间进行了七次关税调降。这个全球化体系在战后初期极大地促进了资本主义世界的贸易往来，经济得到强劲恢复和发展。但是 1970 年代的经济危机使得逆全球化力量再次重来，各国经济发展失衡，尤其是日本经济的迅速崛起引起美国的担忧，进而引发了美国对日本的贸易战、汇率战、科技战。到 80 年代兴起了以绿色壁垒、技术壁垒、反倾销和知识产权保护为主要表现形式的贸易保护主义。"莫洛托夫计划"奠定了苏联在社会主义全球化体系的核心地位，经济互助委员会、国际经济合作银行、国际投资银行构成了这个全球化体系的主要运行框架，实行计划经济体制，按照指令性计划组织经济运行。但由于成员之间经济发展水平存在差异，内部矛盾日益增多，尤其是苏联对其他成员国的控制导致了其他国家的反抗运动。随着高度集中的计划经济体制边际效用的日益递减，以苏联为首的社会主义全球化体系最终瓦解。

冷战结束到 2008 年金融危机是第三次全球化，随后第三次逆全球化卷土重来。冷战结束，美国成为世界唯一超级霸权国，以美国为首的资本主义成为全球化的主导者。这次全球化出现三个新的因素：一是金融资本的全球化。经济金融化发端于 1970 年代中后期的美国，到 1990 年代以后得到深度发展，逐渐塑造了一个金融化的生存世界。二是以信息技术为代表的新科技革命提供了强大的技术支持。1990 年代，计算机和信息技术的突飞猛进使人类进入到信息化时代，世界各国之间的联系日益紧密，逐渐成为一个地球村。三是中国成为重要的参与者，影响力日益增大。中国于第二次全球化后期实行改革开放并逐步参与全球化进程，比较深入参与并逐渐发挥较大影响是在第三次全球化，建设社会主义市场经济体制和加入世界贸易组织为中国在第三次全球化进程中提供了内部动力和外部环境。1990 年以来，世界出口额年平均增长率高达 8.9%，高于世界 3.5% 的 GDP 增长率，世界出口额占 GDP 比重从 1990 年的 15.5% 上升至 2008 年的 25.8%，进口额占 GDP 比重从 15.8% 上升至 26.2%，其中，中国出口额从 621 亿美元上升至 14307 亿美元，增长了23 倍，占世界总量比重从 1990 年的 1.8% 上升至 2008 年的 8.9%，是这一时期占世界比重提高幅度最大的国家。[1] 但是，发端于美国的 2008 年金融危机使西方发达资本主义国家陷入普遍困境，内外矛盾逐渐激化，逆全球化卷土重来。特朗普上台以后坚持"美国优先"，不断从国际组织和多边合作机构中"退群"，在贸易、投资、金融、知识产权、服务贸易等多个方面与贸易伙伴展开对抗，将本次逆全球化推向高潮。

二、自由贸易与国家利益的失衡：逆全球化的直接诱因

2008 年金融危机以后，美欧国家的排外倾向更加明显，尤其是特朗普政府上台以后，美国更是成为本次逆全球化的先锋。那么，到底是什么导致作为本次全球化主导力量的美国转向逆全球化呢？关于这个问题学术界给出了多种解释。一是从市场与社会的关系角度提出，政府不能采取有效措施以减少公众在危机中日益增加的恐慌，过度释放市场力量，导致民粹主义兴起、全球化发生逆转。[2] 二是从效率与公平的视角指出，西方国家内部贫富差距的拉大、发达国家与发展中国家的发展差距以及西方国家移民问题的凸显等社

---

① 胡鞍钢、王蔚：《从"逆全球化"到"新全球化"：中国角色与世界作用》，载于《学术界》2017 年第 3 期。

② 高柏：《为什么全球化会发生逆转——逆全球化现象的因果机制分析》，载于《文化纵横》2016 年第 6 期。

会问题，导致了逆全球化。① 三是从全球经济发展动力的视角指出，贸易保护主义不断升级，全球利益分配严重不均和贫富分化加剧，劳动力需求被新型科技替代，美欧的移民、投资、监管政策呈现去全球化倾向。② 四是从利益分配的层面指出，逆全球化的原因不在效率层面，而是国家内部和国家之间分配不均。③ 五是从马克思主义理论视角提出，反全球化和逆全球化是资本主义社会矛盾、阶级矛盾激化的产物，也是当前资本主义大国的政府转移矛盾的手段。④ 在这些已有研究的基础上，我们认为，导致逆全球化的直接原因是自由贸易与国家利益的失衡。

众所周知，西方资本主义国家之所以积极推动现代意义上的全球化，是为了继续扩大自由贸易的全球市场，实现资本增殖和利润的双重最大化，将世界体系整合为一个为了西方利润服务的全球贸易体系。"促使欧洲向世界各地扩张的最重要的动力仍是经济利益——追求财富和盈利、痴迷于贵金属、希望在贸易中占上风、想在激烈的竞争里战胜其他欧洲国家。"⑤ 驱动西方早期航海家的冒险行动的直接动力就是对经济利益的追求，新航路的开辟为西方资本主义自由贸易提供了市场空间，工业革命使西方资本主义进入到工业文明时代并为其自由贸易提供了扩张和贸易的实力优势。英国以工业化的先进生产力为支撑高举自由贸易的旗帜，以坚船利炮的强大军事力量为自由贸易保驾护航，凭借自身实力构建起一套符合"自身利益最大化"的全球化体系。同样，二战后的美国也是凭借自身强大的经济、科技和军事优势，构建起一套符合自身利益的全球化体系。"第二次世界大战以后，无论美国政界还是学界，口头上讲的大抵是自由贸易和自由竞争，而实际上自由主义经济主张只是被美国策略性利用而已。"⑥ 由此可见，自由贸易增进工业化了的西方

---

① 张端：《逆全球化的实质与中国的对策》，载于《马克思主义研究》2019 年第 3 期。

② 郑一明、张超颖：《从马克思主义视角看全球化、反全球化和逆全球化》，载于《马克思主义与现实》2018 年第 4 期。

③ 万广华、朱美华：《"逆全球化"：特征、起因与前瞻》，载于《学术月刊》2020 年第 7 期。

④ 栾文莲：《对当前西方国家反全球化与逆全球化的分析评判》，载于《马克思主义研究》2018 年第 4 期。

⑤ 于尔根·科卡：《资本主义简史》，徐庆译，文汇出版社 2017 年版，第 59 页。

⑥ 伍山林：《美国贸易保护主义的根源》，载于《财经研究》2018 年第 12 期。

资本主义国家利益，他们凭借实力构建自由贸易规则，在全球范围内整合和利用资源为自己的利益服务，使自己处于全球化等级结构体系的顶端，享受优厚的经济福利、崇高的社会荣誉和优越的文化地位，这是英国、美国等西方国家推动经济全球化的主要原因。

反之，当自由贸易无法满足英国、美国等西方国家获取最大化利益的时候，他们则成为了反全球化、推动逆全球化的主要力量。一个国家评价自己在自由贸易中的收益状况有两种方式，一种是绝对收益，一种是相对收益。从绝对收益来看，英美等国推动自由贸易的巨大收益不言而喻。得益于由庞大的殖民地所构成贸易体系的给养，地域狭小、人口不多、资源匮乏的英国获得了世界霸权，在其最为强盛时期废除了《谷物法》和《航海条例》，甚至不惜实行单边自由贸易，将第一次全球化推向顶峰。但是，自由贸易不是英国强大的原因而是其结果，自由贸易表面上具有为英国工业降低原材料成本和工人阶级食品价格的效应，其真实的目的却在于破坏其他国家的产业竞争力，尤其要将主要竞争对手——德国和法国的工业扼杀在襁褓之中，推行自由贸易战略给英国带来了"立竿见影"的效果，在 1850 年之后给英国带来了"维多利亚大繁荣"。[①] 二战以后，美国凭借经济、军事和科技等强大优势，在全球范围内大力推行自由贸易，占据了广阔的国际市场，既促进了西欧、日本等资本主义世界的恢复和发展，也创造了美国战后二十年的繁荣。冷战结束后，部分原先属于社会主义全球化体系的成员转向资本主义全球化体系，美国的国际贸易的市场空间进一步扩大。特别是改革开放的中国开始积极主动加入以美国为主导的世界贸易体系，成为第三次全球化的重要事件，美国从中美商品和服务贸易、对华投资中受益颇多。据统计，截至 2018 年，美国对外直接投资存量为 59509.9 亿美元，累计投资收益为 5310 亿美元，投资收益率为 8.9%；同期对华直接投资存量为 1165.2 亿美元，累计投资收益为 130.7 亿美元，投资收益率为 11.2%，较美对外投资平均收益率高出 2.3

[①] 邓久根、贾根良：《英国因何丧失了第二次工业革命的领先地位?》，载于《经济社会体制比较》2015 年第 4 期。

个百分点。[①] 可见，在既有的全球化体系中，英美等主要资本主义国家获取了大量甚至独占了贸易收益，那些经济发展水平较低、实力较弱的国家如殖民地国家、大多数第三世界国家，贸易收益有限甚至持续受损。

从相对收益来看，收益相对减少是促使英美等国转向逆全球化的直接诱因。单边自由贸易虽然给英国带来了"维多利亚大繁荣"，但同时也使德国、美国等获得了追赶英国的机会。与第一次工业革命首先在英国展开然后逐步扩展到欧洲大陆不同，第二次工业革命是在欧美几个主要资本主义国家同时爆发，而此时德、美等国的工业化也逐渐发展起来，英国虽然在铸铁和棉纺织业的贸易上占据优势，但在新兴工业上不占优势，这种相对利益的劣势使英国在19世纪后期开始逐步放弃自由贸易立场，甚至掀起了全国性的关税改革运动，最终重新回到贸易保护的老路。[②] 二战后，自由贸易一方面促进了美国的繁荣，另一方面也给日、德的快速崛起提供了契机。与此同时，朝鲜战争和越南战争极大地刺激了日本经济，日本成为战后初期发展最快的资本主义国家，仅用了大约20年时间就从战败的废墟中崛起，1968年国民生产总值超过联邦德国，一跃成为第二号资本主义强国。随着日本经济实力的快速崛起，美国对日本的政策也从改造、扶持转向打压，从二十世纪50年代后期到90年代，先后在纺织品、钢铁、彩电、汽车、半导体、电信等领域对日本展开贸易战，直到《广场协议》之后彻底将日本打垮才收敛。中国在第三次全球化进程中迅速崛起，2010年中国经济总量首次超过日本成为世界第二经济大国，更是引起美国的极度惊恐。特朗普多次声称，中国占了美国的便宜，尤其是中国在加入WTO之后经济就起飞了，因此要同中国进行"公平贸易"。而他所谓的"公平贸易"，不过是美国贸易保护主义的借口，正是以此为借口，美国对中国以及其他国家（欧洲、日本、印度、越南等）实行了各种贸易保护主义措施。

丹尼·罗德里克曾言："一个国家在世界经济中的地位，贸易政策和它的

---

① 郝红梅：《美国对华直接投资收益分析》，载于《中国经济时报》2019年10月23日。

② 邓久根、贾根良：《英国因何丧失了第二次工业革命的领先地位？》，载于《经济社会体制比较》2015年第4期。

社会、政治斗争的关系决定了自由贸易是促进国家进步还是让国家退步。"①
决定全球化与逆全球化"周期性运动"方向的是全球化的主要推动力量能否
在自由贸易中不仅要有绝对收益，还要能够获得比其他国家更多的相对收益。
其一，只有处于全球化等级结构体系顶端的少数几个主要大国尤其是霸权国
能够决定"周期性运动"方向，处于下端的国家往往只能或主动或被动地融
入参与、随潮流而动。例如，殖民地的反抗运动并不能扭转第一次全球化的
潮流。其二，当后起国家的实力越来越接近或赶超第一霸权国的时候，第一
霸权国往往开始采用贸易保护的手段来打压竞争对手，以维护自己的霸权地
位，进而导致全球化方向的逆转。例如，英国对德国、美国对日本以及当前
的美国对中国的贸易战。其三，当霸权国发生经济危机的时候，原先自由贸
易的秩序已经不能实现它的利益，它因此会转向贸易保护，力图利用自己的
实力优势将国内矛盾外移。尤其是当后面两个情况同时存在时，霸权国就会
发动贸易战、科技战甚至军事战等，摧毁自己原先倡导的全球化秩序，以继
续谋求更多的相对收益、维护相对优势地位。

三、资本主义基本矛盾：逆全球化的深层根源

在上面分析的基础上，还可以进一步追问：为什么主要资本主义国家尤
其是霸权国在自由贸易中会利益失衡呢？其实马克思和恩格斯早就给出了答
案：资本主义社会的基本矛盾，即生产社会化与生产资料私人占有制之间的
矛盾。正如习近平总书记所说："事实一再告诉我们，马克思、恩格斯关于资
本主义社会基本矛盾的分析没有过时"，②"就从国际金融危机看，许多西方
国家经济持续低迷、两极分化加剧、社会矛盾加深，说明资本主义固有的生
产社会化和生产资料私人占有之间的矛盾依然存在，但表现形式、存在特点
有所不同。"③

---

① 丹尼·罗德里克：《全球化的悖论》，廖丽华译，中国人民大学出版社2011年版，第25页。
② 中共中央文献研究室：《十八大以来重要文献选编》（上），中央文献出版社2014年版，第117页。
③ 习近平：《在哲学社会科学工作座谈会上的讲话》，载于《人民日报》2016年5月19日。

　　一方面，生产社会化规律决定了全球化总体趋势的不可逆转。在马克思看来，与中世纪的小生产相比，资本主义生产方式的新的根本特征就是生产社会化。"一旦资本主义生产方式站稳脚跟，劳动的进一步社会化，土地和其他生产资料的进一步转化为社会地使用的即公共的生产资料，从而对私有者的进一步剥夺，就会采取新的形式。"① 促使前资本主义的"生产个人化"、"生产分散化"走向资本主义的"生产社会化"，主要有两个重要因素：一是资本主义社会的核心力量——资本。只有到了资本主义时期，劳动力成为商品，货币才转化为资本，而资本具有不断追求剩余价值的秉性，资本只有能够不断实现自身增殖才能存在才有价值。这种秉性促使资本总是试图通过劳动尽可能地将客观世界纳入到价值增殖的轨道当中，由此不断形成新的物化了的"人的本质力量"，这种物质力量及其扩张法则支配并推动着经济社会的扩张化运行。二是推动资本主义发展、巩固并向世界扩张的科学技术。新航路开辟引发了商业革命，商业革命带来的需求激增刺激了工业革命的爆发，工业革命促使人类的生产方式从简单协作、工场手工业进入到机器大工业时代。从此以后，科学技术与资本走向勾连，资本的增殖扩张需求决定了人类社会不断进行全球化的需求，而现代科技则为资本扩张插上了腾飞的翅膀，自然的人化、个体的社会化、本土的全球化开始了加速运动。

　　全球化的核心是经济全球化，经济全球化是生产社会化发展的必然趋势，生产社会化决定了全球化总体趋势的不可逆性。首先，生产社会化意味着生产组织的规模化。"工业企业规模的扩大，对于更广泛地组织许多人的总体劳动，对于更广泛地发展这种劳动的物质动力，也就是说，对于使分散的、按习惯进行的生产过程不断地变成社会结合的、用科学处理的生产过程来说，到处都成为起点。"② 这种生产的组织的形式已经从早期的工场发展到当代的大型跨国公司，而跨国公司则是经济全球化的主导力量，直接推动着资本、技术、商品、服务等在世界范围内流动。其次，生产社会化意味着生产劳动

---

① 《马克思恩格斯文集》第 5 卷，人民出版社 2009 年版，第 873 页。
② 《马克思恩格斯文集》第 5 卷，人民出版社 2009 年版，第 723 页。

的社会化。工业革命带来的技术进步促进了劳动分工的发展,"工具积聚发展了,分工也随之发展,并且反过来也一样。正因为这样,机械方面的每一次重大发展都使分工加剧,而每一次分工的加剧也同样引起机械方面的新发明。"① "分工是特殊种类的协作",在分工基础上进行的协作劳动极大地提高了社会整体的劳动生产率。"劳动者在有计划地同别人共同工作中,摆脱了他的个人局限,并发挥出他的种属能力。"② 当前的分工与协作已经从企业内部扩展到企业之间,并由大小规模不同的公司负责商品生产的不同环节进而形成产业链,在分工协作的基础上不同企业之间形成强关联性。产业链是生产劳动在全球范围内的分工协作形式,是经济全球化的结果和体现。再次,生产社会化意味着消费市场的全球化。要想获得剩余价值或利润,产品必须要进入到流通领域,被消费者购买才能最终实现。因此,不断扩大商品消费市场是资本主义生产方式的必然要求。"对外贸易的扩大,虽然在资本主义生产方式的幼年时期是这种生产方式的基础,但在资本主义生产方式的发展中,由于这种生产方式的内在必然性,由于这种生产方式要求不断扩大市场,它成为这种生产方式本身的产物。"③ 作为经济全球化取得实质性进展的重要标志,世界贸易组织建构起了当今世界上最大的自由贸易市场体系,也将世界各国的消费市场连接在一起。最后,生产社会化意味着传导效应的扩大化。生产是人类最重要的经济活动,生产社会化不仅直接推动经济全球化,同时还推动着人口的全球移动、文化的全球交流、技术的全球传播等。这些均是全球化的重要内容,生产社会化正是通过促进经济交往范围的扩大,进而传导到人类社会生活的各个领域,通过经济纽带将人类的政治、社会、文化等活动密切联系起来。

另一方面,资本主义生产资料私人占有制又包含着对生产社会化的内在否定,进而传导至社会、政治等领域,导致逆全球化的周期性回摆。资本在不断追求价值增殖的扩张运动的过程中推动着生产的社会化,但是,正如马

---

① 《马克思恩格斯文集》第 1 卷,人民出版社 2009 年版,第 626~627 页。
② 《马克思恩格斯文集》第 5 卷,人民出版社 2009 年版,第 382 页。
③ 《马克思恩格斯文集》第 7 卷,人民出版社 2009 年版,第 264 页。

克思所言，"资本主义生产的真正限制是资本自身"，① 资本的运行逻辑又决定了资本主义生产的社会化发展到一定阶段必然会陷入危机，进而炸毁自己的外壳，"资本的垄断成了与这种垄断一起并在这种垄断之下繁盛起来的生产方式的桎梏。生产资料的集中和劳动的社会化，达到了同它们的资本主义外壳不能相容的地步。这个外壳就要炸毁了。资本主义私有制的丧钟就要响了。剥夺者就要被剥夺了。"② 在资本主义生产资料私人占有制之下，必然导致经济、社会和政治领域中难以克服的矛盾，进而形成逆全球化力量。

在经济领域，资本主义经济发展不平衡规律与群体利益分配的失衡是逆全球化产生和周期性回摆的关键缘由。早在第一次全球化时期，马克思和恩格斯就提出了农村与城市、东方与西方、工人与资本家、企业内部与企业外部、生产与消费等方面发展的不平衡问题。③ 列宁则进一步提出资本主义发展不平衡的规律，"在资本主义制度下，各个经济部门和各个国家在经济上是不可能平衡发展的"，"经济和政治发展的不平衡是资本主义的绝对规律。"④ 在不同时代这种不平衡的表现是有差别的，总体上可以分为两个，即国家内部的不平衡和国家之间的不平衡。近五百年来，世界并没有因为全球化的进程而变得更加平衡，各国人民的生活并没有因为全球化获得普遍的富足，而是在发达资本主义国家与广大发展中国家以及资本主义国家内部群体之间形成了难以逾越的鸿沟。在资本主义国家，私有制使各社会阶级之间社会地位和财富固化、贫富差距不断扩大。例如，尽管华尔街的金融集团欢迎全球化，但"铁锈地带"由于受全球化冲击较大而导致这里的民众反对全球化的呼声较高、态度更加坚决。在国际上，以主权国家为核心的世界体系其实构成了全球化进程中的另一种私有制，即以国家为单位的私有制，这种制度将民族国家之间富强贫弱的鸿沟固化。从这个意义上来看，逆全球化也可以说是超越国家界限的自由贸易与难以超越边界的民族国家利益的矛盾的结果。

---

① 《马克思恩格斯文集》第7卷，人民出版社2009年版，第278页。

② 《马克思恩格斯文集》第5卷，人民出版社2009年版，第874页。

③ 石镇平、石柱邦：《关于资本主义发展不平衡规律的再讨论》，载于《思想理论教育导刊》2017年第7期。

④ 《列宁全集》第26卷，人民出版社2017年版，第366~367页。

在社会领域，阶级矛盾的激化与社会关系的不平等是逆全球化产生和周期性回摆的重要缘由。"社会化生产和资本主义占有之间的矛盾表现为无产阶级和资产阶级的对立"。① 在资本主义社会中，资本的所有者通过雇佣劳动不断实现价值增值，无论是资本集中和还是资本集聚都使得资本的力量日益增强，而私有制则是这种资本权力的制度保障，资本的占有状况成为社会阶级划分的主要依据。"随着经济鸿沟不断拉大，美国社会出现了壁垒越来越森严的阶级隔离。"② 皮凯蒂的研究发现，1977～2007年，美国最富有的10%人群占据了增长总额的3/4，其中最富有的1%人群独占了国民收入增长的近60%，而底部的90%人群的收入增长率每年不足0.5%。③ 20世纪80年代以来，随着美国经济金融化的发展，社会上层与社会下层越来越分化。金融企业"大而不能倒"更是破坏了社会正义的基础，因为政府只能用纳税人的钱拯救金融机构于困境之中。"越是那些承受巨大风险的银行机构，越是在暗地里享受着来自公众的支持。但是得到这种隐性支持的银行往往更有动力去冒更大的风险。在经营良好的时期，银行的利润都分配给了股东和员工；经营不佳的年份，纳税人要为它们的损失埋单。对银行而言，这就是一场稳赢的猜硬币游戏；正面我赢，背面你（纳税人）输。"④ "占领华尔街运动"就是普通民众对这种不公平社会关系的集体反抗，而2016年特朗普的当选则是一次美国底层民众对精英群体的"大众的反叛"。这种由于贫富分化而导致的阶级矛盾，一方面使底层民众与上层精英的矛盾加剧，反抗运动通过各种形式（如近期的弗洛伊德事件等）爆发出来。另一方面则表现为底层民众将矛头指向国外，归结为全球化的恶果，成为他们反对全球化的理由，而这种情绪通过选举制度传导到政治领域则表现为：政客为赢得选票而迎合甚至进一步放大这种声音，进而使得贸易、科技、文化等保护主义的逆全球化政策得以大行其道。

---

① 《马克思恩格斯文集》第9卷，人民出版社2009年版，第288页。
② 罗伯特·帕特南：《我们的孩子》，田雷等译，中信出版社2017年版，第42页。
③ 托马斯·皮凯蒂：《21世纪资本论》，巴曙松等译，中信出版社2014年版，第303页。
④ 默文·金：《金融炼金术的终结》，束宇译，中信出版社2016年版，第93～94页。

在政治领域，政治的极端化与"强国优先"理念的泛起是逆全球化产生和周期性回摆的基本缘由。经济不平衡还随着生产社会化传导到政治领域，当资本主义的基本矛盾长期得不到调和时，它将走向极端化。资本主义私有制与生产社会化的基本矛盾决定了资本主义经济危机的周期性爆发，而经济危机传导至政治领域的表现就是政治极端化。两次世界大战之间政治极端化的典型产物就是法西斯主义，它孕育于资本主义的经济危机和选举政治，将人类导向世界大战，将逆全球化推向顶峰。当前，西方政治领域也已经表现出极端化的症状。2020 年，第 56 届慕尼黑安全会议的报告认为，"西方国家内部极端政治势力的兴起挑战了西方社会以自由、民主、开放、多元为核心的主流价值观念，已经影响了相当多西方国家的政府构成和政策走向，而无论是西方的政治精英还是现有体制，都无法有效应对这些极端势力带来的挑战。"① 政治极端化是"西方的缺失"主要表现之一。特朗普的上台将美国的极端化政治逐步推向高潮，"美国优先"实质上是极端民族主义的表现，在实践中则表现为对外贸易战、科技战、文化战等。他在 2019 年联合国大会讲话中曾赤裸裸地提出以极端民族主义反对全球化的观点："未来不属于全球化者，未来属于爱国者。"可见，一股极端民族主义代替全球主义的逆全球化浪潮正在美国形成，这股逆流伴随着美国影响力的扩张而在世界范围内扩散。

在以资本逻辑为轴心的资本主义制度下，资本扩张推动生产社会化的不断发展，进而推动着经济、社会、文化等领域全球化的全面展开。但是资本主义生产资料的私有制又包含着对资本扩张的内在否定，导致贫富差距分化、阶级矛盾激化和政治极端化，进而将"周期性运动"的指针拨向逆全球化。

四、人类命运共同体：推进新型全球化的中国方案

纵观世界文明史，可以看出，全球化是总体趋势且势不可挡，逆全球化只是对上一个阶段的全球化秩序的调整。确切地说，从人类近五百年历史来

---

① 张旷：《如何看待"西方的缺失"》，载于《人民论坛》2020 年第 11 期。

看，主要是资本主义国家依靠各自实力进行的利益分配秩序的调整。社会主义中国在既有的资本主义占主导的全球化体系中成长起来，并成为第三次全球化进程中的重要力量。面对当前以美国贸易保护主义为代表的逆全球化思潮与行为，习近平总书记指出，"综合研判世界发展大势，经济全球化是不可逆转的时代潮流。"[1] "20 年前甚至 15 年前，经济全球化的主要推手是美国等西方国家，今天反而是我们被认为是世界上推动贸易和投资自由化便利化的最大旗手，积极主动同西方国家形形色色的保护主义作斗争。"[2] 当今世界处于百年未有之大变局，这个"大变局"的要义之一就是人类全球化秩序的变革与调整。放眼未来，是按照资本主义既有的全球化模式和路径，进而让世界继续迈向贫富分化、阶级矛盾和极端政治的深渊？还是开辟一条惠泽世界全体人民福祉的全球化新路？2017 年习近平总书记在联合国日内瓦总部的演讲中，针对当前世界各国面临的困惑，提出"中国的方案是：构建人类命运共同体，实现共赢共享。"[3] "人类命运共同体"为人类推进新型全球化提供了中国方案。

人类命运共同体超越资本主义个体本位的私向性价值观，倡导人类共同体的公共性价值观。资本主义私有制无法适应社会大生产的需要进而导致经济、政治和社会的系统性危机，推动了逆全球化浪潮。这种私有制规定了资本主义社会个体本位的私向性价值观，这样的价值观导致了一个以自我利益划界的丛林世界：社会丛林中的阶级竞争、市场丛林中的经济竞争、政治丛林中的党派竞争、世界丛林中的霸权竞争。这种零和思维下的竞争导致了一方的赢以另一方的输为代价、一方的胜利以另一方的失败为代价，由此价值思维所推动的全球化必然是碎片化、片面化、等级化、对立化的，最终必然陷入困境。早在 20 世纪 70 年代展望人类未来的时候，历史哲学家汤因比就曾认为，应对人类未来面临的危机，西方文明无法主导人类的未来方向，世界未来的出路在中国和中华文明。"世界统一是避免人类集体自杀之路。在这

---

① 《习近平谈治国理政》第 3 卷，外文出版社 2020 年版，第 194 页。
② 《习近平谈治国理政》第 2 卷，外文出版社 2017 年版，第 212 页。
③ 《习近平谈治国理政》第 2 卷，外文出版社 2017 年版，第 539 页。

点上，现在各民族中具有最充分准备的，是两千年来培育了独特思维方法的中华民族。"① 人类命运共同体传承中华民族和而不同、和合共生的文化传统，体现了中华文明中的公共性价值观，是中国人民基于五千年文化积淀而提出的整合和团结世界各国人民，共同寻找人类未来出路的初步探索。正如习近平总书记所言，"人类命运共同体，顾名思义，就是每个民族、每个国家的前途命运都紧紧联系在一起，应该风雨同舟，荣辱与共，努力把我们生于斯、长于斯的这个星球建成一个和睦的大家庭，把世界各国人民对美好生活的向往变成现实。"②

人类命运共同体超越资本主义私有制下全球利益分配不平等的固有格局，倡导共赢共享进而增进人类共同福祉。资本主义私有制下推动的全球化是按照不受节制的资本逻辑展开的，这种资本逻辑将一切的人财物要素化进而成为创造剩余价值的工具。以私有资本的逻辑为主轴的社会必然赋予资本拥有者以绝对的特权，他们成为社会发展的最大受益者，而绝大多数普通民众则成为资本宰制的对象。"资本导致的不平等总比劳动导致的不平等更严重，资本所有权（及资本收入）的分配总比劳动收入的分配更为集中"。③ 皮凯蒂在《21世纪资本论》中用大量的数据证明：在自由市场中，资本的收益率高于劳动收益率和经济增长率是一切不平等的根源，而资本主义自由市场机制则是催生这种根源性不平等的温床。在此过程中所展开的全球化不可避免地被镌刻上这种不平等的印记，进而导致与其相对应的反抗思潮和运动。人类命运共同体则是倡导共赢共享，不是追求个体或极少数人的一己私利，而是要促进人类共同利益与福祉的增加。"各国要树立命运共同体意识，真正认清'一荣俱荣、一损俱损'的连带效应，在竞争中合作，在合作中共赢。在追求本国利益时兼顾别国利益，在寻求自身发展时兼顾别国发展。相互帮助不同国家解决面临的突出问题是世界经济发展的客观要求。让每个国家发展都能

---

① A. J. 汤因比、池田大作：《展望二十一世纪：汤因比与池田大作对话录》，荀春生等译，国际文化出版公司1985年版，第295页。

② 《习近平谈治国理政》第3卷，外文出版社2020年版，第433页。

③ 托马斯·皮凯蒂：《21世纪资本论》，巴曙松等译，中信出版社2014年版，第248页。

同其他国家增长形成联动效应，相互带来正面而非负面的外溢效应。"① 在创造和增加整体福祉的基础上，让每个国家、每个社会阶层、每个个体都能够共同受益，在人与人之间构建起利益休戚相关、生死荣辱与共的命运共同体，这样的全球化才是适合人类整体利益需求、顺应人类历史发展潮流的光明之路。

人类命运共同体超越资本主义的霸权主义和强权政治，倡导国际关系民主化。一部资本主义全球化的历史就是一部西方国家携经济、军事和科技优势对其他国家进行剥削压迫、殖民侵略和控制奴役的历史，就是一部西方发达国家之间为了利益分赃而不断进行竞争和战争的历史，就是一部资本主义主要大国围绕世界霸权而展开争夺的历史。在这种历史进程中形成了当今世界高度等级化的国际体系，少数几个资本主义大国长期垄断着国际事务的主导权，霸权国家维护霸权的行为往往成为世界矛盾与冲突的根源。人类命运共同体则是直面这些现存问题，努力打破资本主义全球化历史中的霸权政治传统，倡导国家无论大小、强弱、贫富和制度差异，一律平等，推动国际关系民主化。"推进国际关系民主化，不能搞'一国独霸'或'几方共治'。世界命运应该由各国共同掌握，国际规则应该由各国共同书写，全球事务应该由各国共同治理，发展成果应该由各国共同分享。"② 与西方资本主义国家片面的、虚假的民主不同，人类命运共同体所倡导的国际关系民主化是一种全面的、真实的民主：坚持主权平等，推动各国权利平等、机会平等和规则平等；尊重国家主权和领土完整，互不干涉内政；反对强权政治和单边主义，推动互相合作、共同发展；尊重文明和制度的多样性，不同文明和制度和平共存。只有在此基础上发展起来的全球化才是真正符合全世界人民根本利益和人类历史发展潮流的正确道路。

（原文发表于《浙江社会科学》2021 年第 1 期）

---

① 《习近平谈治国理政》第 1 卷，外文出版社 2014 年版，第 336 页。
② 《习近平谈治国理政》第 2 卷，外文出版社 2017 年版，第 540 页。

相 关 文 献

[1] 辛向阳：《马克思主义创始人"资本主义社会基本矛盾"理论发展史初探》，载于《马克思主义研究》2017 年第 1 期。

[2] 栾文莲：《对当前西方国家反全球化与逆全球化的分析评判》，载于《马克思主义研究》2018 年第 4 期。

[3] 林金忠：《"资本主义基本矛盾说"的学说史考察与当代转换》，载于《学习与探索》2011 年第 1 期。

[4] 张昆仑：《资本主义基本矛盾新探——基于对马克思两段论述的阐释》，载于《河北经贸大学学报》2012 年第 4 期。

[5] 栾文莲：《资本主义社会基本矛盾与经济危机的必然性研究》，载于《中国社会科学院研究生院学报》2018 年第 2 期。

[6] 吕薇洲：《马克思恩格斯论证资本主义发展趋势的逻辑视角及当代启示》，载于《马克思主义理论学科研究》2017 年第 2 期。

[7] 李琮：《对资本主义基本矛盾问题的再认识》，载于《中国社会科学》1989 年第 1 期。

[8] 邱海平：《马克思关于资本主义基本矛盾的理论及其意义》，载于《〈资本论〉与当代经济》1993 年第 4 期。

[9] 熊映悟、孟庆琳、张艺：《对当代资本主义的再认识》，载于《世界经济》1988 年第 12 期。

[10] 高玉泉：《论资本主义社会基本矛盾在资本主义制度框架内的发展》，载于《广西社会科学》2003 年第 10 期。

[11] 张俊山：《资本主义基本矛盾的发展与当前资本主义金融危机》，载于《教学与研究》2009 年第 10 期。

[12] 何秉孟：《美国金融危机与国家金融垄断资本主义》，载于《中国社会科学》2010 年第 2 期。

[13] 张雷声：《资本主义基本矛盾与当前国际金融危机》，载于《中国人民大学学报》2009 年第 5 期。

[14] 白暴力、梁泳梅：《当前世界金融－经济危机的原因与后果——资本主义经济基本矛盾的总爆发》，载于《经济学动态》2008 年第 12 期。

[15] 程恩富、侯为民：《西方金融危机的根源在于资本主义基本矛盾的激化》，载于《红旗文稿》2018 年第 7 期。

[16] 吴茜：《当代资本主义基本矛盾的表现形式与历史命运》，载于《当代世界与社会主义》2004 年第 6 期。

[17] 程恩富：《新时代将加速民富国强进程》，载于《中央社会主义学院学报》2018 年第 1 期。

[18] 乔晓楠、郗艳萍：《数字经济与资本主义生产方式的重塑——一个政治经济学的视角》，载于《当代经济研究》2019 年第 5 期。

[19] 谢富胜、吴越、王生升：《平台经济全球化的政治经济学分析》，载于《中国社会科学》2019 年第 12 期。

[20] 吴茜：《国际垄断资本主义阶段资本主义的基本矛盾及其发展趋势》，载于《马克思主义研究》2006 年第 6 期。

[21] 张瑞业：《资本主义基本矛盾的全球化扩展及其发展趋势》，载于《社会主义研究》2003 年第 3 期。

[22] 时家贤：《从资本主义制度层面探究世界金融危机的根源——介绍克里斯·哈曼新著〈僵尸资本主义〉》，载于《国外理论动态》2010 年第 2 期。

[23] 颜鹏飞、刘会闯：《当代资本主义再认识：当代资本主义基本矛盾的新解读》，载于《理论学刊》2013 年第 9 期。

[24] 程恩富、鲁保林、俞使超：《论新帝国主义的五大特征和特性——

以列宁的帝国主义理论为基础》，载于《马克思主义研究》2019 年第 5 期。

[25] 鲁明川：《资本主义基本矛盾：逆全球化的深层根源》，载于《浙江社会科学》2021 年第 1 期。

[26] 范炳良、崔广全：《资本主义社会基本矛盾表述辨析》，载于《唯实》1996 年第 5 期。

[27] 任玉秋：《论研究当代资本主义基本矛盾的方法》，载于《科学社会主义》2002 年第 4 期。

[28] 奉茂春：《资本主义基本矛盾理论及其现实意义》，载于《中共福建省委党校学报》2005 年第 11 期。

[29] 郑佩玉、蔡扬大：《从资本主义的基本矛盾运动看帝国主义的垂死性》，载于《中山大学学报》1983 年第 1 期。

[30] 严正：《对当代资本主义的再认识》，载于《东南学术》2001 年第 6 期。

[31] 韦定广、孙勇：《经济全球化与资本主义基本矛盾的新变化》，载于《社会主义研究》2003 年第 4 期。

[32] 蒋海蛟、牟琛：《马克思、恩格斯、列宁关于社会矛盾的认识及其当代价值》，载于《甘肃理论学刊》2020 年第 9 期。

[33] 谢地、张巩：《逆全球化的政治经济学解释》，载于《马克思主义与现实》2021 年第 2 期。

[34] 孟宪平：《数字时代的资本主义新变化》，载于《社会科学研究》2020 年第 6 期。

[35] 贾淑品：《资本主义崩溃论的重新审视》，载于《贵州社会科学》2020 年第 7 期。

[36] 富丽明、陈红：《逆全球化背景下资本主义矛盾的政治经济学阐释》，载于《鞍山师范学院学报》2019 年第 6 期。

[37] 张尔升：《矛盾转化、制度异化与债务危机》，载于《经济学动态》2012 年第 6 期。

后　记

经典著作的恒久魅力，在于其所蕴含的思想能够穿透时空而抵达当下，超越时代而指向未来。《资本论》就是这样的经典之作，无论时代如何变迁，它都始终站在人类思想之巅。

1983 年马克思逝世一百周年，陈征先生主编了一套《资本论》教学研究参考资料以表示对这位伟大革命导师的纪念。该套丛书选编了新中国成立后30 余年国内研究《资本论》的论文和译文，分五册由福建人民出版社出版，分别是：《〈资本论〉创作史研究》《〈资本论〉的对象、方法和结构》《〈资本论〉第一卷研究》《〈资本论〉第二卷研究》以及《〈资本论〉第三卷研究》。这套资料的出版受到了学界的一致好评。

斗转星移，现在距离《资本论》教学研究参考资料丛书的出版已经整整过去了四十年。四十年来，中国从低收入国家一跃成为世界第二大经济体，发生了天翻地覆的变化。然而，作为中国的主流经济学，马克思主义政治经济学经历了一个从一统天下到多元并存再到强势重建的否定之否定的发展历程。曾经有一段时期，马克思主义经济学"失语、失踪、失声"问题非常突出，一些年轻人缺乏理论自信，认为马克思经济学过时了，《资本论》过时了。对此，陈征先生在接受采访时郑重指出："我始终对《资本论》研究充满信心和动力。"他还表示："《资本论》没有过时，也永远不会过时。因为《资本论》分析了资本主义的问题，预见了资本主义一定要向更高级社会形态演变的规律，对现在依然有很强的指导意义。"在一次题为《关于马克思主义经济学研究的几个问题》报告中，李建平先生强调必须重视对马克思经济学经典著作的现代解读，因为"《资本论》揭示了资本主义市场经济乃至所有市场经济的一般规律，如价值规律、资本积累规律、平均利润率下降规律等，在现代依然具有指导意义，依然能够指导我国的社会主义改革和建设实践"。

党的十八大以来，习近平总书记高度重视马克思主义政治经济学的学习和应用。在主持十八届中央政治局第二十八次集体学习时的讲话中，总书记指出，在我们的经济学教学中，不能食洋不化，还是要讲马克思主义政治经济学，当代中国社会主义政治经济学要大讲特讲，不能被边缘化。作为马克思主义最厚重、最丰富的著作，习近平非常重视《资本论》的教学与研究。早在 2012 年 6 月，他在中国人民大学调研时就特地考察了该校的《资本论》教学研究中心，并发表重要讲话，他指出：马克思主义中国化形成了毛泽东思想和中国特色社会主义理论体系两大理论成果，追本溯源，这两大理论成果都是在马克思主义经典理论指导之下取得的。《资本论》作为最重要的马克思主义经典著作之一，经受了时间和实践的检验，始终闪耀着真理的光芒。

福建师范大学一直以来都非常重视《资本论》以及马克思主义政治经济学的教学与研究。即便在《资本论》研究处于低潮时，我们都始终坚持给经济学专业的本科生开设《资本论》课程。几代人薪火相传，几十年砥砺奋进。我们在政治经济学教学研究尤其是《资本论》研究领域取得了蜚声学界的研究成果，被誉为"南方坚持马克思主义经济学教学与科研的重要阵地"。显然，这一地位的取得与陈征和李建平两位"大先生"长期潜心于《资本论》教学、研究和传播是分不开的。陈征先生的《〈资本论〉解说》是"我国第一部对《资本论》全三卷系统解说的著作"。李建平先生的《〈资本论〉第一卷辩证法探索》是国内最早运用文本分析研究马克思经济理论和方法的专著。一代又一代福建师大经济学人在马克思主义经济学领域辛勤耕耘，奠定了学校作为政治经济学学术重镇的地位。

2021 年 9 月，经济学院成立了《资本论》的理论、方法和结构及其当代价值研究团队。在李建平先生的倡议和指导下，鲁保林教授开始组织团队的骨干力量编写一套新的《资本论》教学研究参考资料，旨在反映改革开放以来中国学者在《资本论》研究对象、劳动价值论、生产力理论、资本主义基本矛盾理论、工资理论、重建个人所有制、社会再生产理论、一般利润率趋向下降规律研究上所取得的代表性成果。这套丛书由李建平先生和黄瑾教授担任主编，一共八册。各分册的负责人为：（1）陈晓枫：《资本论》研究对象；（2）陈美华：劳动价值论；（3）陈凤娣：生产力理论；（4）许彩玲：资本主义基本矛盾及其当代表现；（5）杨强、王知桂：工资理论；（6）孙晓军：重建个人所有制；（7）魏国江：社会再生产理论；（8）鲁保林：一般利润率趋向下降规律。

为保持入选论文原貌，入选论文的作者简介以论文发表时为准。我们对作者的授权和支持表示衷心感谢！不过，由于工作单位变动等因素的影响，一些入选论文未能联系到原作者，敬希望作者见书后及时与我们联系，以便奉寄样书和支付稿酬。由于本书篇幅有限，还有许多佳作尚未入选，我们深表遗憾。经济科学出版社孙丽丽编审为本套书的出版付出了辛勤劳动，在此一并感谢。

2023 年是马克思逝世一百四十周年。本套丛书历经一年半的编写和审改也即将问世，这套丛书的编写饱含了我们对马克思这位伟大思想家的崇高敬意和深厚感情。跟随马克思的足迹前进，是对这位伟大革命导师最好的缅怀和纪念。作为"南方坚持马克思主义经济学教学与科研的重要阵地"，我们将进一步增强责任感和使命感，做《资本论》研究的继承者和发展者，为繁荣发展中国马克思主义经济学贡献力量。

福建师范大学《资本论》的理论、方法和结构及其当代价值研究团队

2023 年 3 月